# STUD-BOOK

# PERCHERON

## DE FRANCE

PUBLIÉ PAR LA

SOCIÉTÉ HIPPIQUE PERCHERONNE

*Autorisée par le Gouvernement*

SIÈGE SOCIAL

## NOGENT-LE-ROTROU

(EURE-ET-LOIR)

---

**TOME QUINZIÈME**

## Étalons & Juments

IMPRIMERIE-LIBRAIRIE-PAPETERIE L. HAMARD

NOGENT-LE-ROTROU

1915

# STUD-BOOK
# PERCHERON
## DE FRANCE

---

## TOME QUINZIÈME

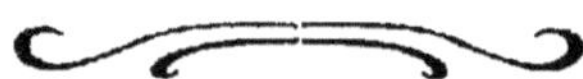

# STUD-BOOK
# PERCHERON
## DE FRANCE

PUBLIÉ PAR LA

SOCIÉTÉ HIPPIQUE PERCHERONNE

*Autorisée par le Gouvernement*

SIÉGE SOCIAL

*NOGENT-LE-ROTROU*

(EURE ET-LOIR)

---

## TOME QUINZIÈME

### Étalons & Juments

IMPRIMERIE-LIBRAIRIE-PAPETERIE L. HAMARD

NOGENT-LE-ROTROU

1915

Nous, soussignés, constituant le Bureau de la *Société Hippique Percheronne de France*, Société composée de tous les Étalonniers et des Éleveurs du Perche, réunis en association dans le but de conserver pure la race Percheronne, race réputée à juste titre comme donnant les meilleurs chevaux de gros trait du monde ;

Nous publions dans ce quinzième volume du *Stud-Book Percheron de France* les certificats d'origine des 2.673 Étalons et 2.765 Juments que nous avons acceptés après examen minutieux et nous les déclarons corrects.

Nogent-le-Rotrou, le 31 Décembre 1919.

**Le Président,**

H. VILLETTE-GATÉ,

*Officier de la Légion d'Honneur*

**Les Vice-Présidents,**

L. AVELINE, — RIVERAIN,
J. AVELINE, — V. TAFFOREAU.

**Le Secrétaire,**

E. LEMARIÉ.

**Le Trésorier,**

CH. RENÉ.

**Délégués :**

A. BARBET, — H. BEAUCLAIR, — A. BIGNON, — A. BOUTHRY, — E. BURIN, — A. CHAPELLE, — E. COLIN, — A. DELANGE, — E. DESPREZ, — J. DUVAL, — A. FEUILLARD, — E. GASSELIN, — E. GAULARD, — A. GROUAS, — D. JOUANNEAU, A. LALLOUET, — A. LEFEUVRE, — LIROCHON, — L. MOULIN, — Edmond PERRIOT, — Ernest PERRIOT, — E. POUPLIN. F. SAGOT, — A. TACHEAU, — H. VALLÉE.

# STUD-BOOK PERCHERON

---

## ÉTALONS

# ÉTALONS

| NOM | N° | ROBE | Naissance | PÈRE | MÈRE |
|---|---|---|---|---|---|
| Dada | 120011 | noir | 1914 | Ivan 81244 | Immortelle 80385 |
| Dahou | 119622 | noir | 1914 | Jasmin 83835 | Déesse 75245 |
| Oakland | 119215 | gris | 1914 | Idem 80612 | Importée 79586 |
| Oakland | 119626 | noir | 1914 | Jalap 84194 | Mauvette 61459 |
| Oakland | 121195 | noir | 1914 | Jujubier 85435 | Jativa 86152 |
| Oakland | 122213 | g. c. d. m. | 1914 | Célibat 64968 | Castille 61258 |
| Oakland | 123359 | gris | 1914 | Klocher 95657 | Bichette 75167 |
| Oasien | 118741 | noir | 1914 | Koucou 91328 | Javeline 83712 |
| Oasien | 120256 | gris | 1914 | Kruger 92229 | Brillante 54482 |
| Oasien | 121350 | noir | 1914 | Kaleul 92482 | Kesqueliere 93648 |
| Oasien | 122776 | gris | 1914 | Kargo 92913 | Jabline 88760 |
| Oasis | 118737 | gris | 1914 | Jugal 85444 | Jumelle 84901 |
| Oasis | 118746 | noir | 1914 | Jalap 84194 | Ketanose 90311 |
| Oasis | 119679 | noir | 1914 | Hareng 76925 | Georgette 69651 |
| Oasis | 120258 | noir | 1914 | Jean-qui-rit 88772 | Jambelette 85395 |
| Oasis | 120780 | gris-foncé | 1914 | Jean-qui-rit 88772 | Mauvette 61426 |
| Oasis | 121351 | noir | 1914 | Kaleul 92482 | Polka 68679 |
| Oasis | 122046 | noir | 1914 | Komtat 91759 | Kresna 91811 |
| Oasis | 122778 | noir | 1914 | Kargo 92913 | Kesrene 95687 |
| Oaxaca | 119216 | gris vineux | 1914 | Idem 80612 | Kesrene 90331 |
| Oaxaca | 124115 | gris | 1914 | Kesalon 93701 | Hirond[illegible] 76947 |
| Obédential | 121352 | noir | 1914 | Kaleul 92482 | G[illegible] 71386 |
| Obediant | 120776 | noir | 1914 | Kapu[illegible] 90705 | K[illegible] 89871 |
| Obeid | 119629 | bai | 1914 | Jalap 84194 | K[illegible] |
| Obéissant | 120003 | [illegible] | 1914 | Kaleul[illegible] 90637 | [illegible] 75912 |

| NOM | N° | ROBE | Naissance | PÈRE | MÈRE |
|---|---|---|---|---|---|
| Obéissant | 121353 | noir | 1914 | Iowa 80989 | Kalette 92807 |
| Obéissant | 121905 | gris-vin. | 1914 | Irradié 83254 | Jardre 88415 |
| Obéissant | 122045 | gris | 1914 | Komitat 91759 | Jungle 84622 |
| Obélisque | 118748 | noir | 1914 | Janséniste 86818 | Italie 80772 |
| Obélisque | 120260 | noir | 1914 | Kalendrier 90637 | Inventée 80464 |
| Obélisque | 121354 | gris | 1914 | Iowa 80989 | Lasserie 101653 |
| Obélisque | 121451 | noir | 1914 | Ichneumon 80679 | Béatrice 93422 |
| Obélisque | 122781 | gris | 1914 | Kargo 92913 | Vigoureuse 60476 |
| Ober | 119451 | gris-foncé | 1914 | Jolicœur 85324 | Hemmaüs 76076 |
| Obérien | 123862 | bai-chat. | 1914 | Istres 82617 | Lisette 61020 |
| Oberkampf | 120468 | noir | 1914 | Kilo 94042 | Kabale 95498 |
| Oberkampf | 120652 | noir | 1914 | Judas 86606 | Kass 92715 |
| Oberkampf | 121767 | gris | 1914 | Korbeau 95023 | Illégale 81884 |
| Oberkampf | 123994 | noir-zain | 1914 | Kamouflet 97424 | Ida 82667 |
| Oberkampf | 120821 | noir-zain | 1914 | Ivan 81244 | Lagoulue 98930 |
| Oberland | 121496 | gris | 1914 | Jujubier 85435 | Olga 55207 |
| Oberland | 122214 | gr.-c-d-m. | 1914 | Célibat 64968 | Mirabelle 61277 |
| Oberland | 123360 | noir | 1914 | Kontrôle 93620 | Korniche 95048 |
| Oberlé | 122955 | gris | 1914 | Kouli 97151 | Inconnue 87647 |
| Oberlin | 119217 | gris | 1914 | Kommis 93104 | Lisette 62745 |
| Oberlin | 121845 | noir | 1914 | Joliet 89140 | Brebis 75003 |
| Oberlin | 122636 | noir | 1914 | Klairet 94682 | Hortense 93272 |
| Oberlin | 122954 | gris | 1914 | Joab 87450 | Sournoise 38185 |
| Obernai | 119631 | gris-fer | 1914 | Jason 86475 | Anisette 64930 |
| Obernay | 124051 | noir | 1914 | Interprète 80665 | Giroflée 68345 |
| Obéron | 119417 | gris | 1914 | Kommis 93104 | Kouple 91342 |
| Obéron | 119658 | bai-foncé | 1914 | Jason 86475 | Kirosette 94467 |
| Obéron | 121922 | gris-foncé | 1915 | Joliet 89140 | Kanaille 95574 |
| Obéron | 122218 | gris | 1914 | Célibat 64968 | Pelote 48237 |
| Obéron | 122647 | noir | 1914 | Kruchon 93701 | Hochette 77626 |
| Obéron | 123364 | noir | 1914 | Illico 83057 | Jacquerie 98248 |
| Obéron | 124025 | gris | 1914 | Kabotin 96817 | Gambade 72763 |
| Oberot | 120815 | gris | 1914 | Josué 88841 | Linette 78498 |
| Obèse | 120781 | gris | 1914 | Jean-qui-rit 88772 | Gilberte 55185 |
| Obi | 121923 | noir | 1914 | Joliet 89140 | Insoumission 79121 |
| Obier | 118749 | noir-zain | 1914 | Janséniste 86818 | Lèche 99673 |
| Obier | 120259 | gris | 1914 | Jubé 85452 | Justine 55398 |
| Obier | 121358 | gris-noir | 1914 | Kalcul 92482 | Kopieuse 91259 |
| Obier | 121904 | gris | 1914 | Kerbriant 94032 | Adruise 64670 |
| Obignon | 120389 | gris | 1914 | Hareng 76925 | Kobsidiane 90329 |
| Obignon | 122235 | gris | 1914 | Komitat 91759 | Péronnelle 56414 |
| Obiou | 121925 | gris | 1914 | Joliet 89140 | Bichonne 50610 |
| Obit | 118739 | gris | 1914 | Jean-qui-rit 88772 | Saïda 64838 |
| Obit | 118751 | gris | 1914 | Janséniste 86818 | Jurée 84887 |
| Obit | 120261 | gris | 1914 | Kalot 92507 | Janicule 85587 |

| NOM | N° | ROBE | NAISSANCE | PÈRE | MÈRE |
|---|---|---|---|---|---|
| Obséquieux | 121377 | noir | 1914 | Kalifornien 90644 | Immigrée 82240 |
| Obséquieux | 122497 | gris-foncé | 1914 | Irradié 83254 | Kéroforme 96081 |
| Obséquieux | 122805 | gris | 1914 | Kif Kif 95174 | Glandule 69456 |
| Observantin | 120121 | noir | 1914 | Handin 75681 | Larra 67058 |
| Observantin | 121378 | gris-foncé | 1914 | Kalifornien 90644 | Kabine 95504 |
| Observantin | 122806 | gris | 1914 | Joch 88606 | Mouvette 59923 |
| Observateur | 120122 | gris-foncé | 1914 | Juvénal 83553 | Miss 61293 |
| Observateur | 121379 | gris-foncé | 1914 | Kazino 92248 | Jugulaire 88337 |
| Observateur | 122498 | noir | 1914 | Idomen 83507 | Imposte 82098 |
| Observateur | 122807 | bai | 1914 | Joch 88606 | Biche 49435 |
| Observateur | 123966 | gris-foncé | 1914 | Kaisson 97384 | Docile 84419 |
| Observatoire | 120124 | bai foncé | 1914 | Juvénal 83553 | Targette 64824 |
| Observatoire | 121382 | gris-foncé | 1914 | Kalifornien 90644 | Jacette 84633 |
| Observatoire | 122499 | noir | 1914 | Kamiesh 96173 | Immigrante 82546 |
| Observatoire | 122808 | alezan | 1914 | Douvreur-ex-Couvreur 58335 | Imposte 83066 |
| Obsesseur | 122502 | gris | 1914 | Huguenot 74507 | Léchefrite 104303 |
| Obsidional | 118775 | noir | 1914 | Janséniste 86818 | Législature 100706 |
| Obsidional | 120125 | noir | 1914 | Juvénal 83553 | Koopérative 93633 |
| Obsidional | 121388 | noir | 1914 | Krural 91866 | Juniée 88538 |
| Obsidional | 122814 | gris | 1914 | Kibry 89896 | Rosette 55795 |
| Obstacle | 118777 | gris | 1914 | Jason 86475 | Jaque 83709 |
| Obstacle | 120127 | noir zain | 1914 | Juvénal 83553 | Havane 74687 |
| Obstacle | 120733 | noir-rub. | 1914 | Kapon 90765 | Quastille 98097 |
| Obstacle | 121390 | gris | 1914 | Kaballero 95499 | Gentille 93434 |
| Obstacle | 122535 | gris-foncé | 1914 | Kellermann 95054 | Fauvette 61468 |
| Obstacle | 122815 | gris-clair | 1914 | Kibry 89896 | Loutre 102672 |
| Obstacle | 123911 | gris | 1914 | Isaac 78892 | Kasbine 96802 |
| Obstacle | 124146 | noir | 1914 | Karid 94522 | Hyacinthe 42786 |
| Obstiné | 118744 | noir | 1914 | Kommis 93104 | Intrigue 80521 |
| Obstiné | 118780 | alezan | 1914 | Janséniste 86818 | Bativa 61622 |
| Obstiné | 120128 | noir | 1914 | Juvénal 83553 | Olga 66878 |
| Obstiné | 120630 | gris foncé | 1914 | Gazéo 70937 | Lancette 49328 |
| Obstiné | 120701 | noir zain | 1914 | Kruger 92229 | Halfa 76291 |
| Obstiné | 121393 | noir | 1914 | Krural 91866 | Gélatine 60311 |
| Obstiné | 122528 | noir zain | 1914 | Benjoin 62927 | Kada 92227 |
| Obstiné | 122816 | gris | 1914 | Kibry 89896 | Coquette 49554 |
| Obstructif | 118782 | gris | 1914 | Janséniste 86818 | Lactate 100151 |
| Obstructif | 120129 | gris n. cl | 1914 | Krural 91865 | Mouvette 61198 |
| Obstructif | 120705 | gris | 1914 | Kruger 92229 | Sophie 54523 |
| Obstructif | 121395 | noir | 1914 | Kdo 94042 | Koalome 95877 |
| Obstructif | 122817 | gris | 1914 | Kordanel 94127 | Susen 54334 |
| Obturant | 120130 | noir | 1914 | Empereur 80361 | Lancette 101370 |
| Obturant | 122820 | gris foncé | 1914 | Kibry 89896 | Joze 88044 |
| Obturateur | 118786 | noir | 1914 | Joura 84244 | Huette 76710 |
| Obturateur | 119262 | alezan | 1914 | Kriss 94437 | Sophie 66883 |

| NOM | N° | ROBE | Naissance | PÈRE | MÈRE |
|---|---|---|---|---|---|
| Obock | 120268 | noir | 1914 | Hanneton 75387 | Héliane 75699 |
| Obock | 120329 | gris-foncé | 1914 | Japon 84819 | Chipette 63386 |
| Obock | 120649 | noir | 1914 | Jean-Jack 85863 | Politicienne 47853 |
| Obock | 121167 | noir-zain | 1914 | Fier-à-Bras 65250 | Gazelle 69775 |
| Obock | 121199 | gris | 1914 | Koquelin 92226 | Idumée 98444 |
| Obock | 124020 | noir | 1914 | Kabotin 96817 | Célina 49913 |
| Obock | 124129 | noir | 1914 | Kaptif 92909 | Kistine 94456 |
| Obok | 119418 | gris | 1914 | Idem 80612 | Paulette 58191 |
| Obok | 121753 | noir | 1914 | Joliet 89140 | Garmante 93444 |
| Obok | 122221 | noir | 1914 | Komitat 91759 | Hermine 74937 |
| Obombrer | 118765 | noir | 1914 | Janséniste 86818 | Jéda 83869 |
| Obombrer | 122796 | gris | 1914 | Kybéry 94622 | Ermince 104765 |
| Obonkoin | 119180 | noir | 1914 | Jallieu 86306 | Istoire 98084 |
| Obosky | 120495 | noir-m.-t. | 1914 | Douvreur-ex-Couvreur 58335 | Légende 59496 |
| Obradovich | 121772 | bai-foncé | 1914 | Joliet 89140 | Rosette 73455 |
| Obrecht | 121726 | noir | 1914 | Joliet 89140 | Kamille 97589 |
| Obrégon | 121920 | noir-zain | 1914 | Krural 91866 | Rébisonde 67747 |
| Obrenovitch | 121921 | noir-zain | 1914 | Korbeau 95023 | Impression 82042 |
| Obrien | 120267 | gris vin. | 1914 | Josué 88841 | Carmen 43431 |
| Obrien | 122353 | gris | 1914 | Kalderon 97556 | Lamie 87640 |
| Obrio | 124162 | gris | 1914 | Kabotin 96817 | Dalila 93347 |
| Obrisard | 123232 | gris-foncé | 1914 | Jointif 87256 | Jolie 96889 |
| Obry | 119419 | gris | 1914 | Idem 80612 | Kousine 91370 |
| Obry | 119633 | noir | 1914 | Jasmin 83835 | Fanchette 97044 |
| Obry | 120812 | gris | 1914 | Josué 88841 | Grandeur 71347 |
| Obry | 122222 | noir | 1914 | Komitat 91759 | Iconographie 79696 |
| Obscène | 120735 | gris | 1914 | Kruger 92229 | Jaque 84693 |
| Obscur | 118764 | gris-foncé | 1914 | Jalap 84194 | Janthine 83690 |
| Obscur | 120580 | noir-zain | 1914 | Jean-Jack 85863 | Héfringante 76795 |
| Obscur | 121372 | noir | 1914 | Kalifornien 90644 | Jougne 88599 |
| Obscur | 121532 | noir | 1914 | Juvénal 83553 | Margot 52259 |
| Obscur | 122480 | noir | 1914 | Etilly-ex-Goulet 61838 | Kouldja 96141 |
| Obscur | 122798 | gris | 1914 | Joch 88606 | Mouvette 49611 |
| Obscurci | 120699 | noir-zain | 1914 | Kruger 92229 | Nanthilde 51806 |
| Obscurci | 120718 | gris | 1914 | Kruger 92229 | Fanchette 67203 |
| Obscurcir | 118768 | noir | 1914 | Jujubier 85435 | Intensive 78667 |
| Obscurément | 121374 | noir | 1914 | Kapon 90765 | Colombe 61454 |
| Obsédant | 118769 | noir-zain | 1914 | Jalap 84194 | Locuste 99651 |
| Obsédant | 120117 | noir | 1914 | Juvénal 83553 | Komédie 91980 |
| Obsédant | 121376 | noir | 1914 | Kabareilo 95499 | Hongroise 74007 |
| Obsédant | 122803 | gris | 1914 | Kargo 92913 | Chicane 67008 |
| Obséquens | 122574 | gris-r. | 1914 | Jobard 87247 | Nomade 54136 |
| Obséquieux | 118771 | noir | 1914 | Janséniste 86818 | Iconostase 79698 |
| Obséquieux | 120120 | gris-foncé | 1914 | Kruor 91865 | Rose 53605 |
| Obséquieux | 120706 | noir | 1914 | Kalifornien 90644 | Rustique 54131 |

| NOM | N° | ROBE | Naissance | PÈRE | MÈRE |
|---|---|---|---|---|---|
| Obséquieux | 121377 | noir | 1914 | Kalifornien 90644 | Immigrée 82240 |
| Obséquieux | 122497 | gris-foncé | 1914 | Irradié 83254 | Kéroforme 96081 |
| Obséquieux | 122805 | gris | 1914 | Kif-Kif 95174 | Glaudule 69456 |
| Observantin | 120121 | noir | 1914 | Handin 75681 | Larra 67058 |
| Observantin | 121378 | gris-foncé | 1914 | Kalifornien 90644 | Kabine 95304 |
| Observantin | 122806 | gris | 1914 | Joch 88606 | Mouvette 59923 |
| Observateur | 120122 | gris-foncé | 1914 | Juvénal 83553 | Miss 61293 |
| Observateur | 121379 | gris-foncé | 1914 | Kazino 92248 | Jugulaire 88337 |
| Observateur | 122498 | noir | 1914 | Idomen 83507 | Imposte 82098 |
| Observateur | 122807 | bai | 1914 | Joch 88606 | Biche 49435 |
| Observateur | 123966 | gris-foncé | 1914 | Kaisson 97384 | Docile 84419 |
| Observatoire | 120124 | bai-foncé | 1914 | Juvénal 83553 | Targette 64824 |
| Observatoire | 121382 | gris-foncé | 1914 | Kalifornien 90644 | Jacette 84633 |
| Observatoire | 122499 | noir | 1914 | Kamiesh 96173 | Immigrante 82546 |
| Observatoire | 122808 | alezan | 1914 | Douvreur-ex-Couvreur 58335 | Imposte 83066 |
| Obsesseur | 122502 | gris | 1914 | Huguenot 74507 | Léchefrite 104303 |
| Obsidional | 118775 | noir | 1914 | Janséniste 86818 | Législature 100706 |
| Obsidional | 120125 | noir | 1914 | Juvénal 83553 | Kooperative 93633 |
| Obsidional | 121388 | noir | 1914 | Krural 91866 | Junice 88538 |
| Obsidional | 122814 | gris | 1914 | Kibry 89896 | Rosette 55795 |
| Obstacle | 118777 | gris | 1914 | Jason 86475 | Jaque 83709 |
| Obstacle | 120127 | noir zain | 1914 | Juvénal 83553 | Havane 74687 |
| Obstacle | 120733 | noir-rub. | 1914 | Kapon 90765 | Quastille 98097 |
| Obstacle | 121390 | gris | 1914 | Kaballero 95499 | Gentille 93434 |
| Obstacle | 122535 | gris-foncé | 1914 | Kellermann 95954 | Fauvette 61468 |
| Obstacle | 122815 | gris-clair | 1914 | Kibry 89896 | Loutre 102672 |
| Obstacle | 123911 | gris | 1914 | Isaac 78892 | Kasbane 96802 |
| Obstacle | 124146 | noir | 1914 | Karid 94522 | Hyacinthe 42786 |
| Obstiné | 118744 | noir | 1914 | Kommis 93104 | Intrigue 80521 |
| Obstiné | 118780 | alezan | 1914 | Janséniste 86818 | Bativa 61622 |
| Obstiné | 120128 | noir | 1914 | Juvénal 83553 | Olga 66878 |
| Obstiné | 120630 | gris-foncé | 1914 | Gazéo 70937 | Lancette 49328 |
| Obstiné | 120701 | noir zain | 1914 | Kruger 92229 | Halfa 76291 |
| Obstiné | 121393 | noir | 1914 | Krural 91866 | Gélatine 60311 |
| Obstiné | 122528 | noir zain | 1914 | Benjoin 62927 | Kada 92227 |
| Obstiné | 122816 | gris | 1914 | Kibry 89896 | Coquette 49554 |
| Obstructif | 118782 | gris | 1914 | Janséniste 86818 | Lactate 100154 |
| Obstructif | 120129 | gris r. cl. | 1914 | Krural 91865 | Mouvette 61198 |
| Obstructif | 120705 | gris | 1914 | Kruger 92229 | Sophie 54523 |
| Obstructif | 121395 | noir | 1914 | Kilo 94042 | Kouldoue 95877 |
| Obstructif | 122817 | gris | 1914 | Ferdinand 94127 | Suse 54334 |
| Obturant | 120130 | noir | 1914 | Empereur 80361 | Lazare 101370 |
| Obturant | 122820 | gris-foncé | 1914 | Kibry 89896 | Joie 88644 |
| Obturateur | 118786 | noir | 1914 | Joca 84244 | Huche 76710 |
| Obturateur | 119262 | alezan | 1914 | Kriss 91437 | Sophie 66853 |

| NOM | N° | ROBE | Naissance | PÈRE | MÈRE |
|---|---|---|---|---|---|
| Obturateur | 120131 | noir | 1914 | Guignolet 70023 | Poulette 98076 |
| Obturateur | 122472 | gris-foncé | 1914 | Hauterive 78282 | Juliette 88555 |
| Obturateur | 122821 | gris r. | 1914 | Douvreur-ex-Couvreur 58335 | Grive 72826 |
| Obtus | 120133 | gris-foncé | 1914 | Guignolet 70023 | Kosmique 91299 |
| Obtus | 121403 | gris-foncé | 1914 | Krural 91866 | Koulée 95869 |
| Obtus | 122823 | gris-foncé | 1914 | Douvreur-ex-Couvreur 58335 | Korne 95041 |
| Obtus | 124056 | gris | 1914 | Kabotin 96817 | Brillante 60378 |
| Obus | 118787 | noir | 1914 | Jonas 84244 | Kadabrante 92169 |
| Obus | 120239 | noir | 1914 | Kalifornien 90644 | Gazelle 69475 |
| Obus | 120269 | gris | 1914 | Jubé 85452 | Insipide 80432 |
| Obus | 121144 | noir | 1914 | Fier-à-Bras 65250 | Jacobée 85713 |
| Obus | 121402 | gris-foncé | 1914 | Krural 91866 | Rose 54073 |
| Obus | 122564 | bai-foncé | 1914 | Eiilly-ex-Goulet 61838 | Cochenille 67964 |
| Obus | 123907 | gris | 1914 | Kapon 97485 | Minerve 39077 |
| Obus | 123970 | gris | 1914 | Kaisson 97384 | Karlette 96698 |
| Obus | 124074 | noir | 1914 | Kaisson 97384 | Kabyle 97471 |
| Obus | 124145 | noir | 1914 | Karid 94522 | Gavotte 45607 |
| Obusier | 118790 | noir | 1914 | Kermouster 90536 | Iole 81436 |
| Obusier | 119075 | noir | 1914 | Jolicœur 85324 | Gerbine 70899 |
| Obusier | 119427 | gris | 1914 | Jalap 84194 | Gadoise 69667 |
| Obusier | 120271 | gris | 1914 | Iowa 80989 | Kaïnite 92363 |
| Obusier | 121405 | noir | 1914 | Krural 91866 | Kératite 95311 |
| Obusier | 122562 | noir | 1914 | Kellermann 95954 | Komorre 97546 |
| Obusier | 122824 | gris | 1914 | Joinville 88611 | Luxation 102731 |
| Obusier | 123916 | gris-foncé | 1914 | Kapon 97485 | Kama 96747 |
| Obuské | 120711 | bai-brun | 1914 | Kruger 92229 | Insulte 80857 |
| Obvers | 118791 | noir-zain | 1914 | Jalap 84194 | Sidonia 68622 |
| Obvers | 120275 | noir | 1914 | Jans 86310 | Lacheuse 63509 |
| Obvers | 121406 | gris-foncé | 1914 | Kisgobb 92676 | Glorieuse 71994 |
| Obvers | 122829 | gris-foncé | 1914 | Konfetti 95768 | Inopinée 78818 |
| Obvier | 118793 | gris | 1914 | Koucou 91328 | Géographie 71001 |
| Obvier | 122830 | gris | 1914 | Konfetti 95768 | Couturière 52847 |
| Oc | 118794 | bai-brun | 1914 | Koucou 91328 | Mouvette 62031 |
| Oc | 120730 | noir | 1914 | Kif-Kif 95174 | Serpette 47139 |
| Ocampo | 122575 | gris | 1914 | Irradié 83254 | Urgence 56846 |
| Ocarina | 118795 | gris | 1914 | Kangourou 89698 | Jactance 84191 |
| Ocarina | 120278 | gris-clair | 1914 | Jugal 85444 | Pelotte 81778 |
| Ocarina | 120918 | gris-r. | 1914 | Hou-nan 76124 | Aurore 60309 |
| Ocarina | 121410 | gris-foncé | 1914 | Krural 91866 | Europe 98373 |
| Ocarina | 122835 | gris | 1914 | Kagnat 92819 | Kourgane 96314 |
| Ocarinus | 123928 | gris-r. | 1914 | Istres 82617 | Rosette 84473 |
| Occam | 120401 | gris-ard. | 1914 | Japon 84819 | Gigogne 69871 |
| Occam | 121924 | noir | 1914 | Joliet 89140 | Kavatine 94936 |
| Occat | 119239 | noir | 1914 | Iago 81027 | Luvie 99193 |
| Occey | 119869 | gris | 1914 | Jousset 83935 | Mouvette 45972 |

| NOM | N° | ROBE | Naissance | PÈRE | MÈRE |
|---|---|---|---|---|---|
| Occey | 122411 | noir | 1914 | Jomarin 84236 | Ignorante 79354 |
| Occey | 123550 | noir-zain | 1914 | Kaunitz 97300 | Esquille 87605 |
| Occhiali | 121847 | noir | 1914 | Garo 70714 | Latrape 102104 |
| Occident | 118796 | noir | 1914 | Kroumir 94517 | Bijou 50725 |
| Occident | 119108 | noir | 1914 | Gazéo 70937 | Vareuse 59303 |
| Occident | 119224 | noir | 1914 | Gazéo 70937 | Suzanne 66534 |
| Occident | 119634 | noir | 1914 | Jasmin 83835 | Rosette 61409 |
| Occident | 120587 | gris-foncé | 1914 | If 80943 | Jonquille 85974 |
| Occident | 120919 | gris | 1914 | Hou-nan 76124 | Badine 61559 |
| Occident | 121413 | gris-foncé | 1914 | Krural 91866 | Karderie 94849 |
| Occident | 122224 | gris | 1914 | Komital 91759 | Biche 64483 |
| Occident | 122629 | noir-zain | 1914 | Indécis 83374 | Karrette 94409 |
| Occident | 122836 | gris | 1914 | Joinville 88611 | Lisette 81696 |
| Occident | 123914 | noir | 1914 | Kaisson 97384 | Frivole 40521 |
| Occident | 123918 | gris-vin. | 1914 | Klocher 95657 | Elégante 47360 |
| Occidental | 118797 | gris | 1914 | Kroumir 94517 | Kaducée 90514 |
| Occidental | 119231 | noir | 1914 | Josué 88841 | Volvelle 52452 |
| Occidental | 120920 | noir-m.-t. | 1914 | Hou-nan 76124 | Colette 65472 |
| Occidental | 122839 | gris | 1914 | Kamaland 91699 | Fauvette 69200 |
| Occipital | 118798 | noir | 1914 | Kroumir 94517 | Kaquette 90472 |
| Occipital | 119055 | gris-t.-f. | 1914 | Juin 83623 | Joriante 85913 |
| Occipital | 120137 | noir | 1914 | Kognac 91477 | Poule 49626 |
| Occipital | 121414 | noir | 1914 | Krural 91866 | Galathée 98363 |
| Occipital | 122840 | gris | 1914 | Douvreur ex-Couvreur 58335 | Héléna 93500 |
| Occiput | 118803 | noir | 1914 | Homard 74692 | Kafarde 90515 |
| Occiput | 119225 | gris-foncé | 1914 | Gazéo 70937 | Kreve 91666 |
| Occiput | 120140 | noir | 1914 | Kognac 91477 | Iphigénie 80111 |
| Occiput | 121424 | noir | 1914 | Kapon 90765 | Jacinthe 88167 |
| Occiput | 122842 | gris | 1914 | Instar 78857 | Muscade 73329 |
| Occiput | 123889 | gris | 1914 | Jan 84219 | Kermesse 96315 |
| Occiseur | 119276 | bai-chât. | 1914 | Kriss 91437 | Soubrette 54953 |
| Occlus | 119235 | gris | 1914 | Judas 86606 | Insanité 80839 |
| Occlus | 120455 | noir | 1914 | Ivan 81244 | Lolotte 99147 |
| Occlusif | 120141 | noir | 1914 | Imprévu 80361 | Fabella 61882 |
| Occlusif | 122844 | gris-clair | 1914 | Douvreur-ex-Couvreur 58335 | Gaulette 64942 |
| Occo | 121141 | gris vin | 1914 | Kepi 91690 | Operette 58579 |
| Occulte | 120138 | noir | 1914 | Kognac 91477 | Knissière 91885 |
| Occupant | 119228 | gris | 1914 | Joinville 88611 | Castille 47080 |
| Occupant | 120142 | gris-clair | 1914 | Kalot 92507 | Korbure 92001 |
| Occupant | 122600 | bai | 1914 | Jeanneur 86944 | Invalhose 81425 |
| Occurent | 120147 | bai foncé | 1914 | Kontemporain 91579 | Jalane 53017 |
| Occurent | 120798 | noir | 1914 | Kerdanel 94127 | H[illegible] 75500 |
| Occurent | 121421 | gris foncé | 1914 | Judelle 86049 | J[illegible] 88580 |
| Occurent | 122846 | noir | 1914 | Instar 78857 | P[illegible] 85206 |
| Océan | 118799 | gris vin. | 1914 | K[illegible] 93104 | H[illegible] 73811 |

| NOM | N° | ROBE | Naissance | PÈRE | MÈRE |
|---|---|---|---|---|---|
| Océan | 120148 | noir | 1914 | Jugal 85444 | Hirondelle 98478 |
| Océan | 120345 | noir | 1914 | Jean-Jack 85863 | Frisette 63017 |
| Océan | 120595 | gris | 1914 | If 80943 | Justice 85986 |
| Océan | 120753 | bai-ch.- z. | 1914 | Kagot 92240 | Hanse 76884 |
| Océan | 121420 | noir | 1914 | Kisgobb 92676 | Alerte 57296 |
| Océan | 122287 | gris-foncé | 1914 | Hiersac 76358 | Faisante 89976 |
| Océan | 122527 | noir | 1914 | Kamiesh 96173 | Liesse 104268 |
| Océan | 122609 | gris | 1914 | Janiscus 88060 | Kiria 94509 |
| Océan | 122628 | gris-noir | 1914 | Huron 77627 | Hative 76992 |
| Océan | 122848 | noir | 1914 | Kybéry 91622 | Juvenilia 98313 |
| Océan | 123934 | noir | 1914 | Istres 82647 | Bénédictine 68219 |
| Océan | 123979 | gris | 1914 | Joab 87450 | Jettature 87239 |
| Océan | 124073 | bai-chat. | 1914 | Interprète 80665 | Royale 78428 |
| Océan | 124139 | noir | 1914 | Karid 94522 | Pascaline 49373 |
| Océanien | 118811 | noir | 1914 | Homard 74692 | Kroute 90403 |
| Océanien | 120449 | gris | 1914 | Jugal 85444 | Iliade 80309 |
| Océanien | 121422 | noir | 1914 | Kaballero 95499 | Lisette 75023 |
| Océanien | 122851 | gris-foncé | 1914 | Kybéry 91622 | Déserte 45986 |
| Océanien | 124140 | gris | 1914 | Karid 94522 | Margot 47774 |
| Ocellé | 120152 | noir | 1914 | Guignolet 70023 | Eloge 67057 |
| Ocellé | 121425 | gris foncé | 1914 | Kapon 90765 | Railleuse 63746 |
| Ocellé | 122854 | gris-foncé | 1914 | Kilbry 89896 | Huisserie 77681 |
| Ocellus | 122593 | gris-noir | 1914 | Kamiesh 96173 | Camélia 65469 |
| Ocelot | 118815 | gris | 1914 | Kroumir 94517 | Jaspure 85001 |
| Ocelot | 119286 | gris-foncé | 1914 | Gazéo 70937 | Kainça 91718 |
| Ocelot | 120450 | noir | 1914 | Kontemporain 91579 | Tulipe 57754 |
| Ocelot | 121426 | gris-foncé | 1914 | Kaballero 95499 | Crevette 56333 |
| Ocelot | 122543 | noir | 1914 | Kellermann 95954 | Latonie 104299 |
| Ocelot | 122850 | gris | 1914 | Douvreur-ex-Couvreur 58335 | Jarosse 87207 |
| Ocelot | 123961 | noir | 1914 | Istres 82647 | Indienne 80498 |
| Och | 120740 | noir | 1914 | Joch 88606 | Mouvette 98093 |
| Ocha | 120490 | gris | 1914 | Kerdaniel 94127 | Jouvence 86433 |
| Ochesnais | 123063 | gris | 1914 | Kromwell 96606 | Kaline 97647 |
| Ochesnais | 123080 | noir-zain | 1914 | Kadédis 96624 | Kalypso 96442 |
| Ochet | 121143 | gris | 1914 | Képi 91690 | Justine 64020 |
| Ochey | 122412 | noir-zain | 1914 | Igli 81048 | Gaillarde 87572 |
| Ochey | 123551 | gris | 1914 | Klaro 97235 | Justine 69148 |
| Ochiaz | 123556 | noir | 1914 | Karo 97235 | Ferluche 87643 |
| Ochino | 122594 | noir | 1914 | Idomen 83507 | Lésine 104322 |
| Ochna | 118820 | noir | 1914 | Kommis 93104 | Kaféine 90516 |
| Ochna | 120153 | noir | 1914 | Kascadeur 91236 | Kastille 95984 |
| Ochna | 121430 | noir | 1914 | Kapon 90765 | Hagiographie 75353 |
| Ochna | 122857 | noir | 1914 | Douvreur-ex-Couvreur 58335 | Givette 72080 |
| Ochosias | 121154 | gris | 1914 | Kruor 91865 | Dora 60803 |
| Ochosias | 122595 | noir | 1914 | Harpin 77949 | Halte 76103 |

| NOM | N° | ROBE | Naissance | PÈRE | MÈRE |
|---|---|---|---|---|---|
| Ochosias | 124029 | bai | 1914 | Joyeux 88776 | Henriotte 78189 |
| Ochosias | 124067 | noir | 1914 | Interprète 80665 | Juliette 63943 |
| Ochus | 121788 | noir | 1914 | Jobard 87247 | Robine 67158 |
| Ockey | 121147 | gris | 1914 | Illettré 81310 | Zélie 44194 |
| Ockham | 121740 | noir | 1914 | Juliopolis 86716 | Javotte 86927 |
| Oclock | 119232 | noir | 1914 | Joinville 88611 | Printanière 84376 |
| Oconnell | 119665 | noir-m.-t. | 1914 | Koncou 91328 | Galipette 90145 |
| Oconnell | 123369 | noir | 1914 | Kontrôle 93620 | Joliette 96862 |
| Oconnor | 119284 | gris-foncé | 1914 | Justian 85274 | Locomotive 99235 |
| Ocrerouge | 120504 | noir | 1914 | Kérouriou 92358 | Isserville 79095 |
| Ocreux | 118819 | noir | 1914 | Kommis 93104 | Lusace 99247 |
| Ocreux | 120154 | noir | 1914 | Imprévu 80361 | Métayère 57745 |
| Ocreux | 121427 | noir | 1914 | Kaballero 95499 | Charmante 48134 |
| Ocreux | 122544 | noir | 1914 | Importun 80576 | Journalière 88678 |
| Ocreux | 122860 | noir | 1914 | Konfetti 95768 | Journalière 87284 |
| Oct | 118821 | noir | 1914 | Kommis 93104 | Pétronille 40592 |
| Oct | 120158 | gris | 1914 | Illettré 81310 | Julienne 88627 |
| Oct | 122866 | gris-foncé | 1914 | Kominos 92182 | Docile 43323 |
| Octaèdre | 120163 | bai-t.-f. | 1914 | Kognac 91477 | Pelote 53557 |
| Octaèdre | 121434 | gris-foncé | 1914 | Kapon 90765 | Chatelaine 51298 |
| Octaèdre | 122516 | noir | 1914 | Kuroki 96213 | Labrosse 100492 |
| Octaèdre | 122867 | gris | 1914 | Kromwell 96606 | Ketnie 94644 |
| Octaèdre | 124141 | gris | 1914 | Karid 94522 | Margot 50234 |
| Octant | 119285 | gris-foncé | 1914 | Gazéo 70937 | Cerf-Volant 63127 |
| Octant | 120161 | gris-foncé | 1914 | Guignolet 70023 | Biche 48055 |
| Octant | 121436 | noir | 1914 | Kapon 90765 | Ingénue 93406 |
| Octant | 122515 | noir | 1914 | Kuroki 96213 | Ilia 81883 |
| Octant | 122869 | noir | 1914 | Kalderon 97556 | Lamaltière 102782 |
| Octavaire | 122870 | gris | 1914 | Kalderon 97556 | Gillberte 70886 |
| Octave | 118825 | gris clair | 1914 | Kalhao 92188 | Violette 63001 |
| Octave | 122423 | gris-foncé | 1914 | Karafon 90798 | Julie 88076 |
| Octave | 122602 | noir | 1914 | Indécis 83374 | Karbine 94808 |
| Octave | 124030 | gris vin. | 1914 | Jackson 88870 | Coquette 50536 |
| Octave | 124142 | noir | 1914 | Karid 94522 | Belzine 50235 |
| Octavier | 118826 | noir | 1914 | Karabé 95224 | Valse 53072 |
| Octavier | 120162 | noir | 1914 | Juzal 85444 | Jeannette 75056 |
| Octavier | 121479 | noir | 1914 | Kaballero 95499 | Jabès 88478 |
| Octavier | 122872 | noir | 1914 | Kalderon 97556 | Fleurette 49251 |
| Octavin | 118827 | gris-clair | 1914 | Kalhao 92188 | Krassule 91397 |
| Octavin | 120164 | gris | 1914 | Juzal 85444 | Hélène 75522 |
| Octavin | 121480 | noir | 1914 | Kaballero 95499 | Jamaïque 88497 |
| Octavin | 122873 | noir | 1914 | Kromwell 96606 | Argonne 49972 |
| Octavo | 118829 | gris-clair | 1914 | Kermaster 90536 | Kermesse 91365 |
| Octavo | 120165 | gris-clair | 1914 | Guignolet 70023 | Kalmia 95076 |
| Octavo | 120961 | gris | 1914 | Justicier et Quatorze 885 | Coudraie 46298 |

| NOM | N° | ROBE | Naissance | PÈRE | MÈRE |
|---|---|---|---|---|---|
| Octavo | 121482 | gris-foncé | 1914 | Kagot 92240 | Légende 38321 |
| Octavo | 122551 | noir | 1914 | Juliopolis 86716 | Laloi 104368 |
| Octavo | 122876 | gris-foncé | 1914 | Kalderon 97556 | Kongrue 95778 |
| Octavo | 123963 | noir | 1914 | Istres 82617 | Myosotis 38300 |
| Octavon | 118834 | gris | 1914 | Idem 80612 | Gabrielle 70473 |
| Octavon | 120167 | noir | 1914 | Jugal 85444 | Ixora 81325 |
| Octavon | 121483 | noir-zain | 1914 | Kagot 92240 | Coquette 48118 |
| Octavon | 122878 | gris | 1914 | Joab 87450 | Lucette 57520 |
| Octeville | 122471 | gris | 1914 | Jobard 87247 | Hachette 77967 |
| Octi | 118823 | rouan | 1914 | Idem 80612 | Belette 47349 |
| Octi | 120155 | noir | 1914 | Guignolet 70023 | Hélice 81812 |
| Octi | 121431 | noir | 1914 | Kapon 90765 | Ibéa 79296 |
| Octi | 122861 | gris | 1914 | Instar 78857 | Jacqueline 87370 |
| Octidi | 118830 | noir-zain | 1914 | Kermouster 90536 | Rosalie 54319 |
| Octidi | 120166 | noir | 1914 | Guignolet 70023 | Sidonie 66922 |
| Octidi | 121485 | noir | 1914 | Kagot 92240 | Genève 71404 |
| Octidi | 122554 | noir | 1914 | Importun 80576 | Javie 93256 |
| Octidi | 122877 | noir | 1914 | Kalderon 97556 | Aklarine 57159 |
| Octo | 118824 | noir | 1914 | Karabé 95224 | Pelote 61208 |
| Octo | 120156 | noir | 1914 | Imprévu 80361 | Intransigeante 80134 |
| Octo | 120797 | bai-ch. | 1914 | Kif-Kif 95174 | Galante 71993 |
| Octo | 121432 | gris-foncé | 1914 | Kapon 90765 | Marquise 75210 |
| Octo | 122863 | gris | 1914 | Impérator 83461 | Jacque 87369 |
| October | 119211 | gris | 1914 | Japon 84819 | Kousséine 90615 |
| Octobre | 120168 | gris-tr.-cl. | 1914 | Jugal 85444 | Kaline 92496 |
| Octobre | 120643 | gris-clair | 1914 | Jean-Jack 85863 | Serpette 49192 |
| Octobre | 120794 | noir-rub. | 1914 | Kapon 90765 | Gêne 69752 |
| Octobre | 122517 | noir | 1914 | Importun 80576 | Laponie 104314 |
| Octobre | 122882 | gris | 1914 | Douvreur-ex-Couvreur 58335 | Brillante 39475 |
| Octobre | 123951 | noir | 1914 | Koypel 96590 | Gadelle 98625 |
| Octobre | 124143 | noir | 1914 | Karid 94522 | Ibérie 80335 |
| Octobriste | 123083 | gris | 1914 | Kouli 97151 | Fadola 96842 |
| Octogonal | 119054 | gris-foncé | 1914 | Ivan 81244 | Epine 63900 |
| Octogonal | 120169 | noir | 1914 | Kognac 91477 | Castille 56425 |
| Octogone | 120170 | gris-foncé | 1914 | Kalot 92507 | Préférence 47210 |
| Octogone | 120796 | gris | 1914 | Kerdaniel 94127 | Haidérabad 74439 |
| Octogone | 121499 | noir | 1914 | Kagot 92240 | Lavove 63531 |
| Octogone | 121939 | gris | 1914 | Klermont 96529 | Gertrude 72063 |
| Octon | 122413 | noir | 1914 | Igli 81048 | Coquette 93391 |
| Octon | 123557 | noir | 1914 | Klaro 97235 | Herse 98574 |
| Octoyon | 119504 | gris-foncé | 1914 | Koucou 91328 | Intime 79497 |
| Octroi | 118835 | gris | 1914 | Kalhao 92188 | Cocotte 56762 |
| Octroi | 119251 | gris | 1914 | Ingo 81027 | Litée 99497 |
| Octroi | 119977 | gris-foncé | 1914 | Kalifornien 90644 | Cicatrice 59483 |
| Octroi | 120172 | noir | 1914 | Kontemporain 91579 | Labouque 101667 |

| NOM | N° | ROBE | Naissance | PÈRE | MÈRE |
|---|---|---|---|---|---|
| Octroi | 120500 | gris | 1914 | Imprévu 80361 | Laure 67108 |
| Octroi | 121488 | noir | 1914 | Kaballero 95499 | Eve 57095 |
| Octroi | 122634 | noir | 1914 | Indécis 83374 | Kasha 94675 |
| Octroi | 122884 | noir | 1914 | Kalderon 97556 | Tybériade 50309 |
| Octroi | 123984 | gris | 1914 | Koypel 96590 | Jouteuse 89029 |
| Octroyer | 120177 | noir | 1914 | Kontemporain 91579 | Taupine 60459 |
| Octup | 120769 | gris foncé | 1914 | Kif-Kif 95174 | Isabelle 78837 |
| Octuple | 120175 | gris-clair | 1914 | Kalot 92507 | Pelote 98077 |
| Octy | 119229 | noir-zain | 1914 | Joinville 88611 | Minime 52769 |
| Ocuba | 120319 | gris | 1914 | Ivan 81244 | Mignonne 81622 |
| Oculaire | 120176 | gris | 1914 | Kontemporain 91579 | Groseille 70595 |
| Oculi | 118837 | gris | 1914 | Karabé 95224 | Kalice 90635 |
| Oculi | 120179 | gris-foncé | 1914 | Kalot 92507 | Sultane 78445 |
| Oculi | 120410 | noir | 1914 | Joch 88606 | Farceuse 67738 |
| Oculi | 121489 | noir | 1914 | Kagot 92240 | Lisette 98374 |
| Oculi | 122886 | gris | 1914 | Kalderon 97556 | Grisorte 72101 |
| Oculiste | 118732 | bai-brun | 1914 | Janiscns 88060 | Castille 56700 |
| Oculiste | 118838 | alezan | 1914 | Ketel 93770 | Esméralda 90079 |
| Oculiste | 120180 | gris-foncé | 1914 | Kontemporain 91579 | Lisette 54476 |
| Oculiste | 121500 | noir | 1914 | Kagot 92240 | Géli 71272 |
| Oculiste | 121937 | gris-foncé | 1914 | Isly 83294 | Kanelle 97651 |
| Oculiste | 122887 | gris-r. | 1914 | Klermont 96529 | Lisette 75054 |
| Oculiste | 123944 | gris-foncé | 1914 | Joah 87450 | Geneviève 93495 |
| Odars | 122414 | gris | 1914 | Keramin 95167 | Kronstadt 95225 |
| Odelin | 120403 | noir | 1914 | Ivan 81244 | Girandole 70891 |
| Odenas | 122415 | noir | 1914 | Ingénu 79896 | Maqua 63360 |
| Odéon | 118730 | noir | 1914 | Jaccoud 83766 | Irma 79606 |
| Odéon | 118844 | noir | 1914 | Handin 75681 | Mandoline 58325 |
| Odéon | 119426 | gris | 1914 | Jasmin 83835 | Kléricale 91074 |
| Odéon | 120634 | gris-ard. | 1914 | Judas 86606 | Paquerette 34570 |
| Odéon | 120767 | bai-chât. | 1914 | Kagot 92240 | Officine 68414 |
| Odéon | 120869 | gris clair | 1914 | Kalhao 92188 | Kanette 90717 |
| Odéon | 121491 | bai-zain | 1914 | Kagot 92240 | Jinette 98440 |
| Odéon | 121938 | gris foncé | 1914 | Isly 83294 | Huisserie 75794 |
| Odéon | 122888 | noir | 1914 | Impérator 83461 | Livie 102562 |
| Odéon | 123942 | noir | 1914 | Khaled 96398 | Hachette 97723 |
| Oder | 119600 | noir | 1914 | Hochet 74694 | Jahee 85019 |
| Oder | 121158 | gris | 1914 | Jugal 85444 | Charmante 49814 |
| Oder | 121578 | gris bleu | 1914 | Instrument 80964 | Karoline 93889 |
| Oder | 123371 | gris | 1914 | Koufein 95768 | Huallaga 76118 |
| Oder | 124018 | noir | 1914 | Interprète 80665 | Krinola 96828 |
| Oder | 124144 | noir | 1914 | Karad 95522 | Hésidense 77431 |
| Oderic | 119569 | ambère | 1914 | Hareng 76925 | Hochette 75307 |
| Oderic | 122230 | n. m. t. z. | 1914 | Kœmtat 91759 | Korinas 95120 |
| Oderic | 123370 | gris foncé | 1914 | Hless 83057 | Joconde 96863 |

| NOM | N° | ROBE | Naissance | PÈRE | MÈRE |
|---|---|---|---|---|---|
| Odésert | 123337 | gris | 1914 | Kanulant 91699 | Ino 83013 |
| Odessa | 120760 | noir | 1914 | Kagot 92240 | Guitare 71706 |
| Odieux | 118845 | gris | 1914 | Idem 80612 | Marinette 68468 |
| Odieux | 120185 | noir | 1914 | Karolus 93008 | Mouvette 81815 |
| Odieux | 121492 | gris-cend. | 1914 | Kagot 92240 | Italienne 80269 |
| Odieux | 122889 | gris-vin. | 1914 | Douvreur-ex-Couvreur 58335 | Kure 96609 |
| Odieval | 122417 | noir | 1914 | Igli 81048 | Hirondelle 98486 |
| Odilon | 121975 | noir-zain | 1914 | Incident 80133 | Glorieuse 57548 |
| Odin | 119672 | noir | 1914 | Jasmin 83835 | Kocarina 90331 |
| Odin | 120502 | gris-r. | 1914 | Jolicœur 85324 | Have 74084 |
| Odin | 121459 | gris-foncé | 1914 | Komitat 91759 | Manille 67245 |
| Odin | 122231 | noir | 1914 | Komitat 91759 | Kinross 95212 |
| Odin | 123375 | gris | 1914 | Kibry 89896 | Iseline 80893 |
| Odival | 119992 | noir | 1914 | Jolicœur 85324 | Invite 79257 |
| Odival | 123564 | bai | 1914 | Koncordat 95769 | Jarre 89091 |
| Odjac | 122892 | gris-foncé | 1914 | Impérator 83461 | Konséquence 95789 |
| Odjak | 118843 | gris | 1914 | Karabé 95224 | Hive 76825 |
| Odjak | 120187 | noir | 1914 | Karolus 93008 | Kalliope 90897 |
| Odjak | 121496 | bai | 1914 | Kif-Kif 95174 | Malaise 47999 |
| Odjak | 121961 | noir | 1914 | Incident 80133 | Javotte 86755 |
| Odoacre | 121962 | noir-zain | 1914 | Garo 70714 | Kyris 94002 |
| Odoïewsky | 120839 | noir | 1914 | Kontemporain 91579 | Houblonnière 76040 |
| Odol | 120836 | noir | 1914 | Kalendrier 90637 | Corniche 64065 |
| Odomel | 122234 | gris-foncé | 1914 | Komitat 91759 | Hirondelle 77200 |
| Odomètre | 120188 | noir | 1914 | Kommis 93104 | Grisette 97111 |
| Odomètre | 121945 | gris-clair | 1914 | Instar 78857 | Joncquerettes 88583 |
| Odomètre | 122893 | gris-foncé | 1914 | Douvreur-ex-Couvreur 58335 | Eglantine 75053 |
| Odomez | 119994 | noir | 1914 | Insipide 82466 | Poulotte 48166 |
| Odomez | 122419 | noir | 1914 | Ingénu 79896 | Entérite 98600 |
| Odon | 122232 | noir | 1914 | Komitat 91759 | Finette 98462 |
| Odorant | 120191 | gris | 1914 | Karolus 93008 | Io 81435 |
| Odorant | 121497 | noir | 1914 | Kif-Kif 95174 | Jopère 86484 |
| Odorant | 121946 | gris-vin. | 1914 | Instar 78857 | Juliette 88735 |
| Odorant | 122895 | noir-zain | 1914 | Isly 83294 | Tyrolienne 47366 |
| Odorat | 118849 | noir-zain | 1914 | Kaptif 92909 | Normande 54646 |
| Odorat | 119407 | gris-fer | 1914 | Grigri 65867 | Gamine 98184 |
| Odorat | 120008 | gris | 1914 | Kérouriou 92358 | Harica 76620 |
| Odorat | 120192 | noir | 1914 | Komitat 91759 | Rosette 73339 |
| Odorat | 121505 | noir-zain | 1914 | Krural 94866 | Jaffa 86392 |
| Odorat | 121947 | noir | 1914 | Instar 78857 | Koréte 95032 |
| Odorat | 122896 | gris | 1914 | Kalderon 97556 | Charlotte 50393 |
| Odorat | 123936 | gris | 1914 | Klocher 95637 | Libration 101901 |
| Odoriférant | 120193 | noir | 1914 | Komitat 91579 | Poule 50315 |
| Odoriférant | 122899 | gris-foncé | 1914 | Impérator 83461 | Rapide 34475 |
| Odos | 119993 | noir | 1914 | Jolicœur 85324 | Gothie 70300 |

| NOM | N° | ROBE | Naissance | PÈRE | MÈRE |
|---|---|---|---|---|---|
| Ody | 120761 | noir | 1914 | Kagot 92240 | Kolline 93057 |
| Oedipe | 120791 | gris-foncé | 1914 | Kif-Kif 95174 | Irradiation 78845 |
| Oedipe | 121533 | noir | 1914 | Komitat 91759 | Lioule 100751 |
| Oedipe | 121934 | noir | 1914 | Isly 83294 | Kordelle 95028 |
| Oedipe | 122237 | gris clair | 1914 | Komitat 91759 | Rosa 67872 |
| Oedipe | 122900 | noir-m.-t. | 1914 | Kromwell 96606 | Giberne 69207 |
| Oedipe | 123993 | gris | 1914 | Kouli 97151 | Fantasia 93550 |
| Oedipe | 124134 | noir | 1914 | Karid 94522 | Gatine 72559 |
| Oeil | 119238 | gris-foncé | 1914 | Joinville 88611 | Margot 47292 |
| Oeil | 122901 | noir | 1914 | Kagnat 92819 | Actualité 52642 |
| Oeillard | 120195 | gris-foncé | 1914 | Kruor 91865 | Plaisante 62034 |
| Oeillard | 122902 | gris | 1914 | Kagnat 92819 | Jugeuse 88336 |
| Oeillet | 120770 | noir | 1914 | Kif-Kif 95174 | Karabie 89954 |
| Oeillet | 121889 | noir | 1914 | Kromwell 96606 | Hatelaine 76276 |
| Oeillet | 123544 | noir | 1914 | Doguet-ex-Sapeur 60641 | Epingle 50224 |
| Oeillet | 123992 | gris-r. | 1914 | Koypel 96590 | Kadora 97301 |
| Oeilleton | 121890 | gris-foncé | 1914 | Imperator 83461 | Hampe 76224 |
| Déland | 122239 | gris-foncé | 1914 | Komitat 91759 | Moufette 54468 |
| Oenophore | 121885 | noir | 1914 | Kalderon 97556 | Coquette 68180 |
| Oesel | 122624 | noir | 1914 | Indécis 83374 | Jupe 89502 |
| Oeuf | 119270 | alez.-rub. | 1914 | Célibat 64968 | Inhibition 78732 |
| Oeuf | 120198 | gris foncé | 1914 | Komitat 91759 | Fachette 64399 |
| Oeuvré | 120428 | noir | 1914 | Kompotier 91549 | Polka 58636 |
| Ofa | 122607 | gris | 1914 | Indécis 83374 | Justesse 84613 |
| Ofanto | 119676 | noir | 1914 | Hareng 76923 | Marquise 46544 |
| Ofeu | 119183 | gris-foncé | 1914 | Japon 84819 | Pâquerette 56382 |
| Offemback | 120426 | noir-rub. | 1914 | Kalendrier 90637 | Historiette 77101 |
| Offémont | 120486 | gris | 1914 | Kagot 92240 | Klairette 94954 |
| Offenbach | 119678 | noir | 1914 | Komeon 91328 | Hélène 74199 |
| Offenbach | 122242 | gris foncé | 1914 | Karafon 90797 | Hista 97119 |
| Offensant | 121935 | gris-foncé | 1914 | Klamart 96523 | Iquique 81835 |
| Offensé | 118850 | noir | 1914 | Kaptif 92909 | Kalcaire 90550 |
| Offenseur | 118851 | gris | 1914 | Idem 80612 | Loola 79784 |
| Offenseur | 120200 | gris foncé | 1914 | Kruor 91865 | Histoire 78054 |
| Offenseur | 122908 | gris | 1914 | Douyeur-ex-Couvreur 5445 | Lalande 102802 |
| Offensif | 118852 | gris | 1914 | Kroumir 94517 | Iris 79825 |
| Offensif | 122909 | gris clair | 1914 | Douyeur ex Couvreur 5445 | Bichette 81599 |
| Offerto | 120617 | gris foncé | 1914 | Kerdaniel 94127 | Lace 98002 |
| Offertoire | 121943 | gris | 1914 | Kalderon 97556 | Lare 103552 |
| Office | 121941 | gris-noir | 1914 | Isly 83294 | Lecherne 103527 |
| Office | 123973 | noir | 1914 | Klocher 95657 | Korala 96780 |
| Official | 118853 | bai | 1914 | Homard 74692 | Kolar fre 90489 |
| Official | 120204 | gris foncé | 1914 | Kruor 91865 | Perle 54107 |
| Official | 120671 | gris | 1914 | Josse 88841 | Gironde 57077 |
| Official | 121926 | gris foncé | 1914 | Koypel 98894 | Coquette 73437 |

| NOM | N° | ROBE | Naissance | PÈRE | MÈRE |
|---|---|---|---|---|---|
| Official | 122910 | noir | 1914 | Kagnat 92819 | Iglau 83210 |
| Officiant | 118854 | noir | 1914 | Kroumir 94517 | Bichette 49325 |
| Officiant | 120670 | noir | 1914 | Hanneton 75587 | Décrochée 75050 |
| Officiant | 121882 | gris-foncé | 1914 | Instar 78857 | Délicière 44002 |
| Officiel | 118857 | noir | 1914 | Kapuly 92818 | Fauvette 97076 |
| Officiel | 120206 | noir-zain | 1914 | Komitat 91759 | Lasagne 101770 |
| Officiel | 120608 | gris | 1914 | Kerdaniel 94127 | Haltesse 76866 |
| Officiel | 122916 | gris-foncé | 1914 | Jua 83570 | Cocotte 64600 |
| Officiel | 123980 | noir | 1914 | Koypel 96590 | Judith 38951 |
| Officier | 118858 | noir | 1914 | Jeudi 88924 | Hanchane 73629 |
| Officier | 120208 | gris-foncé | 1914 | Komitat 91759 | Kartouche 91937 |
| Officier | 120414 | gris | 1914 | Kagot 92240 | Saisie 60469 |
| Officier | 120499 | noir | 1914 | Imprévu 80361 | Lucette 43330 |
| Officier | 120660 | noir | 1914 | Kalendrier 90637 | Finette 64840 |
| Officier | 121522 | noir-zain | 1914 | Jephté 88561 | Charmante 53667 |
| Officier | 121888 | noir | 1914 | Klermont 96529 | Méduline 56218 |
| Officier | 122947 | gris | 1914 | Kibry 89896 | Kehl 89727 |
| Officier | 123974 | gris | 1914 | Klocher 95657 | Farandole 98261 |
| Officier | 123989 | noir-zain | 1914 | Joab 87450 | Giselle 72715 |
| Officieux | 120209 | noir | 1914 | Komitat 91759 | Géante 63203 |
| Officieux | 122919 | gris | 1914 | Kibry 89896 | Ile 82899 |
| Officinal | 118860 | bai | 1914 | Jalap 84194 | Badine 63071 |
| Offrant | 118861 | noir | 1914 | Jalap 84194 | Gamine 70180 |
| Offrant | 120213 | noir | 1914 | Jean-qui-rit 88772 | Lacoudre 104761 |
| Offrant | 120744 | gris-foncé | 1914 | Jolicœur 85324 | Kenoll 92199 |
| Offrant | 121520 | noir-zain | 1914 | Krural 94866 | Lamie 103633 |
| Offrant | 121887 | gris | 1914 | Kalderon 97556 | Barbe 63958 |
| Offrant | 122923 | noir | 1914 | Jua 83570 | Phémie 63449 |
| Offranville | 121969 | noir-zain | 1914 | Jersey 86498 | Paquerette 84511 |
| Offusqué | 119962 | gris | 1914 | Kalifornien 90644 | Visière 63997 |
| Ofrench | 120318 | gris-foncé | 1914 | Ivan 81244 | Biche 54484 |
| Ogaï | 119240 | noir-zain | 1914 | Iago 81027 | Kamizole 91657 |
| Ogam | 118866 | noir | 1914 | Kroumir 94517 | Poule 66217 |
| Ogam | 120219 | gris-tr.-f. | 1914 | Komitat 91759 | Kraiona 91620 |
| Ogam | 122927 | gris-foncé | 1914 | Kidney 96741 | Hidaïe 76204 |
| Ogarev | 120840 | noir | 1914 | Heaume 75604 | Lisette 49742 |
| Oger | 119681 | gris-foncé | 1914 | Kakatoé 90323 | Kasquette 90466 |
| Oger | 119997 | noir | 1914 | Jurisconsul 86393 | Godebérière 71280 |
| Oger | 120568 | noir | 1914 | Jean-Jack 85863 | Infertile 79914 |
| Oger | 122422 | noir | 1914 | Igli 81048 | Insipide 82376 |
| Oger | 123379 | gris | 1914 | Kagnat 92819 | Kalidaça 92289 |
| Oger | 123568 | gris | 1914 | Jaddus 89198 | Islande 98123 |
| Ogéviller | 122425 | gris-noir | 1914 | Karafon 90798 | Gondole 97118 |
| Ogham | 118868 | noir | 1914 | Kapuly 92818 | Ribis 61342 |
| Ogham | 120841 | noir | 1914 | Kontemporain 94579 | Biche 74997 |

| NOM | N° | ROBE | NAISSANCE | PÈRE | MÈRE |
|---|---|---|---|---|---|
| Ogham | 121534 | gris-foncé | 1914 | Célibat 64968 | Illusoire 82261 |
| Ogham | 122925 | gris | 1914 | Kibry 89896 | Charmante 55862 |
| Ogier | 119680 | gris-fer | 1914 | Hareng 76925 | Hablerie 74125 |
| Ogier | 121444 | noir-zain | 1914 | Karafon 90798 | Harpage 78024 |
| Ogier | 122246 | gris-foncé | 1914 | Jugal 85444 | Rapide 68678 |
| Ogier | 123377 | gris | 1914 | Kagnat 92819 | Maudisette 57532 |
| Ogilby | 121839 | bai-foncé | 1914 | Kontemporain 91579 | Ino 79342 |
| Oginski | 122249 | gris-clair | 1914 | Guignolet 70023 | Limace 101411 |
| Oginski | 123378 | bai-brun | 1914 | Kagnat 92819 | Harpoise 76882 |
| Ogival | 119653 | gris | 1914 | Kruger 92229 | Houchi 76069 |
| Ogival | 120222 | noir | 1914 | Juvénal 83553 | Intruse 79548 |
| Ogival | 121531 | gris-foncé | 1914 | Kascadeur 91236 | Marquise 62327 |
| Ogival | 121876 | gris | 1914 | Instar 78857 | Klématite 94969 |
| Ogival | 122926 | noir | 1914 | Kibry 89896 | Kazéine 94888 |
| Ogival | 122948 | gris | 1914 | Kibry 89896 | Câline 59819 |
| Ogliastro | 119998 | noir | 1914 | Jurisconsul 86393 | Imbue 81455 |
| Ogliastro | 123570 | gris | 1914 | Kaisson 97384 | Isabelle 82622 |
| Oglio | 122252 | gris | 1914 | Jugal 85444 | Ictère 80180 |
| Oglio | 123381 | noir | 1914 | Instar 78857 | Logette 102587 |
| Oglio | 124013 | noir | 1914 | Jackson 88870 | Légate 104342 |
| Ogmius | 122251 | noir | 1914 | Guignolet 70023 | Goupillière 71929 |
| Ogmius | 123388 | gris | 1914 | Kominos 92182 | Trompette 38859 |
| Ognon | 118869 | noir | 1914 | Jurisconsul 86393 | Furette 59153 |
| Ognon | 118878 | alezan | 1914 | Kapuly 92818 | Koquette 92623 |
| Ognon | 119425 | noir | 1914 | Hanneton 75587 | Lanière 97855 |
| Ognon | 119873 | noir | 1914 | Kalot 92507 | Mirette 59384 |
| Ognon | 120194 | gris-foncé | 1914 | Komitat 91759 | Mirabelle 61399 |
| Ognon | 120430 | noir zain | 1914 | Imprévu 80361 | Glume 71124 |
| Ognon | 121535 | noir | 1914 | Célibat 64968 | Combette 62857 |
| Ognon | 122428 | noir-zain | 1914 | Ingénu 79896 | Juriste 88094 |
| Ognon | 122928 | noir | 1914 | Kidney 96741 | Décidée 44442 |
| Ognonot | 119644 | bai brun | 1914 | If 80943 | Mariola 68430 |
| Ogre | 118870 | gris | 1914 | Jurisconsul 86393 | Bijou 54548 |
| Ogre | 119291 | noir | 1914 | Jallieu 86306 | Castille 59049 |
| Ogre | 121538 | gris | 1914 | Kobi 95111 | Jocaste 93480 |
| Ogre | 121877 | gris | 1914 | Instar 78857 | Darde 60598 |
| Ogre | 122930 | gris | 1914 | Joch 88606 | Huche 76045 |
| Ogre | 123990 | bai-brun | 1914 | Joab 87450 | Suisse 49729 |
| Ogrippé | 123262 | gris | 1914 | Joab 87450 | Devinette 68283 |
| Oh | 120502 | gris | 1914 | Jolicœur 85324 | Pâquerette 98605 |
| Ohé | 118873 | gris-t.-f. | 1914 | Kapuly 92811 | Cxette 54705 |
| Ohé | 120616 | gris | 1914 | Kerdaniel 94127 | Blague 62004 |
| Ohé | 121542 | gris | 1914 | Kamen 89731 | Kalxi 98519 |
| Ohio | 119742 | noir | 1914 | Fox-Bros 65250 | Jacasse 84937 |
| Ohio | 119776 | noir | 1914 | Jocrisse 83835 | Castille 66347 |

| NOM | N° | ROBE | Naissance | PÈRE | MÈRE |
|---|---|---|---|---|---|
| Ohio | 120462 | noir | 1914 | Joinville 88644 | Lutte 102728 |
| Ohio | 121448 | gris-noir | 1914 | Célibat 64968 | Fauvette 59914 |
| Ohio | 122253 | gris-noir | 1914 | Jugal 85444 | Cortége 67258 |
| Ohio | 122618 | noir | 1914 | Kalcul 92482 | Hélène 77625 |
| Ohio | 123383 | gris | 1914 | Kybéry 91622 | Ficelle 39224 |
| Ohio | 123759 | gris-vin. | 1914 | Kaisson 97384 | Lirette 60828 |
| Ohio | 124133 | bai-brun | 1914 | Karid 94522 | Icarie 80343 |
| Ohis | 122433 | noir | 1914 | Célibat 64968 | Vigilente 56595 |
| Ohla | 120819 | noir | 1914 | Joinville 88644 | Italie 78889 |
| Ohlala | 121713 | noir | 1914 | Karafon 90798 | Gazelle 72907 |
| Ohmet | 119688 | gris-vin. | 1914 | Jasmin 83835 | Pelote 54034 |
| Ohmet | 122254 | gris clair | 1914 | Jugal 85444 | Chaton 68810 |
| Ohnet | 121447 | noir | 1914 | Huitain 73993 | Iascarte 82216 |
| Oïdium | 118874 | bai | 1914 | Ketel 93770 | Lisette 59535 |
| Oïdium | 120224 | noir | 1914 | Juvénal 83553 | Jahel 85381 |
| Oïdium | 120800 | gris | 1914 | Josué 88841 | Petiote 68381 |
| Oïdium | 121545 | noir | 1914 | Kapon 90765 | Hargotte 97078 |
| Oïdium | 121930 | noir | 1914 | Instar 78857 | Kantienne 97669 |
| Oïdium | 122931 | noir | 1914 | Kourlis 95894 | Bavette 67040 |
| Oïdium | 124132 | gris foncé | 1914 | Karid 94522 | Jambette 84216 |
| Oigney | 123575 | noir | 1914 | Kern 97385 | Décidée 51283 |
| Oignon | 118875 | noir | 1914 | Kroumir 94517 | Geneviève 70679 bis |
| Oignon | 121546 | noir | 1914 | Kapon 90765 | Isabelle 79282 |
| Oignon | 122932 | gris-foncé | 1914 | Instar 78857 | Lauzerte 102889 |
| Oignonet | 118880 | noir | 1914 | Kroumir 94517 | Irma 98073 |
| Oignonet | 120183 | gris | 1914 | Kruor 91865 | Rose-France 60838 |
| Oignonet | 121549 | bai-brun | 1914 | Kapon 90765 | Justine 85273 |
| Oignonet | 122934 | gris | 1914 | Kourcaillet 95893 | Gorée 70322 |
| Oigny | 119875 | gris-tr. -f. | 1914 | Guignolet 70023 | Kanne 90723 |
| Oigny | 123571 | noir | 1914 | Jaddus 89198 | Jahel 98544 |
| Oïl | 118881 | gris | 1914 | Jurisconsul 86393 | Poule 61241 |
| Oïl | 120225 | noir | 1914 | Kermouster 90536 | Hélépole 73618 |
| Oing | 118885 | gris | 1914 | Jousset 83935 | Kleptomanie 89682 |
| Oing | 118961 | gris-t.-f. | 1914 | Kargo 92913 | Mouvette 97054 |
| Oing | 120226 | gris-clair | 1914 | Homard 74692 | Vanille 54971 |
| Oing | 121552 | noir | 1914 | Kapon 90765 | Involutive 79256 |
| Oing | 122935 | gris | 1914 | Kourcaillet 95893 | Hémiopie 76892 |
| Oint | 121554 | gris-foncé | 1914 | Joliceur 85324 | Castille 98098 |
| Oint | 122938 | gris | 1914 | Impérator 83461 | Julia 84620 |
| Oiron | 119876 | gris | 1914 | Guignolet 70023 | Lisette 61178 |
| Oiseau | 118883 | alezan | 1914 | Jousset 83935 | Josette 84251 |
| Oiseau | 119689 | gris | 1914 | Hareng 76925 | Giletière 70112 |
| Oiseau | 120227 | noir-zain | 1914 | Kermouster 90536 | Coquette II 65092 |
| Oiseau | 120621 | noir | 1914 | Kruger 92229 | Gauchette 75202 |
| Oiseau | 121202 | gris-foncé | 1914 | Jugal 85444 | Coquette 63486 |

| NOM | Nº | ROBE | NAISSANCE | PÈRE | MÈRE |
|---|---|---|---|---|---|
| Oiseau | 121553 | noir | 1914 | Kapon 90765 | Hépluchure 76329 |
| Oiseau | 121931 | gris-r. | 1914 | Instar 78857 | Rigolette 49511 |
| Oiseau | 122937 | gris | 1914 | Kerdaniel 94127 | Jarre 87204 |
| Oiseau | 123976 | gris foncé | 1914 | Joab 95657 | Mascotte 39517 |
| Oiseler | 118928 | noir | 1914 | Koquelin 92226 | Hollande 98143 |
| Oiselet | 118890 | gris | 1914 | Jason 86475 | Coquette 43612 |
| Oiselet | 119651 | noir | 1914 | Joch 88806 | Kayes 92668 |
| Oiselet | 120382 | gris | 1914 | Kalhao 92188 | Musette 43920 |
| Oiselet | 121555 | gris-foncé | 1914 | Kalifornien 90644 | Margot 49524 |
| Oiselet | 121933 | gris-noir | 1914 | Instar 78857 | Jeurre 88578 |
| Oiselet | 122939 | noir | 1914 | Kourlis 95894 | Favorite 93467 |
| Oiselet | 123975 | noir | 1914 | Koypel 96590 | Pâquerette 69204 |
| Oiselet | 123978 | gris | 1914 | Klocher 95657 | Java 87413 |
| Oiseleur | 118892 | gris | 1914 | Kriss 91437 | Écosse 66852 |
| Oiseleur | 121556 | noir | 1914 | Kamen 89731 | Finette 34608 |
| Oiseleur | 122475 | noir m.-t. | 1914 | Ichneumon 80679 | Janine 96888 |
| Oiseleur | 122940 | noir | 1914 | Impérator 83461 | Kousue 95916 |
| Oiselier | 121558 | noir | 1914 | Quinquina 68945 | Hermine 51855 |
| Oiselier | 122496 | gris-foncé | 1914 | Huguenot 74507 | Kérosolène 96080 |
| Oiselier | 122941 | noir | 1914 | Impérator 83461 | Gachette 70461 |
| Oiselier | 123043 | gris | 1914 | Jean-Frollo 85466 | Kobla 96767 |
| Oiselier | 123972 | gris | 1914 | Jan 84219 | Houlette 96850 |
| Oisemont | 120698 | gris-foncé | 1914 | If 80943 | Anisette II 52451 |
| Oisemont | 122436 | noir | 1914 | Huitain 73993 | Konrante 93028 |
| Oisemont | 122598 | bai foncé | 1914 | Jeuneur 86944 | Houlette 76152 |
| Oisemont | 123572 | gris | 1914 | Kaisson 97384 | Kiel 97335 |
| Oiseux | 118896 | gris-foncé | 1914 | Journaliste 86492 | Bijou 54460 |
| Oiseux | 120234 | gris | 1914 | Koucou 91328 | Lampée 101719 |
| Oiseux | 120615 | gris | 1914 | Joch 88606 | Docile 98264 |
| Oiseux | 121559 | gris | 1914 | Kagot 92240 | Louisette 56235 |
| Oiseux | 122501 | gris | 1914 | Jobard 87247 | Dixette 73322 |
| Oiseux | 122943 | gris-clair | 1914 | Douvreur ex-Couvreur 78335 | Coquette 68206 |
| Oisif | 121560 | gris | 1914 | Quinquina 68945 | Junte 88563 |
| Oisif | 121814 | noir | 1914 | Heaume 75604 | Jérémiade 88693 |
| Oisif | 122944 | noir-m.-t. | 1914 | Douvreur ex-Douvreur 78335 | Kocagne 95673 |
| Oisillon | 118898 | gris clair | 1914 | Karf 89851 | Grivette 73376 |
| Oisillon | 120284 | gris | 1914 | Koquelin 92226 | Jactance 86106 |
| Oisillon | 121561 | noir | 1914 | Quinquina 68945 | Icare 79302 |
| Oisillon | 122945 | gris | 1914 | Impérator 83461 | Kousue 95682 |
| Oisly | 119879 | noir | 1914 | Kognac 91477 | Coquette 73645 |
| Oisly | 123579 | noir zain | 1914 | Kaisson 97384 | Boja 87623 |
| Oison | 118899 | gris | 1914 | Gazon 70667 | [illegible] 94655 |
| Oison | 118936 | noir | 1914 | Jean 85738 | [illegible] 68170 |
| Oison | 121564 | noir | 1914 | Kaisson 95797 | Laure 88562 |
| Oison | 122946 | noir | 1914 | Impérator 83461 | [illegible] 96886 |

| NOM | N° | ROBE | Naissance | PÈRE | MÈRE |
|---|---|---|---|---|---|
| Oison | 123581 | gris | 1914 | Jaddus 89198 | Tulipe 57118 |
| Oisseau | 119880 | gris | 1914 | Kalot 92507 | Lassitude 101774 |
| Oizon | 119881 | gris | 1914 | Kalot 92507 | Bourgogne 53462 |
| Oizon | 120413 | gris-foncé | 1914 | Kalifornien 90644 | Mouvette 54214 |
| Oizon | 123583 | gris | 1914 | Kaisson 97384 | Kamarde 97410 |
| Ok | 118871 | noir | 1914 | Kroumir 94517 | Salamandre 46378 |
| Oka | 122606 | noir | 1914 | Indécis 83374 | Joliette 84254 |
| Oka | 124148 | noir | 1914 | Karid 94522 | Vestale 52782 |
| Okagnat | 122766 | gris | 1914 | Kagnat 92819 | Hongrie 98307 |
| Okapi | 118901 | noir | 1914 | Kriss 91437 | Livonienne 98982 |
| Okapi | 120285 | gris | 1914 | Koquelin 92226 | Perruche 65533 |
| Okapi | 121567 | noir | 1914 | Quinquina 68945 | Lisette 93393 |
| Okapi | 122971 | noir | 1914 | Instar 78857 | Harpie 76880 |
| Okapon | 120930 | bai | 1914 | Kapon 90765 | Himère 98155 |
| Okario | 119099 | noir | 1914 | Justian 85274 | Intempérence 78715 |
| Oketesnoir | 119277 | n.-m.-t. | 1914 | Journaliste 86492 | Joséphine 84821 |
| Oklahoma | 119690 | n.-m.-t. | 1914 | Hareng 76925 | Limousine 101014 |
| Oklahoma | 121203 | gris-foncé | 1914 | Jugal 85444 | Coquette 69103 |
| Oklohama | 120567 | gris | 1914 | Jean-Jack 85863 | Paquerette 58488 |
| Okluck | 120820 | noir-zain | 1914 | Ivan 81244 | Trompette 55798 |
| Okm | 119687 | gris | 1914 | Kola 90325 | Hochette 74267 |
| Okowa | 120557 | noir-zain | 1914 | If 80943 | Faisante 36371 |
| Okroy | 120446 | noir | 1914 | Joinville 88611 | Kaffa 92824 |
| Oktébo | 119250 | gris | 1914 | Iago 81027 | Risette 60560 |
| Oku | 119144 | gris | 1914 | Jubé 85452 | Raquette 47313 |
| Okuetéross | 120530 | gris-foncé | 1914 | Jean-qui-rit 88772 | Honorée 74681 |
| Okupé | 120482 | gris-vin. | 1914 | Kourlis 95894 | Kompagne 95739 |
| Okyry | 120498 | noir | 1914 | Kerdaniel 94127 | Haie 75342 |
| Olaf | 123543 | gris | 1914 | Itol-ex-Ilot 83058 | Ivoire 81237 |
| Olarge | 120422 | noir | 1914 | Jean-qui-rit 88772 | Adèle 48093 |
| Olcani | 119883 | gris | 1914 | Kalot 92507 | Gloriette 71202 |
| Olcani | 123585 | noir | 1914 | Kern 97385 | Fanchon 43927 |
| Oldbury | 123391 | gris | 1914 | Kagnat 92819 | Palmette 61090 |
| Oldengland | 120721 | noir-zain | 1914 | Kalifornien 90644 | Hosette 76074 |
| Older | 123811 | noir | 1914 | Karapath 97283 | Godille 73234 |
| Oldlury | 119693 | noir | 1914 | Jason 86475 | Grabuche 70097 |
| Oléac | 119884 | noir | 1914 | Kognac 91477 | Clochette 59516 |
| Oléac | 122437 | noir | 1914 | Igli 81048 | Koinctes 95145 |
| Oléac | 123586 | gris | 1914 | Jauville 88706 | Rosette 49912 |
| Oléagineux | 118929 | gris | 1914 | Koquelin 92226 | Gentillesse 71052 |
| Oléagineux | 120287 | noir | 1914 | Karabé 95224 | Hésitante 74191 |
| Oléagineux | 121568 | noir-zain | 1914 | Quinquina 68945 | Lisette 61530 |
| Oléagineux | 122972 | gris | 1914 | Koncordat 95760 | Hasardeuse 77308 |
| Oléfiant | 118902 | noir | 1914 | Kriss 91437 | Housse 73585 |
| Oléfiant | 120288 | gris | 1914 | Karabé 95224 | Paulette 65143 |

| NOM | N° | ROBE | Naissance | PÈRE | MÈRE |
|---|---|---|---|---|---|
| Oléfiant | 121571 | noir-rub. | 1914 | Kocorico 95684 | Klephtes 89786 |
| Oléfiant | 122975 | noir | 1914 | Kagnat 92819 | Kolinette 95702 |
| Olekeur | 120789 | noir | 1914 | Hanneton 75587 | Fracture 60353 |
| Oléo | 121470 | gris | 1914 | Kibry 89896 | Jactance 87174 |
| Oléolat | 118904 | noir | 1914 | Kriss 91437 | Kara 90596 |
| Oléolat | 120290 | noir | 1914 | Incident 80133 | Joule 93369 |
| Oléolat | 121572 | noir | 1914 | Quinquina 68945 | Palatine 61641 |
| Oléolat | 124157 | noir | 1914 | Insipide 82466 | Homophonie 75638 |
| Oléomètre | 118927 | gris | 1914 | Koquelin 92226 | Grenade 70690 |
| Oléron | 119696 | noir | 1914 | Hareng 76925 | Justine 83777 |
| Oléron | 119975 | noir | 1914 | Javelot 85339 | Pelote 55039 |
| Oléron | 122259 | noir | 1914 | Komitat 91759 | L'Amie 67017 |
| Oléron | 123392 | gris | 1914 | Kominos 92182 | Kamille 96446 |
| Oléron | 124017 | noir | 1914 | Joyeux 88776 | Kelba 96839 |
| Olfactif | 118905 | noir | 1914 | Kriss 91437 | Lisette 104751 |
| Olfactif | 120291 | noir | 1914 | Incident 80133 | Kabyline 94124 |
| Olfactif | 121573 | noir | 1914 | Quinquina 68945 | Inactive 81942 |
| Olfactif | 122982 | gris-vin. | 1914 | Joab 87450 | Fédora 54952 |
| Oliban | 118906 | noir | 1914 | Kriss 91437 | Bichonne 57474 |
| Oliban | 120294 | noir | 1914 | Hareng 76925 | Malice 54305 |
| Oliban | 120672 | noir | 1914 | Josué 88841 | Cora 53107 |
| Oliban | 121574 | noir | 1914 | Quinquina 68945 | Kamel 91750 |
| Oliban | 121909 | gris | 1914 | Irradié 83254 | Liante 104171 |
| Oliban | 122983 | gris | 1914 | Kagnac 92819 | Kourtoise 96583 |
| Olibet | 124119 | noir | 1914 | Jeudi 88924 | Kaspille 94292 |
| Olibrac | 123746 | noir-m.-t. | 1914 | Kadue 95523 | Impudique 82785 |
| Olibran | 123766 | gris-t.-f. | 1914 | Kadue 95523 | Cora 60568 |
| Olibrius | 118908 | gris | 1914 | Journaliste 86492 | Massuette 55178 |
| Olibrius | 119076 | noir | 1914 | Kruger 92229 | Gigolette 52371 |
| Olibrius | 119697 | alezan | 1914 | Jasmin 83835 | Kluze 92607 |
| Olibrius | 119974 | noir | 1914 | Javelot 85339 | Rosie 50618 |
| Olibrius | 120296 | noir-zain | 1914 | Hareng 76925 | Frivole 65615 |
| Olibrius | 120547 | noir | 1914 | Hanneton 75587 | Aiguille 66902 |
| Olibrius | 121208 | noir | 1914 | Juvénal 83553 | Coquette 98135 |
| Olibrius | 121580 | noir-zain | 1914 | Quinquina 68945 | Mota 59839 |
| Olibrius | 121785 | gris | 1914 | Juliopolis 86716 | Kronson 96163 |
| Olibrius | 122984 | gris | 1914 | Kibry 89896 | Harmonie 98394 |
| Olibrius | 123398 | gris | 1914 | Jambon 87188 | Chaque 64863 |
| Olibrius | 123971 | gris | 1914 | Jan 84219 | Houlette 96854 |
| Olier | 119699 | noir | 1914 | Jasmin 83835 | Instructive 78647 |
| Olier | 122263 | noir | 1914 | Komitat 91759 | Hyacinthe 77416 |
| Olier | 123399 | gris | 1914 | Kagnat 92819 | [illegible] 98421 |
| Olifant | 118909 | noir | 1914 | Journaliste 86492 | [illegible] 82943 |
| Olifant | 119700 | noir | 1914 | Jasmin 83835 | [illegible] 104129 |
| Olifant | 120297 | noir | 1914 | Hareng 76925 | [illegible] 63454 |

| NOM | N° | ROBE | Naissance | PÈRE | MÈRE |
|---|---|---|---|---|---|
| Olifant | 120427 | noir | 1914 | Kalendrier 90637 | Hermine 77100 |
| Olifant | 121211 | gris | 1914 | Kargo 92913 | Brebis 50748 |
| Olifant | 121583 | alezan | 1914 | Quinquina 68945 | Devine 75072 |
| Olifant | 121780 | gris-r. | 1914 | Irradié 83254 | Lepte 104122 |
| Olifant | 122770 | noir | 1914 | Klermont 96529 | Muscade 64713 |
| Olifant | 123400 | gris-foncé | 1914 | Kominos 92182 | Kolombine 96561 |
| Olifant | 123818 | noir | 1914 | Joyeux 88776 | Jachère 88783 |
| Oligachy | 119951 | gris-foncé | 1914 | If 80943 | Kadmée 96447 |
| Oligarque | 118925 | gris | 1914 | Joyeux 84874 | Chaussette 47768 |
| Oligarque | 121587 | gris-foncé | 1914 | Konstat 95797 | Civette 56286 |
| Oligiste | 118914 | gris | 1914 | Justian 85274 | Judic 98086 |
| Oligiste | 118920 | noir | 1914 | Joyeux 84874 | Hydroplane 74116 |
| Oligiste | 120299 | noir | 1914 | Hareng 76925 | Pointilleuse 65356 |
| Oligiste | 121589 | noir-zain | 1914 | Quinquina 68945 | Mésange 56379 |
| Oligocène | 118921 | alezan | 1914 | Joyeux 84874 | Kine 90401 |
| Oligocène | 120300 | gris | 1914 | Hareng 76925 | Fumeterre 65355 |
| Olim | 118922 | gris | 1914 | Koquelin 92226 | Tolbia 63146 |
| Olim | 120301 | gris | 1914 | Hareng 76925 | Manille 64487 |
| Olim | 120750 | gris | 1914 | Kerdaniel 94127 | Gentillesse 72746 |
| Olim | 121782 | gris-noir | 1914 | Jobard 87247 | Jitomir 88531 |
| Olino | 120669 | noir | 1914 | Hanneton 75587 | Jonnaiboth 86486 |
| Olivacé | 120302 | gris | 1914 | Hareng 76925 | Finette 61864 |
| Olivacé | 121590 | gris-noir | 1914 | Quinquina 68945 | Berthine 68407 |
| Olivacéet | 118912 | noir | 1914 | Justian 85274 | Indirecte 78781 |
| Olivarès | 119701 | noir zain | 1914 | Jasmin 83835 | Cocotte 54518 |
| Olivarès | 121213 | noir | 1914 | Kalcul 92482 | Kataclysme 91175 |
| Olivarès | 124024 | bai-brun | 1914 | Kabotin 96817 | Comète 67117 |
| Olivarius | 123758 | gris | 1914 | Isaac 78892 | Grenadine 69184 |
| Olivâtre | 118913 | noir | 1914 | Justian 85274 | Joie 85901 |
| Olivâtre | 120416 | noir | 1914 | Kerdaniel 94127 | Granale 69745 |
| Olivenza | 118963 | gris-foncé | 1914 | If 80943 | Castillette 52407 |
| Olivet | 118923 | noir | 1914 | Koquelin 92226 | Talpa 51181 |
| Olivet | 119714 | noir-zain | 1914 | Karabé 95224 | Hébé 75664 |
| Olivet | 119886 | bai-foncé | 1914 | Kalot 92507 | Livrée 101039 |
| Olivet | 120309 | gris | 1914 | Jeudi 88924 | Pirouette 61632 |
| Olivet | 121214 | noir | 1914 | Kalcul 92482 | Bijou 61201 |
| Olivet | 121595 | gris | 1914 | Krural 94866 | Panique 63075 |
| Olivet | 122438 | bai-brun | 1914 | Igli 81048 | Iole 82355 |
| Olivet | 122987 | gris | 1914 | Kagnat 92819 | Gaquerette 72186 |
| Olivet | 123402 | gris | 1914 | Klaustral 91064 | Indienne 83238 |
| Olivet | 123591 | gris | 1914 | Kaisson 97384 | Hirondelle 78382 |
| Olivétain | 118916 | noir | 1914 | Jean-Jack 85863 | Louverie 99186 |
| Olivétain | 120303 | gris | 1914 | Hareng 76925 | Lacette 59010 |
| Olivétain | 121591 | noir | 1914 | Quinquina 68945 | Insécurité 79146 |
| Olivette | 120686 | noir | 1914 | Kalendrier 90637 | Grenouillette 70382 |

| NOM | N° | ROBE | Naissance | PÈRE | MÈRE |
|---|---|---|---|---|---|
| Olivier | 118917 | gris | 1914 | Gazéo 70937 | Grenouille 69492 |
| Olivier | 119715 | noir zain | 1914 | Homard 74692 | Haquenée 75696 |
| Olivier | 120304 | noir | 1914 | Hareng 76925 | Pelote 54097 |
| Olivier | 120614 | gris-foncé | 1914 | Kibry 89896 | Coquette 98599 |
| Olivier | 121215 | noir | 1914 | Komitat 91759 | Joviale 86251 |
| Olivier | 121597 | noir | 1914 | Quinquina 68945 | Kafé 94824 |
| Olivier | 122988 | gris | 1914 | Joinville 88611 | Georgette 72142 |
| Olivier | 123403 | gris-foncé | 1914 | Joinville 88611 | Docile 47948 |
| Olivier | 123893 | gris-foncé | 1914 | Kaisson 97384 | Jahel 89040 |
| Olivier | 124035 | bai | 1914 | Interprète 80665 | Carabine 60921 |
| Olivier | 124135 | noir | 1914 | Karid 94522 | Gabrielle 72960 |
| Olivierot | 120417 | gris | 1914 | Kerdaniel 94127 | Dulcinée 40673 |
| Olizy | 119889 | noir | 1914 | Kalot 92507 | Jacasse 85707 |
| Olizy | 123574 | noir | 1914 | Jupiter 88978 | Nana 66940 |
| Olland | 124131 | bai-brun | 1914 | Karid 94522 | Courte 49883 |
| Ollandais | 121163 | noir | 1914 | Karabé 95224 | Paquerette 61322 |
| Ollans | 123596 | gris | 1914 | Jupiter 88978 | Jambe 89080 |
| Ollé | 122441 | noir | 1914 | Igli 81048 | Coquette 78539 |
| Ollé | 124163 | gris | 1914 | Kern 97385 | Laveur 101803 |
| Olley | 119890 | noir | 1914 | Kalot 92507 | Labaye 103655 |
| Ollezy | 123598 | noir | 1914 | Jaddus 89198 | Héroïne 78324 |
| Ollier | 119716 | gris-foncé | 1914 | Kriss 91437 | Louve 99088 |
| Ollier | 123404 | gris | 1914 | Joinville 88611 | Mouvette 51376 |
| Ollivier | 119410 | noir | 1914 | Kommis 93104 | Kalibre 90634 |
| Ollivier | 119719 | noir | 1914 | Juge 83738 | Harmonieuse 73527 |
| Ollivier | 121218 | gris | 1914 | Juvénal 83553 | Pelotte 49589 |
| Ollivier | 122991 | bai | 1914 | Juin 83623 | Duchesse 56121 |
| Ollivier | 123407 | gris-t.-f. | 1914 | Jambon 87188 | Agora 64640 |
| Ollon | 123599 | noir | 1914 | Jauville 88706 | Amanda 96917 |
| Olmet | 119895 | gris-foncé | 1914 | Kalot 92507 | Juliette 85655 |
| Olmet | 122444 | gris-foncé | 1914 | Huitain 73993 | Coquette 98398 |
| Olmeto | 122452 | noir | 1914 | Keramin 95167 | Coquette 54692 |
| Olmeto | 123600 | noir | 1914 | Jauville 88706 | Fileuse 90112 |
| Olmi | 123408 | noir | 1914 | Jambon 87188 | Glycérine 71430 |
| Olmi | 123601 | noir | 1914 | Jaddus 89198 | Risette 67686 |
| Olmo | 123602 | gris | 1914 | Jaddus 89198 | Kerite 97691 |
| Olmutz | 121219 | gris | 1914 | Kraor 91865 | Herbette 77762 |
| Olmutz | 124028 | gris-t.-f. | 1914 | J. yeux 88776 | Baloche 64137 |
| Olof | 119721 | bai-foncé | 1914 | Homard 74692 | Coquette 65560 |
| Olof | 121220 | gris | 1914 | Kraor 91865 | Gargousse 65807 |
| Olof | 123410 | gris-foncé | 1914 | Jambon 87188 | Hindermann 73682 |
| Olonetz | 119722 | noir | 1914 | Kommis 93104 | [illegible] 68867 |
| Olonetz | 121221 | noir | 1914 | Juvénal 83553 | [illegible] 73428 |
| Olonzac | 119892 | gris-clair | 1914 | Jade 85452 | [illegible] 84800 |
| Olonzac | 123411 | noir | 1914 | Jambon 87188 | [illegible] 83223 |

| NOM | N° | ROBE | Naissance | PÈRE | MÈRE |
|---|---|---|---|---|---|
| Olonzac | 123603 | noir | 1914 | Jaddus 89198 | Limonade 103799 |
| Olonzac | 124048 | noir | 1914 | Interprète 80665 | Iliade 96977 |
| Oloron | 119723 | gris | 1914 | Jousset 83935 | Jumenterie 85133 |
| Oloron | 119891 | noir | 1914 | Jubé 85452 | Fatma 65603 |
| Oloron | 121223 | bai-brun | 1914 | Juvénal 83553 | Gamine 71265 |
| Oloron | 122453 | gris-foncé | 1914 | Célibat 64968 | Javanne 88105 |
| Oloron | 123412 | bai | 1914 | Jambon 87188 | Coquette 69193 |
| Oloron | 123604 | gris | 1914 | Jauville 88706 | Kaféine 97374 |
| Oloron | 124003 | noir | 1914 | Koypel 96590 | Fanny 97714 |
| Olten | 119936 | noir | 1914 | Komitat 91759 | Pelote 50297 |
| Olten | 121224 | noir | 1914 | Kruor 91865 | Perruche 63152 |
| Olten | 123415 | gris | 1914 | Kybéry 91622 | Konstance 96567 |
| Olympe | 123981 | gris | 1914 | Klocher 95657 | Elvire 98620 |
| Olympia | 119406 | noir | 1914 | Homard 74692 | Glaise 69423 |
| Olympia | 119444 | gris-foncé | 1914 | Kerdaniel 94127 | Ingénue 78817 |
| Olympia | 122630 | noir | 1914 | Indécis 83374 | Kiranie 94513 |
| Olympias | 119726 | gris | 1914 | Jousset 83935 | Fabia 65530 |
| Olympias | 122270 | noir | 1914 | Jomarin 84236 | Historiette 77010 |
| Olympien | 118934 | gris-foncé | 1914 | Karabé 95224 | Jorne 86396 |
| Olympien | 119424 | noir | 1914 | Josué 88841 | Hichonnette 75273 |
| Olympien | 120305 | gris | 1914 | Hareng 76925 | Hallucinée 74595 |
| Olympien | 121602 | noir-zain | 1914 | Jomarin 84236 | Goyette 72024 |
| Olympien | 121784 | noir | 1914 | Irradié 83254 | Kova 92800 |
| Olympien | 122992 | noir | 1914 | Joinville 88611 | Fauvette 60602 |
| Olympique | 120308 | gris-foncé | 1914 | Jeudi 88924 | Kaïdine 92898 |
| Olynthien | 118724 | noir | 1914 | Kalifornien 90644 | Inversion 78846 |
| Olynthien | 120814 | gris | 1914 | Hanneton 75587 | Limonade 62030 |
| Olyviera | 120517 | gris | 1914 | Kif-Kif 95174 | Kolonie 95717 |
| Omage | 119366 | gris | 1914 | Insipide 82466 | Jyne 84183 |
| Oman | 119728 | gris | 1914 | Kalhao 92188 | Givette 69637 |
| Oman | 119939 | noir | 1914 | Guignolet 70023 | Margot 97066 |
| Oman | 121225 | gris | 1914 | Komitat 91759 | Mazurke 63875 |
| Oman | 122266 | gris | 1914 | Jomarin 84236 | Lillebonne 103211 |
| Oman | 123417 | gris-foncé | 1914 | Kagnat 92819 | Gamache 98303 |
| Omar | 119730 | noir-zain | 1914 | Korallien 91611 | Irène 79823 |
| Omar | 119943 | gris-foncé | 1914 | Ingénu 79896 | Gérance 62660 |
| Omar | 121227 | gris | 1914 | Kruor 91865 | Cachette 55353 |
| Omar | 122269 | noir-zain | 1914 | Huitain 73993 | Brebis 84521 |
| Omar | 123418 | noir-zain | 1914 | Kybéry 91622 | Isle 83134 |
| Omarais | 123028 | gris foncé | 1914 | Kavaignac 96510 | Irlande 83026 |
| Omard | 121166 | gris | 1914 | Képi 91690 | Juine 86575 |
| Omark | 119649 | noir | 1914 | Jolicœur 85324 | Vermouth 50773 |
| Ombellé | 118938 | noir-zain | 1914 | Juge 83738 | Jenny 85015 |
| Ombellé | 121603 | noir | 1914 | Jomarin 84236 | Kilima 89779 |
| Ombellé | 122996 | gris | 1914 | Joinville 88611 | Effrenée 58399 |

| NOM | N° | ROBE | Naissance | PÈRE | MÈRE |
|---|---|---|---|---|---|
| Ombilic | 118940 | noir-zain | 1914 | Journaliste 86492 | Castille 54425 |
| Ombilic | 119086 | noir | 1914 | Justian 85274 | Jameleuse 85814 |
| Ombilic | 120350 | noir | 1914 | Célibat 64968 | Elise 67891 |
| Ombilic | 121604 | noir | 1914 | Jephté 88561 | Javelée 88232 |
| Ombilic | 122994 | noir | 1914 | Kominos 92182 | Charmante 50055 |
| Ombilical | 118941 | gris | 1914 | Jallieu 86306 | Hérome 74804 |
| Ombilical | 120353 | bai-b.-z. | 1914 | Hiersac 76358 | Idéale 82281 |
| Ombilical | 121606 | noir | 1914 | Kocorico 95684 | Théodérade 51777 |
| Ombilical | 123002 | bai-b.-t.-f. | 1914 | Kagnat 92819 | Mouvette 47675 |
| Ombon | 118943 | gris | 1914 | Jallieu 86306 | La Sarthe 46046 |
| Ombon | 120354 | noir | 1914 | Kaballero 95499 | Gourmande 98069 |
| Ombon | 121608 | noir | 1914 | Kocorico 95684 | Gisette 73381 |
| Ombon | 122995 | gris-foncé | 1914 | Kominos 92182 | Jarrie 87407 |
| Ombragé | 118946 | gris | 1914 | Juge 83738 | Ségrette 50375 |
| Ombrage | 119207 | gris | 1914 | Kriss 91437 | Conquête 56221 |
| Ombragé | 120356 | gris | 1914 | Hiersac 76358 | Gravité 72779 |
| Ombrage | 121609 | gris-bleu | 1914 | Quinquina 68945 | Junon 86838 |
| Ombragé | 121613 | gris-fer | 1914 | Quinquina 68945 | Kamomille 95562 |
| Ombrage | 121734 | bai | 1914 | Kerbriant 94032 | Homélie 78293 |
| Ombragé | 122998 | gris | 1914 | Jambon 87188 | Gloriole 71096 |
| Ombrage | 123892 | gris-foncé | 1914 | Jan 84219 | Lamie 43403 |
| Ombrageux | 118947 | gris | 1914 | Juge 83738 | Margot 52317 |
| Ombrageux | 120357 | noir | 1914 | Konstat 95797 | Justine 98215 |
| Ombrageux | 121614 | noir | 1914 | Quinquina 68945 | Gallirhoé 72045 |
| Ombrageux | 121735 | gris-vin. | 1914 | Kerbriant 94032 | Hémistiche 78297 |
| Ombrageux | 122999 | gris | 1914 | Kybéry 91622 | Mouvette 49361 |
| Ombrant | 119080 | noir | 1914 | Journaliste 86492 | Finette 47287 |
| Ombrant | 120358 | gris | 1914 | Iowa 80989 | Konduite 93555 |
| Ombrant | 121615 | noir | 1914 | Quinquina 68945 | Jausse 88430 |
| Ombrant | 121736 | gris | 1914 | Jobard 87247 | Jugulaire 88750 |
| Ombrant | 123003 | gris-l.-v. | 1914 | Joinville 88611 | Janicule 87387 |
| Ombré | 120359 | noir | 1914 | Iowa 80989 | Gripetout 70625 |
| Ombreux | 119087 | gris-foncé | 1914 | Gazéo 70937 | Poule 61292 |
| Ombreux | 120360 | noir | 1914 | Iowa 80989 | Gigolette 70584 |
| Ombreux | 121524 | noir | 1914 | Instar 78857 | Finette 49615 |
| Ombreux | 121620 | gris-noir | 1914 | Kocorico 95684 | Absente 61784 |
| Ombreux | 121737 | gris-foncé | 1914 | Irradié 83254 | Judicieuse 88749 |
| Ombreux | 123005 | gris | 1914 | Kybéry 91622 | Gavotte 98228 |
| Ombrien | 118952 | noir | 1914 | Jeudi 88924 | Biloe 58232 |
| Ombrien | 120361 | gris | 1914 | Iowa 80989 | Léonce 47934 |
| Ombrien | 121618 | noir | 1914 | Kocorico 95684 | Janette 68024 |
| Ombrien | 123008 | gris | 1914 | Kagnat 92819 | Herbe 77467 |
| Ombrien | 124151 | gris-foncé | 1914 | Kagnat 92240 | Terre 80268 |
| Ombryka | 120556 | gris | 1914 | H 80943 | Katherine 92319 |
| Omécourt | 123610 | gris | 1914 | Jubilé 89198 | Katze 96803 |

| NOM | N° | ROBE | Naissance | PÈRE | MÈRE |
|---|---|---|---|---|---|
| Oméga | 118953 | gris | 1914 | Jeudi 88924 | Biche 61325 |
| Oméga | 119073 | gris clair | 1914 | Grigri 65867 | Hismérie 97074 |
| Oméga | 119638 | gris-foncé | 1914 | Hanneton 75587 | Indiana 52507 |
| Oméga | 120362 | noir | 1914 | Quinquina 68945 | Lisette 97135 |
| Oméga | 121623 | noir-zain | 1914 | Quinquina 68945 | Galantine 72898 |
| Oméga | 121742 | gris-foncé | 1914 | Kabestan 94208 | Kichinef 96454 |
| Oméga | 123012 | gris | 1914 | Kagnat 92819 | Hausse 77312 |
| Oméga | 123887 | gris | 1914 | Klocher 95657 | Judée 98529 |
| Omer | 118736 | gris | 1914 | Intrépide 81321 | Italie 80917 |
| Omer | 118759 | gris-foncé | 1914 | Jalap 84194 | Inscrite 80413 |
| Omer | 119599 | gris | 1914 | Koucou 91328 | Lisette 84365 |
| Omer | 119732 | gris | 1914 | Jousset 83935 | Sonora 53234 |
| Omer | 120873 | gris-fer | 1914 | Judas 86606 | Kelloïde 92187 |
| Omer | 121228 | gris | 1914 | Iowa 80989 | Chopinette 53808 |
| Omer | 122271 | alezan | 1914 | Jomarin 84236 | Infuse 82478 |
| Omer | 123421 | gris-foncé | 1914 | Kybéry 91622 | Kantinière 97586 |
| Omer | 124097 | noir | 1914 | Indécis 83374 | Olga 58136 |
| Omesnu | 122905 | gris-foncé | 1914 | Kagnat 92819 | Marquise 55834 |
| Omet | 123611 | noir | 1914 | Kairouan 97649 | Limoselle 103805 |
| Omex | 122454 | gris-foncé | 1914 | Huitain 73993 | Lisette 73431 |
| Omex | 123612 | alezan | 1914 | Jupiter 88978 | Grivoise 72802 |
| Omicourt | 123613 | gris | 1914 | Jupiter 88978 | Kagette 97378 |
| Omissy | 123614 | bai | 1914 | Jupiter 88978 | Hippiatrie 78376 |
| Ommoy | 123618 | noir | 1914 | Kern 97385 | Rivale 53646 |
| Omnia | 119219 | noir | 1914 | Ivan 81244 | Rizette 63220 |
| Omnibus | 118955 | gris | 1914 | Jallieu 86306 | Belleande 54982 |
| Omnibus | 119205 | gris | 1914 | Jean-Jack 85863 | Alliance 62225 |
| Omnibus | 120364 | noir | 1914 | Quinquina 68945 | Pirouette 59539 |
| Omnibus | 121624 | noir | 1914 | Quinquina 68945 | Jasse 88439 |
| Omnibus | 121741 | bai-mar. | 1914 | Idomen 83507 | Aurore 60293 |
| Omnibus | 123013 | gris | 1914 | Kavaignac 96510 | Mignonne 61378 |
| Omnibus | 123885 | gris | 1914 | Klocher 95657 | Historiette 98626 |
| Omnibus | 124136 | gris | 1914 | Karid 94522 | Houllette 76986 |
| Omnibus | 124152 | gris | 1914 | Kruor 91865 | Laveuse 103262 |
| Omnicolore | 118957 | bai | 1914 | Jeudi 88924 | Jarne 85521 |
| Omnipotent | 118958 | gris | 1914 | Juge 83738 | Civette 46659 |
| Omnipotent | 120366 | gris-foncé | 1914 | Iowa 80989 | Lili 98817 |
| Omnipotent | 121627 | noir | 1914 | Jephté 88561 | Géographie 72956 |
| Omnipotent | 122225 | noir | 1914 | Guignolet 70023 | Harmante 98081 |
| Omnipotent | 123020 | gris | 1914 | Jean-Frollo 85466 | Julie 87490 |
| Omnium | 118959 | noir | 1914 | Juge 83738 | Caline 55467 |
| Omnium | 120367 | noir | 1914 | Iowa 80989 | Pimpante 68047 |
| Omnium | 121630 | noir-zain | 1914 | Jephté 88561 | Impétueuse 79370 |
| Omnivore | 121631 | noir | 1914 | Quinquina 68945 | Coquette 87801 |
| Omnol | 121976 | noir | 1914 | Jouillat 88642 | Briska 47737 |

| NOM | N° | ROBE | Naissance | PÈRE | MÈRE |
|---|---|---|---|---|---|
| Omo | 121168 | gris | 1914 | Idem 80642 | Lumière 100866 |
| Omont | 119734 | gris | 1914 | Idem 80642 | Crampe 53937 |
| Omont | 119945 | noir | 1914 | Guignolet 70023 | Isabelle 98267 |
| Omont | 121229 | gris | 1914 | Kognac 91477 | Locuste 98791 |
| Omont | 122274 | noir | 1914 | Jomarin 84236 | Charmante 93309 |
| Omont | 123423 | gris | 1914 | Joch 88606 | Image 82902 |
| Omont | 123616 | gris | 1914 | Jauville 88706 | Irène 87630 |
| Omophage | 121632 | gris-vin. | 1914 | Jodelle 86049 | Manette 61123 |
| Omsk | 119735 | gris-foncé | 1914 | Jousset 83935 | Jeanne 83739 |
| Omsk | 122275 | noir | 1914 | Jomarin 84236 | Biche 61437 |
| Onagre | 118965 | noir | 1914 | Kermouster 90536 | Cocotte 64321 |
| Onagre | 119131 | gris | 1914 | Gazéo 70937 | Intention 78749 |
| Onagre | 120368 | noir-zain | 1914 | Iowa 80989 | Jaille 86298 |
| Onagre | 121634 | noir | 1914 | Jodelle 86049 | Monique 64425 |
| Onagre | 123024 | gris | 1914 | Kaxton 96514 | Pomponnette 60198 |
| Onagre | 124150 | gris-foncé | 1914 | Kanem 89731 | Labutte 103601 |
| Onaibien | 120956 | gris-foncé | 1914 | Joch 88606 | Jurassique 88359 |
| Onard | 123623 | gris | 1914 | Jauville 88706 | Mitou 61257 |
| Onay | 123620 | gris | 1914 | Jupiter 88978 | Dentelle 59076 |
| Onc | 118966 | noir | 1914 | Kroumir 94517 | Kambrée 90668 |
| Onc | 119083 | noir | 1914 | Justian 85274 | Idioze 79024 |
| Onc | 120369 | noir | 1914 | Iowa 80989 | Koordination 91238 |
| Onc | 121635 | noir | 1914 | Jodelle 86049 | Immaculée 79130 |
| Onc | 123025 | gris-clair | 1914 | Kavaignac 96510 | Recette 66802 |
| Oncial | 118968 | noir | 1914 | Kangourou 89698 | Kermesse 97636 |
| Oncial | 120373 | gris-foncé | 1914 | Hiersac 76358 | Konia 95270 |
| Oncial | 121636 | gris | 1914 | Jodelle 86049 | Junon 90157 |
| Oncial | 123026 | gris | 1914 | Kavaignac 96510 | Docile 69199 |
| Onciat | 119147 | noir | 1914 | Judas 86606 | Risette 52740 |
| Oncirostre | 118972 | noir | 1914 | Kaiser 90739 | Faisante 52939 |
| Oncirostre | 120375 | noir | 1914 | Quinquina 68945 | Bastille 98380 |
| Oncirostre | 121638 | alezan | 1914 | Quinquina 68945 | Julie 97113 |
| Oncle | 118970 | noir-zain | 1914 | Kermouster 90536 | Laure 100802 |
| Oncle | 119046 | gris-foncé | 1914 | Gazéo 70937 | Sibérienne 52654 |
| Oncle | 120372 | noir | 1914 | Fier-à-Bras 65250 | Korée 90367 |
| Oncle | 121640 | noir | 1914 | Quinquina 68945 | Koundoke 89780 |
| Oncle | 123032 | gris | 1914 | Jean Frédoll. 85466 | Bichen 84471 |
| Oncourt | 123621 | noir | 1914 | Jupiter 88978 | Jane [illegible] |
| Onctueux | 119078 | gris | 1914 | Kr[illegible] 91737 | L[illegible] 99083 |
| Onctueux | 119204 | gris | 1914 | Japon 84819 | Z[illegible] 58425 |
| Onctueux | 120376 | noir | 1914 | Quinquina 68945 | [illegible] |
| Onctueux | 121644 | noir-zain | 1914 | Quinquina 68945 | [illegible] |
| Ondalou | 119422 | noir | 1914 | K[illegible] 95174 | [illegible] |
| Ondatra | 118977 | noir | 1914 | Kroumir 94517 | [illegible] |
| Ondatra | 120377 | noir | 1914 | Iowa 80989 | M[illegible] 53654 |

| NOM | N° | ROBE | Naissance | PÈRE | MÈRE |
|---|---|---|---|---|---|
| Ondatra | 121645 | noir | 1914 | Jonarin 84236 | Gracieuse 72920 |
| Ondatra | 123034 | gris | 1914 | Jean-Frollo 85466 | Jarretière 64617 |
| Ondenwald | 121974 | gris foncé | 1914 | Juste 85878 | Frisette 54201 |
| Ondin | 118979 | noir | 1914 | Kroumir 94517 | Gila 87714 |
| Ondin | 119043 | noir | 1914 | Gazéo 70937 | Pelouse 62919 |
| Ondin | 120378 | gris-foncé | 1914 | Jean-qui-rit 88772 | Justicière 86442 |
| Ondin | 121650 | noir | 1914 | Quinquina 68945 | Cérès 48124 |
| Ondin | 123038 | gris-foncé | 1914 | Kavaignac 96510 | Julia 87487 |
| Ondit | 119088 | noir | 1914 | Gazéo 70937 | Paquerette 61112 |
| Ondoyant | 119084 | gris | 1914 | Justian 85274 | Albane 66867 |
| Ondoyant | 119195 | alezan-br. | 1914 | Jean-Jack 85863 | Brillante 60832 |
| Ondoyant | 120379 | gris-noir | 1914 | Guignolet 70023 | Vicote 52261 |
| Ondoyant | 121651 | gris | 1914 | Quinquina 68945 | Gribiche 69170 |
| Ondoyant | 121871 | noir | 1914 | Klermont 96529 | Gonesse 72098 |
| Ondulant | 118981 | noir | 1914 | Kroumir 94517 | Pelotte 43953 |
| Ondulant | 119137 | alezan-r. | 1914 | Jeudi 88924 | Jeunesse 85783 |
| Ondulant | 120384 | gris | 1914 | Koquelin 92226 | Paquerette 52678 |
| Ondulant | 121652 | noir | 1914 | Quinquina 68945 | Ligue 68284 |
| Ondulant | 121891 | gris-foncé | 1914 | Jobard 87247 | Joyeuse 87479 |
| Ondulat | 119198 | gris | 1914 | Japon 84819 | Rustique 61273 |
| Ondulé | 118983 | gris | 1914 | Kermouster 90536 | Castille 58689 |
| Ondulé | 119153 | gris-foncé | 1914 | Janiscus 88060 | Sirène 58691 |
| Ondulé | 123041 | gris-foncé | 1914 | Kavaignac 96510 | Polka 84492 |
| Ondulé | 123884 | noir-m.-t. | 1914 | Klocher 95657 | Hermine 96954 |
| Onduleux | 120386 | gris | 1914 | Hareng 76925 | Jaserie 85329 |
| Onduleux | 121655 | gris-bleu | 1914 | Jodelle 86049 | Hautaine 77229 |
| Onduleux | 123044 | gris | 1914 | Jean-Frollo 85466 | Pelote 81591 |
| Onduleux | 123881 | gris | 1914 | Klocher 95657 | Ivorine 83184 |
| Ondy | 119063 | noir | 1914 | Kriss 91437 | Hippocrène 75660 |
| Ondyvors | 120749 | noir | 1914 | Kapon 90765 | Homardise 74145 |
| Ondyvorse | 120941 | gris | 1914 | Kagot 92240 | Rustique 50571 |
| Onéga | 122582 | noir-m.-t. | 1914 | Kabestan 94208 | Jarretière 88885 |
| Onègre | 120612 | noir | 1914 | Joch 88606 | Glace 69466 |
| Onéreux | 118986 | noir | 1914 | Jurisconsul 86393 | Héloïse 78164 |
| Onéreux | 119121 | noir | 1914 | Jallien 86306 | Léonure 100723 |
| Onéreux | 120387 | noir | 1914 | Hareng 76925 | Livadia 101030 |
| Onéreux | 120601 | gris foncé | 1914 | Kruger 92229 | Lège 98031 |
| Onéreux | 121912 | noir | 1914 | Jobard 87247 | Champagne 54384 |
| Onésime | 119064 | gris | 1914 | Joinville 88611 | Fricotte 63541 |
| Onésime | 119708 | noir | 1914 | Kangourou 89698 | Bichette 65644 |
| Onet | 119905 | noir | 1914 | Guignolet 70023 | Galante 62326 |
| Onet | 123628 | noir | 1914 | Jaddus 89198 | Kalomnie 92752 |
| Oneux | 119906 | gris-foncé | 1914 | Kalot 92507 | Brillante 58987 |
| Onfritz | 120833 | noir | 1914 | Ivan 81244 | Livrée 99850 |
| Onfroidy | 120444 | noir | 1914 | Douvreur-ex-Couvreur 58335 | Moustache 57519 |

| NOM | N° | ROBE | Naissance | PÈRE | MÈRE |
|---|---|---|---|---|---|
| Onfroy | 121526 | gris | 1914 | Instar 78857 | Gauloise 70155 |
| Ongle | 118989 | noir | 1914 | Kermouster 90536 | Laigherie 98933 |
| Ongle | 119168 | noir | 1914 | Japon 84819 | Résida 49456 |
| Onglé | 120388 | noir | 1914 | Hareng 76925 | Honorine 74330 |
| Ongle | 121659 | alezan | 1914 | Kaballero 95499 | Hirlande 73799 |
| Onglet | 118994 | gris | 1914 | Kermouster 90536 | Kasquette 91026 |
| Onglet | 119200 | noir | 1914 | Josué 88841 | Kamizole 90623 |
| Onglet | 120254 | noir | 1914 | Kalendrier 90637 | Abjectif 66372 |
| Onglet | 120390 | bai | 1914 | Hareng 76925 | Lamousse 100986 |
| Onglet | 121661 | noir-z | 1914 | Quinquina 68945 | Harmonie 76244 |
| Onglet | 123049 | gris | 1914 | Kéris 93769 | Ligrome 101445 |
| Onglier | 118995 | gris | 1914 | Kermouster 90536 | Serpette 59389 |
| Onglier | 120393 | alezan | 1914 | Hareng 76925 | Guérite 66327 |
| Onglier | 123050 | noir | 1914 | Kamulant 91699 | Cocotte 60172 |
| Ongliet | 121664 | noir | 1914 | Kélat 94645 | Klasse 94961 |
| Onglon | 118997 | noir | 1914 | Idem 80612 | Ligne 99348 |
| Onglon | 120395 | noir-zain | 1914 | Kommis 93104 | Injurieuse 79469 |
| Onglon | 121666 | noir | 1914 | Kocorico 95684 | Jacobée 88169 |
| Onglon | 123051 | gris | 1914 | Kalderon 97556 | Eglantine 64548 |
| Ongrat | 119230 | noir | 1914 | Ivan 81244 | Impératrice 59182 |
| Ongre | 121171 | noir-m.-t. | 1914 | Jubé 85452 | Isba 81346 |
| Onguent | 119118 | gris | 1914 | Juge 83738 | Kaffa 90592 |
| Onguent | 121667 | noir-zain | 1914 | Kocorico 95684 | La Fleur 67752 |
| Ongulé | 119134 | noir | 1914 | Jeudi 88924 | Rustique 59174 |
| Onhet | 119102 | noir | 1914 | Kommis 93104 | Luciole 99790 |
| Onion | 123631 | noir | 1914 | Jaddus 89198 | Hachette 78251 |
| Onival | 119909 | gris-foncé | 1914 | Jousset 83935 | Journee 86362 |
| Onival | 123629 | gris | 1914 | Jaddus 89198 | Kadence 97366 |
| Onkal | 119206 | noir | 1914 | Kriss 91437 | Lacrize 99135 |
| Onkong | 119266 | noir | 1914 | Juin 83623 | Judith 85836 |
| Onkra | 120664 | gris | 1914 | Kalendrier 90637 | Derision 64265 |
| Onledouth | 120674 | noir zain | 1914 | Kazino 92248 | Cantatrice 54951 |
| Oniekrin | 119079 | noir | 1914 | Journaliste 86492 | Lutte 99017 |
| Onoporde | 120838 | gris-foncé | 1914 | Célibat 64968 | Halte 73675 |
| Onosandros | 123428 | gris | 1914 | Jambon 87188 | Lapone 102861 |
| Onoth | 120640 | gris-vin. | 1914 | Jean Jack 85863 | Joselle 85857 |
| Onotot | 119408 | gris | 1914 | Kenzer 92229 | Kretagnete 92246 |
| Onoz | 119910 | gris foncé | 1914 | Jousset 83925 | Hesperie 73930 |
| Onsekas | 120447 | gris | 1914 | Janvalie 88641 | H. noux 76394 |
| Onsetap | 119268 | bai | 1914 | Lasso 81027 | Jacobee 84648 |
| Onstord | 119965 | noir | 1914 | Kenzo 92240 | Herpe 54408 |
| Ontario | 118743 | noir | 1914 | Lasso 81027 | H... 76747 |
| Ontario | 119738 | gris | 1914 | Fleur a Bas 65250 | L... 86303 |
| Ontario | 119047 | noir | 1914 | Gazguela 70023 | K... 93012 |
| Ontario | 121232 | noir | 1914 | Lampe 82466 | K... |

| NOM | N° | ROBE | Naissance | PÈRE | MÈRE |
|---|---|---|---|---|---|
| Ontario | 122277 | noir | 1914 | Huitain 73993 | Jaseuse 86889 |
| Ontario | 123430 | gris | 1914 | Kagnat 92819 | Kourtine 96580 |
| Ontario | 123872 | gris-tr.-f. | 1914 | Illico 83057 | Redowa 40518 |
| Ontario | 124041 | bai-brun | 1914 | Jackson 88870 | Lardoise 104346 |
| Ontario | 124138 | noir | 1914 | Karid 94522 | Velleda 52777 |
| Ontario | 124159 | noir-m.-t. | 1914 | Joyeux 88776 | Kelleba 97243 |
| Ontex | 123632 | noir | 1914 | Kern 97385 | Livonie 99636 |
| Onuphre | 119537 | gris-foncé | 1914 | Jasmin 83835 | Insulte 78662 |
| Onvinkra | 119166 | noir | 1914 | Josué 88841 | Larosée 66281 |
| Onycourt | 119984 | noir-rub. | 1914 | Kriss 91437 | Koraline 91609 |
| Onyva | 119048 | gris-vin. | 1914 | Iago 81027 | Bichonne 54436 |
| Onyva | 119983 | noir | 1914 | Kriss 91437 | Fornarina 93512 |
| Onyx | 119003 | noir-zain | 1914 | Kangourou 89698 | Tzigane 67631 |
| Onyx | 119149 | gris-foncé | 1914 | Juge 83738 | Brillante 65345 |
| Onyx | 120843 | noir | 1914 | Kascadeur 91236 | Imérina 82253 |
| Onyx | 121669 | noir | 1914 | Jodelle 86049 | Brillante 56291 |
| Onyx | 121833 | noir | 1914 | Gratien 71007 | Hampe 75827 |
| Onyx | 122612 | noir | 1914 | Kruchon 93701 | Pelotte 54141 |
| Onyx | 123055 | gris | 1914 | Kagnat 92819 | Joule 87279 |
| Onyx | 124137 | gris | 1914 | Karid 94522 | Vénus 52778 |
| Onzain | 119912 | gris-clair | 1914 | Imprévu 80361 | Octavie 55375 |
| Onzain | 120663 | gris-foncé | 1914 | Kalendrier 90637 | Knorpelline 92326 |
| Onzain | 122649 | gris | 1914 | Kourcaillet 95893 | Klique 95654 |
| Onzain | 123630 | gris | 1914 | Jaddus 89198 | Ios 82653 |
| Onze | 119004 | noir-zain | 1914 | Kangourou 89698 | Kohue 92631 |
| Onze | 119162 | gris | 1914 | Judas 86606 | Jattée 85105 |
| Onze | 120844 | noir | 1914 | Guignolet 70023 | Khaspour 95175 |
| Onze | 123057 | gris | 1914 | Kagnat 92819 | Lisette 50035 |
| Onze | 124111 | noir | 1914 | Grigri 65867 | Elise 58427 |
| Onzibat | 118960 | noir | 1914 | Hanneton 75587 | Lyrique 102761 |
| Oolithe | 119005 | gris | 1914 | Jurisconsul 86393 | Lévie 100980 |
| Opacifier | 120845 | gris-foncé | 1914 | Guignolet 70023 | Moukden 65180 |
| Opaficier | 119006 | noir | 1914 | Jurisconsul 86393 | Giralda 98128 |
| Opake | 119950 | bai-brun | 1914 | If 80943 | Jason 84602 |
| Opalin | 119011 | gris | 1914 | Hareng 76925 | Grivoise 54927 |
| Opalin | 119184 | gris | 1914 | Képi 91690 | Palmette 67187 |
| Opalin | 120849 | noir | 1914 | Quinquina 68945 | Indra 87597 |
| Opalin | 121677 | noir | 1914 | Jomarin 84236 | Pirouette 64441 |
| Opalin | 121834 | gris-foncé | 1914 | Garo 70714 | Vigoureuse 55962 |
| Opalin | 123059 | gris | 1914 | Douvreur-ex-Couvreur 58335 | Ino 83095 |
| Opaque | 119012 | noir | 1914 | Hareng 76925 | Jauer 84967 |
| Opaque | 119562 | gris | 1914 | Janséniste 86818 | Grenade 69615 |
| Oparc | 123069 | gris-foncé | 1914 | Jordaens 87507 | Himère 84488 |
| Opavé | 122047 | noir | 1914 | Kommis 93104 | Havraise 74654 |
| Opéra | 119014 | gris | 1914 | Homard 74692 | Guédiste 69297 |

| NOM | N° | ROBE | Naissance | PÈRE | MÈRE |
|---|---|---|---|---|---|
| Opéra | 119070 | gris-foncé | 1914 | Gazéo 70937 | Kassiette 92069 |
| Opéra | 119256 | noir | 1914 | Ivan 81244 | Louve 99764 |
| Opéra | 120592 | bai-br.-z. | 1914 | If 80943 | Karbone 90806 |
| Opéra | 120850 | noir | 1914 | Quinquina 68945 | Rosa 41531 |
| Opéra | 121233 | gris | 1914 | Iowa 80989 | Herminette 75620 |
| Opéra | 121476 | noir | 1914 | Jouillat 88642 | Jubine 98502 |
| Opéra | 121682 | bai-brun | 1914 | Jomarin 84236 | Kadenette 95457 |
| Opéra | 121849 | noir | 1914 | Jupiter 88668 | Garonne 73025 |
| Opéra | 122643 | noir | 1914 | Klairet 94682 | Yvonne 83264 |
| Opéra | 123064 | gris | 1914 | Kalderon 97556 | Ili 83547 |
| Opéra | 123434 | noir | 1914 | Instar 78857 | Liberté 64945 |
| Opéra | 123880 | gris-foncé | 1914 | Koypel 96590 | Kuvette 96418 |
| Opérateur | 119017 | noir | 1914 | Koquelin 92226 | Konfiture 91285 |
| Opérateur | 120851 | noir | 1914 | Quinquina 68945 | Hie 75765 |
| Opérateur | 121684 | noir | 1914 | Quinquina 68945 | Incluse 82169 |
| Cperateur | 123070 | gris-foncé | 1914 | Klecher 95657 | Hyène 77354 |
| Operculé | 119018 | gris-vin. | 1914 | Koquelin 92226 | impaction 81407 |
| Operculé | 120854 | noir | 1914 | Lowa 80989 | Incivisme 81529 |
| Opercule | 121830 | noir | 1914 | Crampon 62324 | Hardie 93329 |
| Opério | 120967 | gris | 1914 | Kapon 90765 | Serpette 54238 |
| Opéro | 119072 | noir-zain | 1914 | Kriss 91437 | Hirsette 97127 |
| Operrin | 123068 | gris | 1914 | Jean-Frollo 85466 | Jeanne 87549 |
| Opes | 119020 | noir | 1914 | Janséniste 86818 | Gothie 71380 |
| Cpetit | 120409 | gris-foncé | 1914 | Kerdaniel 94127 | Kabella 92268 |
| Ophicléide | 119156 | gris fer | 1914 | Judas 86506 | Isère 80836 |
| Ophidien | 119021 | bai | 1914 | Jujubier 85435 | Jambette 86111 |
| Ophidien | 120855 | noir | 1914 | Iowa 80989 | Kartouche 91164 |
| Ophidien | 121688 | noir | 1914 | Kocorico 95684 | Horreur 74453 |
| Ophidien | 123071 | noir | 1914 | Koadi 97151 | Kita 96781 |
| Ophion | 119022 | noir | 1914 | Janséniste 86818 | Imbécise 78740 |
| Ophion | 120858 | noir zain | 1914 | Kroupiet 91851 | Boule de Neige 62663 |
| Ophion | 121690 | gris noir | 1914 | Kocorico 95684 | Julie 88402 |
| Ophion | 123072 | gris | 1914 | Kavalzane 96510 | Lesone 98217 |
| Ophir | 119737 | gris foncé | 1914 | Jo[illegible] 83635 | C[illegible] 53906 |
| Ophir | 119949 | noir | 1914 | Heritare 73963 | Kiaskita 89763 |
| Ophir | 121234 | noir | 1914 | Iowa 80989 | Selone 58558 |
| Ophir | 122278 | noir | 1915 | Heritare 73963 | [illegible] 49670 |
| Ophir | 123437 | gris | 1914 | Kolberg 94622 | [illegible] 90234 |
| Ophite | 119023 | noir | 1914 | Janséniste 86818 | [illegible] 78461 |
| Ophite | 121691 | noir | 1914 | Kocorico 95684 | [illegible] |
| Ophite | 121831 | gris foncé | 1914 | G[illegible] 70714 | [illegible] |
| Opho | 119982 | bai brun | 1915 | L. Sou[illegible] | [illegible] |
| Ophrys | 119024 | noir | 1914 | J[illegible] 85435 | [illegible] |
| Ophrys | 121692 | noir | 1914 | K[illegible] 95684 | H[illegible] |
| Opiacé | 123030 | noir | 1914 | J[illegible] 85435 | [illegible] |

| NOM | N° | ROBE | Naissance | PÈRE | MÈRE |
|---|---|---|---|---|---|
| Opiacé | 119161 | noir-zain | 1914 | Jean Jack 85863 | Coquette 66618 |
| Opiacé | 121694 | noir | 1914 | Kélat 94645 | Charmante 49744 |
| Opiat | 119032 | gris | 1914 | Jujubier 85435 | Perronie 50460 |
| Opiat | 119039 | gris | 1914 | Iago 81027 | Lymphe 98943 |
| Opiat | 120862 | noir | 1914 | Jean-qui-rit 88772 | Martyre 67044 |
| Opiat | 121698 | noir zain | 1914 | Kocorico 95684 | Eva 63684 |
| Opiat | 121832 | gris-foncé | 1914 | Jupiter 88668 | Isaure 98242 |
| Opiat | 122646 | noir | 1914 | Kruchon 93701 | Hirondelle 78411 |
| Opiat | 123078 | noir | 1914 | Jambon 87188 | Kontrainte 95815 |
| Opieux | 120613 | noir | 1914 | Joch 88606 | Coquine 47912 |
| Opilatif | 119034 | noir | 1914 | Koquelin 92226 | Linotte 59566 |
| Opilatif | 119197 | gris-foncé | 1914 | Japon 84819 | Gabégie 74421 |
| Opilatif | 120863 | gris | 1914 | Jean-qui-rit 88772 | Lisa 44180 |
| Opilatif | 123084 | gris-tr.-f. | 1914 | Kavaignac 96510 | Coquette 61369 |
| Opimius | 119736 | gris | 1914 | Jousset 83935 | Coquette 53906 |
| Opimius | 121235 | gris | 1914 | Iowa 80989 | Légende 97819 |
| Opimius | 122279 | noir | 1914 | Huitain 73993 | Clochette 67981 |
| Opimius | 123440 | gris-foncé | 1914 | Kybéry 94622 | Kamille 96572 |
| Opinant | 119115 | gris | 1914 | Jallieu 86306 | Kranette 92735 |
| Opinant | 122531 | gris-r. | 1914 | Jansénius 88703 | Incomprise 82523 |
| Opinant | 123085 | gris | 1914 | Kavaignac 96510 | Castillanne 45049 |
| Opiné | 119255 | gris-foncé | 1914 | Jallieu 86306 | Jaffa 85827 |
| Opiniâtre | 122532 | bai-foncé | 1914 | Kamiesh 96173 | Inclination 82521 |
| Opinskoff | 119265 | noir-zain | 1914 | Kriss 91437 | Gesta 69736 |
| Opinstock | 120487 | gris | 1914 | Kibry 89896 | Coquette 50076 |
| Opio | 119914 | noir | 1914 | Kalot 92507 | Langouste 58310 |
| Opio | 122650 | gris | 1914 | Koureaillet 95893 | Hestia 84479 |
| Opirius | 119952 | noir | 1914 | Komitat 91759 | Joyeuseté 86260 |
| Opissot | 123077 | noir | 1914 | Jambon 87188 | Joyeuse 55838 |
| Opital | 119233 | gris-vin. | 1914 | Joinville 88611 | Poulie 43028 |
| Opitz | 119636 | noir | 1914 | Huitain 73993 | Kervadée 95058 |
| Opitz | 119953 | noir | 1914 | Komitat 91759 | Coquette 57037 |
| Opitz | 121236 | gris | 1914 | Iowa 80989 | Pimpante 50397 |
| Opitz | 123443 | noir | 1914 | Kaolin 92231 | Kalmie 97132 |
| Opium | 119141 | gris-foncé | 1914 | If 80943 | Landerlique 99060 |
| Opium | 119337 | noir | 1914 | Koquelin 92226 | Klarinette 92964 |
| Opium | 121702 | gris-foncé | 1914 | Jephté 88561 | Cocotte 69173 |
| Opium | 122536 | noir | 1914 | Importun 80576 | Bravoure 63187 |
| Opium | 123088 | gris | 1914 | Kominos 92182 | Histoire 44005 |
| Opium | 123877 | gris | 1914 | Jan 84219 | Longévité 102610 |
| Oplessis | 123273 | noir | 1914 | Kromwell 96606 | Coquette 61052 |
| Oplessis | 123347 | noir | 1914 | Kolomb 96547 | Coquette 47984 |
| Opodeldock | 124123 | gris-foncé | 1914 | Kaplif 92909 | Gaspille 72402 |
| Oponcé | 119338 | gris | 1914 | Joyeux 84874 | Devine 61573 |
| Opopanax | 120868 | gris-foncé | 1914 | Kontemporain 91579 | Camille 78503 |

| NOM | N° | ROBE | Naissance | PÈRE | MÈRE |
|---|---|---|---|---|---|
| Opopanax | 121703 | noir | 1914 | Jonillat 88642 | Gaçonnière 70454 |
| Opopanax | 123090 | noir | 1914 | Instar 78857 | Kortone 96576 |
| Opoponax | 120532 | gris-foncé | 1914 | Karolus 93008 | Galantine 72631 |
| Opoponax | 122537 | noir | 1914 | Importun 80576 | Bologne 93419 |
| Oporto | 120683 | bai chât. | 1914 | Kif-Kif 95174 | Herpasse 74811 |
| Opossum | 119341 | gris | 1914 | Koquelin 92226 | Minerve 65430 |
| Opossum | 121704 | gris | 1914 | Jonillat 88642 | Labesnarderie 103607 |
| Opossum | 123095 | noir | 1914 | Jordaens 87507 | Hellébore 77470 |
| Oppert | 119637 | gris | 1914 | Kruer 91865 | Margot 78423 |
| Oppert | 119745 | gris | 1914 | Jousset 83935 | Mirabelle 45272 |
| Oppert | 121237 | bai-tr.-f. | 1914 | Iowa 80989 | Intromission 79544 |
| Oppert | 122282 | gris | 1914 | Jonarin 84236 | Kastille 95408 |
| Oppert | 123445 | gris | 1914 | Jordaens 87507 | Hévée 77717 |
| Oppert | 124004 | gris foncé | 1914 | Koypel 96590 | Sirène 64078 |
| Oppidum | 119343 | gris-vin. | 1914 | Koquelin 92226 | Bicyclette 52604 |
| Oppidum | 121708 | noir | 1914 | Huitain 73993 | Kastonia 95303 |
| Oppien | 121241 | gris | 1914 | Juvénal 83553 | Pimpante 50213 |
| Oppien | 122283 | noir zain | 1914 | Jonarin 84236 | Rosace 56317 |
| Oppo | 119157 | gris-r. | 1914 | Képi 91690 | Rigolette 46115 |
| Opportun | 119182 | noir | 1914 | Jallieu 86306 | Godichonne 70357 |
| Opportun | 119254 | noir zain | 1914 | Jallieu 86306 | Pinsonnette 68411 |
| Opportun | 119342 | gris | 1914 | Koquelin 92226 | Locanie 101295 |
| Opportun | 120445 | gris-foncé | 1914 | Kibry 89896 | Hébrienne 82872 |
| Opportun | 120870 | noir | 1914 | Karolus 93008 | Hélène 81805 |
| Opportun | 121709 | noir | 1914 | Bouvier 65132 | Kartine 94613 |
| Opportun | 122558 | noir | 1914 | Kontrôle 93620 | Koutema 96117 |
| Opportuniste | 122483 | noir | 1914 | Ichneumon 80679 | Balsamine 69217 |
| Opposant | 119149 | noir | 1914 | Jubé 85452 | Faride ndaine 67797 |
| Opposant | 119344 | gris | 1914 | Koquelin 92226 | Kaplote 90357 |
| Opposant | 121712 | noir | 1914 | Huitain 73993 | Voltige 67988 |
| Opposant | 122484 | gris | 1914 | Kerbriant 94032 | Hellade 78292 |
| Opposé | 119260 | noir | 1914 | Ivan 81244 | Kesara 89854 |
| Opposé | 123094 | noir | 1914 | Jordaens 87507 | Hanepe 76687 |
| Oppozé | 119249 | bai | 1914 | Iago 81027 | Marche 64976 |
| Oppresseur | 120877 | noir zain | 1914 | Koralleen 91611 | Kressette 91444 |
| Oppresseur | 121714 | noir | 1914 | Huitain 73993 | Joche 88601 |
| Oppresseur | 122469 | gris | 1914 | Irrado 83254 | Hébé 78296 |
| Oppressif | 122470 | noir | 1914 | Kaiesson 94208 | Koralie 90563 |
| Oppressif | 123097 | gris-vin | 1914 | Kylery 94622 | Marie 46700 |
| Opprimant | 121716 | noir | 1914 | Huitain 73993 | [illegible] 64424 |
| Opprimant | 123099 | gris | 1914 | Jordaens 84406 | [illegible] 94770 |
| Opprimé | 119349 | gris | 1914 | Koquelin 92226 | [illegible] 73025 |
| Opprimé | 120879 | gris | 1914 | Kozan 93104 | [illegible] 68374 |
| Opprime | 121863 | noir | 1914 | Ido 83507 | [illegible] 103050 |
| Opprobre | 121721 | noir | 1914 | Jupiter 88561 | [illegible] 92416 |

| NOM | N° | ROBE | Naissance | PÈRE | MÈRE |
|---|---|---|---|---|---|
| Opressoir | 121570 | noir | 1914 | Quinquina 68945 | Laiche 103587 |
| Oprusko | 119165 | gris | 1914 | Josué 88841 | Gibèle 70872 |
| Ops | 119639 | gris-clair | 1914 | Juvénal 83553 | Kâble 92434 |
| Ops | 119747 | gris-foncé | 1914 | Fier-à-Bras 65250 | Konette 91326 |
| Ops | 121242 | noir | 1914 | Juvénal 83553 | Gloriette 73185 |
| Optatif | 119350 | gris | 1914 | Koquelin 92226 | Hirondelle 76460 |
| Optatif | 120878 | gris | 1914 | Korallien 91611 | Konfluence 93571 |
| Optatif | 123100 | gris-foncé | 1914 | Jordaens 87507 | Ivoire 83111 |
| Optevoz | 122652 | gris-foncé | 1914 | Kalderon 97556 | Isis 83044 |
| Opticien | 119352 | gris | 1914 | Joyeux 84874 | Janicule 86450 |
| Opticien | 120432 | noir | 1914 | Kapon 90765 | Gada 71429 |
| Opticien | 120880 | noir | 1914 | Fier-à Bras 65250 | Hiémation 75689 |
| Opticien | 121719 | gris | 1914 | Jephté 88561 | Bleue 50632 *bis* |
| Opticien | 121948 | gris | 1914 | Jobard 87247 | Marinette 52704 |
| Opticien | 123096 | gris | 1914 | Instar 78857 | Paquerette 66523 |
| Opticien | 123785 | bai-brun | 1914 | Isaac 78892 | Bichette 68258 |
| Optimiste | 121763 | noir | 1914 | Korbeau 95023 | Idole 93362 |
| Optimiste | 123879 | gris | 1914 | Jan 84219 | Rose-Thé 43067 |
| Optique | 119357 | gris clair | 1914 | Koquelin 92226 | Grenadine 70718 |
| Opulent | 119354 | noir | 1914 | Joyeux 84874 | Guignette 71504 |
| Opulent | 119420 | gris | 1914 | If 80943 | Inique 79450 |
| Opulent | 120883 | noir | 1914 | Képi 91690 | Kenouille 92180 |
| Opulent | 120964 | gris | 1914 | Kapon 90765 | Débâcle 54921 |
| Opulent | 121723 | noir | 1914 | Jephté 88561 | Lisette 57554 |
| Opulent | 121764 | gris-foncé | 1914 | Korbeau 95023 | Lampourde 103639 |
| Opulent | 122616 | noir | 1914 | Kaleul 92482 | Juliette 89288 |
| Opulent | 123241 | noir-m.-t. | 1914 | Klermont 96529 | Coquette 61124 |
| Opulent | 123548 | gris | 1914 | Koncordat 95760 | Karmella 96740 |
| Opulent | 123723 | noir | 1914 | Kaisson 97384 | Christine 81572 |
| Opulent | 123775 | noir | 1914 | Klocher 95657 | Khivette 96642 |
| Opulent | 124149 | alezan-d. | 1914 | Incourt 79765 | Canette 48183 |
| Opuntia | 119355 | noir | 1914 | Joyeux 84874 | Mouvette 58982 |
| Opuntia | 120962 | gris-foncé | 1914 | Krid 96028 | Coquette 56577 |
| Opuntia | 123242 | gris | 1914 | Kalmar 97403 | Incidence 78707 |
| Opuscule | 120884 | gris | 1914 | Jallien 86306 | Kota 95064 |
| Opuscule | 120966 | noir | 1914 | Kapon 90765 | Jalouse 86578 |
| Opuscule | 121748 | gris-noir | 1914 | Célibat 64968 | Honorine 75328 |
| Opuscule | 121808 | gris-foncé | 1914 | Kontemporain 91579 | Caravane 68958 |
| Opuscule | 124147 | noir | 1914 | Karid 94522 | Virginie 52785 |
| Opytou | 119264 | gris-foncé | 1914 | Gazéo 70937 | Inquiète 78785 |
| Oqupet | 120520 | gris | 1914 | Jean qui-rit 88772 | Kabotine 95506 |
| Or | 119155 | gris | 1914 | Judas 86606 | Krimoline 90558 |
| Or | 119358 | gris | 1914 | Koquelin 92226 | Duchesse 58588 |
| Or | 120887 | gris | 1914 | Jans 86310 | Célinette 61919 |
| Oracle | 118729 | bai-br.-f. | 1914 | Jaccoud 83766 | Krinte 93221 |

| NOM | N° | ROBE | Naissance | PÈRE | MÈRE |
|---|---|---|---|---|---|
| Oracle | 119139 | gris | 1914 | Jallien 86306 | Anémone 63039 |
| Oracle | 119369 | noir | 1914 | Koquelin 92226 | Ramette 68324 |
| Oracle | 120675 | gris | 1914 | Hanneton 75587 | Insomnie 81272 |
| Oracle | 120888 | gris | 1914 | Hiersac 76358 | Mouvette 56482 |
| Oracle | 121750 | noir | 1914 | Karrich 92710 | Hématie 74349 |
| Oracle | 121949 | noir | 1914 | Jobard 87247 | Mouvette 66817 |
| Oracle | 123243 | noir | 1914 | Jean-Bart 83546 | Harmonie 74337 |
| Oracle | 123784 | gris-foncé | 1914 | Barnac 51162 | Mignonne 84485 |
| Oracle | 123937 | gris | 1914 | Koypel 96590 | Colette 42215 |
| Oradès | 119961 | gris | 1914 | Koucou 91328 | Lisette 59141 |
| Oradour | 119749 | noir-zain | 1914 | Journaliste 86492 | Mignonne 58293 |
| Oradour | 119917 | gris t.-cl. | 1914 | Kascadeur 91236 | Charmante 87661 |
| Oradour | 121245 | noir | 1914 | Juvénal 83553 | Négresse 43763 |
| Oradour | 122284 | noir | 1914 | Jomarin 84236 | Historique 98481 |
| Oradour | 122635 | noir | 1914 | Impérator 83461 | Jansénisme 87194 |
| Oradour | 123636 | noir | 1914 | Janville 88706 | Mouchette II 43389 |
| Orage | 119361 | noir | 1914 | Insipide 82466 | Norwège 68652 |
| Orage | 121812 | gris-vin. | 1914 | Jobard 87247 | Impression 82518 |
| Orage | 123246 | noir-zain | 1914 | Kaboul 96725 | Hachette 74336 |
| Orage | 123760 | noir | 1914 | Isaac 78892 | Koboldine 95055 |
| Orage | 123957 | gris-foncé | 1914 | Koypel 96590 | Irène 96852 |
| Orageux | 119363 | noir | 1914 | Hareng 76925 | Gasconnade 70712 |
| Orageux | 120583 | noir | 1914 | If 80943 | Orageuse 61524 |
| Orageux | 120890 | gris-foncé | 1914 | Guignolet 70023 | Glacière 69795 |
| Orageux | 121752 | gris-foncé | 1914 | Célibat 64968 | Ibyca 82244 |
| Orageux | 123247 | noir | 1914 | Kaboul 96725 | Kyrielle 96636 |
| Oragia | 119047 | noir | 1914 | Gazéo 70937 | Kivette 89837 |
| Orain | 123637 | gris | 1914 | Janville 88706 | Henriette 42906 |
| Oral | 119368 | gris | 1914 | Jallien 86306 | Girole 69870 |
| Oral | 120891 | gris foncé | 1914 | Célibat 64968 | Julie 83655 |
| Oral | 122043 | gris | 1914 | Irradie 83254 | Jocaste 98257 |
| Oral | 123103 | gris-vin. | 1914 | Kaxton 96514 | Gaelle 98631 |
| Oran | 119750 | bai brun | 1914 | Journaliste 86492 | Coquette 49239 |
| Oran | 120363 | noir | 1914 | Kesmac 91477 | Gognette 93285 |
| Oran | 120536 | alezan | 1914 | Johneur 85324 | Jelaffe 86028 |
| Oran | 120597 | gris | 1914 | Kreiser 92229 | Gibecière 60481 |
| Oran | 121246 | noir | 1914 | Juvénal 83553 | Léa II 59857 |
| Oran | 122290 | noir | 1914 | Huitain 73993 | Elimua 97126 |
| Oran | 122601 | noir | 1914 | Indecis 83374 | Indienne 83368 |
| Oran | 123446 | gris | 1914 | Jardacos 87507 | Iris 83024 |
| Oran | 123960 | gris foncé | 1914 | Kook 97151 | Glycère 72978 |
| Orang | 119375 | noir | 1914 | Journaliste 86492 | Javelle 67063 |
| Orang | 120710 | gris | 1914 | Kreiser 92229 | D[illegible] 59654 |
| Orang | 121988 | gris-foncé | 1914 | Célibat 64968 | J[illegible] 87281 |
| Orang | 123114 | gris t.-cl. | 1914 | Kaxton 96514 | L[illegible] 84157 |

| NOM | N° | ROBE | Naissance | PÈRE | MÈRE |
|---|---|---|---|---|---|
| Orangé | 120584 | noir | 1914 | Judas 86606 | Églantine 54842 |
| Orangé | 122039 | gris-clair | 1914 | Krural 91866 | Kérite 94830 |
| Orangé | 123104 | gris | 1914 | Jordaens 87507 | Hésione 84483 |
| Orangeat | 119371 | noir | 1914 | Justian 85274 | Kassoula 89835 |
| Orangeat | 120895 | gris | 1914 | Iowa 80989 | Idole 81175 |
| Orangeat | 120965 | noir | 1914 | Kapon 90765 | Kerguélen 89747 |
| Orangeat | 122040 | gris | 1914 | Hiersac 76358 | Majestueuse 67859 |
| Orangeat | 122513 | gris-foncé | 1914 | Juliopolis 86716 | Idylle 96906 |
| Orangeat | 122625 | noir-zain | 1914 | Kalcul 92482 | Alerte 57934 |
| Orangeat | 123410 | gris | 1914 | Klaustral 91064 | Mouvette 81628 |
| Oranger | 119074 | gris | 1914 | Kalifornien 90644 | Madone 66976 |
| Oranger | 119372 | noir-zain | 1914 | Justian 85274 | Koukoute 90388 |
| Oranger | 120892 | bai-mar. | 1914 | Célibat 64968 | Ithaque 80254 |
| Oranger | 121978 | noir | 1914 | Hiersac 76358 | Gabès 72775 |
| Oranger | 122572 | aubère | 1914 | Jobard 87247 | Verveine 57398 |
| Oranger | 122614 | noir | 1914 | Kalcul 92482 | Kira 94534 |
| Oranger | 123076 | noir | 1914 | Kéris 93769 | Isly 83116 |
| Oranger | 123743 | gris | 1914 | Interprète 80665 | Diva 98535 |
| Oranger | 123956 | gris foncé | 1914 | Joab 87450 | Légion 104477 |
| Oranger | 124084 | noir | 1914 | Kruchon 93701 | Altesse 58190 |
| Orangiste | 119374 | gris | 1914 | Joyeux 84874 | Loupette 99173 |
| Orangiste | 120896 | gris | 1914 | Illettré 81310 | Kanule 90754 |
| Orangiste | 121981 | gris | 1914 | Hiersac 76358 | Marquise 50196 |
| Orangiste | 122568 | gris-foncé | 1914 | Jobard 87247 | Jonquille 87271 |
| Orangiste | 123113 | noir | 1914 | Kaxton 96514 | Brillante 55402 |
| Orangiste | 124044 | noir | 1914 | Jackson 88870 | Négresse 63713 |
| Orateur | 119376 | gris | 1914 | Idem 80642 | Margot 75042 |
| Orateur | 119752 | gris-foncé | 1914 | Gazéo 70937 | Académie 66422 |
| Orateur | 120644 | noir | 1914 | Japon 84849 | Lactique 97923 |
| Orateur | 120901 | gris | 1914 | Korysa 91297 | Jeannette 90124 |
| Orateur | 121250 | noir | 1914 | Juvénal 83553 | Frusquette 63263 |
| Orateur | 121989 | gris | 1914 | Célibat 64968 | Lanterne 103037 |
| Orateur | 122569 | noir | 1914 | Ichneumon 80679 | Khiva 96062 |
| Orateur | 123115 | noir | 1914 | Kaxton 96514 | Hémiédrie 75410 |
| Orateur | 123843 | noir | 1914 | Kaisson 97384 | Souci 37720 |
| Orateur | 123883 | gris-foncé | 1914 | Jan 84219 | Diva 41970 |
| Oratoir | 119138 | noir | 1914 | Jallieu 86306 | Vinaigrette 66638 |
| Oratoire | 119377 | gris-clair | 1914 | Idem 80642 | Coquette 54278 |
| Oratoire | 121279 | gris | 1914 | Kruor 91865 | Galante 72632 |
| Oratorien | 119383 | bai | 1914 | If 80943 | Sauvons-nous 87492 |
| Oratorien | 120963 | gris | 1914 | Krid 96028 | Junon 87966 |
| Oratorien | 121727 | gris-foncé | 1914 | Kontrôle 93620 | Kostale 95832 |
| Oratorien | 121990 | noir | 1914 | Célibat 64968 | Insurmontable 82231 |
| Oratorien | 123116 | gris | 1914 | Kavaignac 96510 | Grandine 72253 |
| Oratorio | 119384 | bai | 1914 | Jallieu 86306 | Germaine 44452 |

| NOM | N° | ROBE | NAISSANCE | PÈRE | MÈRE |
|---|---|---|---|---|---|
| Oratorio | 120506 | noir | 1914 | Kapou 90765 | Négresse 62247 |
| Oratorio | 120903 | noir | 1914 | Jaddus 89198 | Michaude 57120 |
| Oratorio | 121797 | noir | 1914 | Korbeau 95023 | Breloque 63185 |
| Oratorio | 121993 | gris | 1914 | Kobi 95111 | Criquette 57193 |
| Oratorio | 123120 | gris | 1914 | Jordaens 87507 | Sérénade 47946 |
| Oratorio | 124047 | gris | 1914 | Jan 84219 | Kourroie 95896 |
| Orbais | 119919 | gris-tr. cl. | 1914 | Jugal 85444 | Biche 61335 |
| Orban | 119921 | gris-foncé | 1914 | Kascadeur 91236 | Furette 55522 |
| Orbe | 119387 | gris | 1914 | Journaliste 86492 | Sémiramis 43854 |
| Orbe | 121823 | noir | 1914 | Korbeau 95023 | Finette 84539 |
| Orbec | 119450 | noir | 1914 | Kerdaniel 94127 | Nue 38475 |
| Orbec | 119753 | gris | 1914 | Japon 84819 | Lady 99257 |
| Orbec | 119922 | noir | 1914 | Guignolet 70023 | Kathodique 94194 |
| Orbec | 119986 | gris | 1914 | Kruger 92229 | Hilliade 76782 |
| Orbec | 121234 | noir-zain | 1914 | Iowa 80989 | Trompette 49619 |
| Orbec | 122294 | noir | 1914 | Huitain 73993 | Kasuta 95304 |
| Orbec | 122656 | gris | 1914 | Impérator 83461 | Pastourelle 49853 |
| Orbec | 123449 | gris | 1914 | Kouli 97151 | Coquette 75177 |
| Orbec | 123639 | noir | 1914 | Kalleux 90647 | Kantatrice 97453 |
| Orbigny | 119923 | gris foncé | 1914 | Guignolet 70023 | Kalomnie 92502 |
| Orbigny | 121255 | noir | 1914 | Iowa 80989 | Juridique 86216 |
| Orbigny | 122296 | gris foncé | 1914 | Huitain 73993 | Gazelle 98468 |
| Orbigny | 122658 | gris | 1914 | Douvreur ex-Couvreur 58335 | Léandre 102898 |
| Orbigny | 123640 | noir | 1914 | Kalleux 90647 | Kermesse 97329 |
| Orbigny | 123919 | gris-foncé | 1914 | Barace 51162 | Indre 83094 |
| Orbiquet | 123642 | gris | 1914 | Jauville 88706 | Historienne 78384 |
| Orbital | 119394 | gris | 1914 | Jurisconsul 86393 | Denise 90104 |
| Orbital | 121997 | gris-foncé | 1914 | Hiersac 76358 | Feuille 63311 |
| Orbital | 123121 | gris | 1914 | Kavaignac 96510 | Pelote 93494 |
| Orbois | 119924 | noir | 1914 | Kascadeur 91236 | Lisette 54148 |
| Orbois | 123643 | gris | 1914 | Jaddus 89198 | Lunette 103912 |
| Orbu | 120045 | gris-foncé | 1914 | Kalot 92507 | Garonne 70030 |
| Orby | 120626 | gris | 1914 | Jean Jack 83863 | Pintade 46101 |
| Orcade | 123958 | noir | 1914 | Klocher 95657 | Dorsa 97710 |
| Orcagna | 121278 | gris | 1914 | Iowa 80989 | Kondylienne 93356 |
| Orçay | 119925 | noir | 1914 | Kascadeur 91236 | Kathos 92996 |
| Orçay | 123644 | gris | 1914 | Keroul 97385 | Paquerette 44288 |
| Orcet | 119926 | noir | 1914 | Kascadeur 91236 | Paris 50578 |
| Orcet | 123645 | noir | 1914 | Jaddus 89198 | Lacville 102456 |
| Orcevaux | 123646 | gris | 1914 | Jean Jack 88706 | [illegible] 75427 |
| Orchampt | 121527 | gris | 1914 | Iowa 78857 | [illegible] 55875 |
| Orchester | 119396 | noir | 1914 | Jurisconsul 86393 | [illegible] 87948 |
| Orchestral | 119392 | gris | 1914 | Japon 84819 | [illegible] 80967 |
| Orchestral | 120906 | gris | 1914 | Kruger 94866 | [illegible] 76430 |
| Orchestral | 121599 | noir | 1914 | Korbeau 95023 | [illegible] 80581 |

| NOM | N° | ROBE | Naissance | PÈRE | MÈRE |
|---|---|---|---|---|---|
| Orchestral | 123122 | gris | 1914 | Kagnat 92819 | Inn 83011 |
| Orchestre | 119278 | bai chât. | 1914 | Journaliste 86492 | Jérygne 85817 |
| Orchestre | 119393 | noir-zain | 1914 | Jujubier 85435 | Huisserie 74897 |
| Orchestre | 120908 | gris | 1914 | Kibry 89896 | Rose 43320 |
| Orchestre | 121795 | noir | 1914 | Korbeau 95023 | Rosalie 52556 |
| Orchestre | 122000 | bai-brun | 1914 | Hiersac 76358 | Sarah 50294 |
| Orchestre | 123125 | gris-foncé | 1914 | Kaxton 96514 | Kermesse 46750 |
| Orchestre | 123827 | gris | 1914 | Isaac 78892 | Louvette 104475 |
| Orchis | 119398 | noir | 1914 | Jurisconsul 86393 | Judith 86596 |
| Orchis | 120822 | gris | 1914 | Joinville 88611 | Laflûte 98927 |
| Orchis | 120907 | gris | 1914 | Krural 91866 | Mascotte 63864 |
| Orchis | 122003 | gris-foncé | 1914 | Huitain 73993 | Liza 50584 |
| Orchis | 123127 | gris | 1914 | Jordaens 87507 | Licorne 104441 |
| Orcier | 119928 | gris-foncé | 1914 | Guignolet 70023 | Jubine 93409 |
| Orcier | 123648 | noir | 1914 | Jaddus 89198 | Coquette 75141 |
| Orcinas | 123651 | noir-zain | 1914 | Kaisson 97384 | Avenir 67963 |
| Orcival | 119930 | noir | 1914 | Kognac 91477 | Légende 57655 |
| Orcival | 122662 | gris | 1914 | Impérator 83461 | Jaquette 87202 |
| Orcival | 123653 | gris | 1914 | Kamouflet 97424 | Huthilité 75738 |
| Orclos | 120783 | gris | 1914 | Kruger 92229 | Indiana 54498 |
| Ord | 120910 | gris | 1914 | Krural 91866 | Mouvette 55800 |
| Ordener | 119757 | noir | 1914 | Homard 74692 | Politesse 53959 |
| Ordener | 120483 | gris | 1914 | Kargo 92943 | Groseille 72989 |
| Ordener | 121256 | noir | 1914 | Karolus 93008 | Oubliette 47222 |
| Ordener | 122298 | noir | 1914 | Huitain 73993 | Margot 61382 |
| Orderic | 119758 | gris | 1914 | Journaliste 86492 | Jonquille 83575 |
| Orderic | 121257 | bai-foncé | 1914 | Iowa 80989 | Polka 75251 |
| Ordéric | 124064 | noir | 1914 | Koypel 96590 | Furette 74987 |
| Ordinaire | 120911 | gris | 1914 | Krural 91866 | Krayeuse 95993 |
| Ordinaire | 123131 | gris | 1914 | Jalabert 85688 | Sucrette 84491 |
| Ordinal | 120912 | gris | 1914 | Krural 91866 | Kravate 95992 |
| Ordinal | 121771 | gris | 1914 | Korbeau 95023 | Coquette 87579 |
| Ordinal | 122005 | gris | 1914 | Huitain 73993 | Kabhasse 91232 |
| Ordinal | 123133 | noir-zain | 1914 | Koncordat 95760 | Gaulette 73153 |
| Ordinand | 120914 | gris | 1914 | Kibry 89896 | Poule 64539 |
| Ordinant | 121791 | noir | 1914 | Korbeau 95023 | Coquette 48217 |
| Ordinant | 123135 | noir-m.-t. | 1914 | Jalabert 85688 | Querelleuse 42351 |
| Ordinariat | 123136 | noir | 1914 | Jalabert 85688 | Estelle 45988 |
| Ordinateur | 122008 | gris-foncé | 1914 | Huitain 73993 | Kadnia 95250 |
| Ordinateur | 123137 | noir-m.-t. | 1914 | Jay 85935 | Granule 98230 |
| Ordino | 120012 | gris-t.-f. | 1914 | Guignolet 70023 | Petite 97043 |
| Ordino | 122666 | gris-foncé | 1914 | Instar 78857 | Jérès 87431 |
| Ordino | 123655 | noir-zain | 1914 | Jaddus 89198 | Pluvieuse 67455 |
| Ordo | 120541 | gris-foncé | 1914 | Jean-Jack 85863 | Charmante 57454 |
| Ordo | 120928 | noir | 1914 | Kagnat 92819 | Klaudine 96525 |

| NOM | N° | ROBE | Naissance | PÈRE | MÈRE |
|---|---|---|---|---|---|
| Ordo | 122009 | noir-zain | 1914 | Hiersac 76358 | Gravette 71820 |
| Ordo | 123140 | gris | 1914 | Keyser 96397 | Jonquière 87876 |
| Ordonateur | 123902 | gris-foncé | 1914 | Kibus 96690 | Gabelotte 73235 |
| Ordonnac | 120013 | gris | 1914 | Jugal 85444 | Poulotte 54019 |
| Ordonnac | 123656 | gris | 1914 | Jaddus 89198 | Églantine 64071 |
| Ordonnateur | 123141 | noir | 1914 | Koncordat 95760 | Coquette 56106 |
| Ordonné | 121816 | noir-zain | 1914 | Juste 85878 | Rosette 57466 |
| Ordonné | 123898 | gris | 1914 | Kibus 96690 | Jaunière 89096 |
| Ordre | 120929 | gris | 1914 | Kagnat 92819 | Judaïque 87299 |
| Orégon | 119761 | gris-foncé | 1914 | Homard 74692 | Hachette 74580 |
| Orégon | 122303 | noir | 1914 | Huitain 73993 | Colombine 62054 |
| Orégon | 123452 | gris-fer | 1914 | Kerdaniel 94127 | Hache 75375 |
| Oreillard | 119412 | noir | 1914 | Illettré 81310 | Juridiction 84109 |
| Oreillard | 120932 | gris | 1914 | Kascadeur 91236 | Historienne 76458 |
| Oreillard | 122010 | gris | 1914 | Célibat 64968 | Lutteuse 103304 |
| Oreillard | 123143 | noir | 1914 | Jalabert 85688 | Isaure 83037 |
| Oreillard | 123808 | noir | 1914 | Interprète 80665 | Java 98522 |
| Oreiller | 120336 | noir-m. t. | 1914 | Judas 86606 | Jalaisette 85850 |
| Oreiller | 122014 | noir | 1914 | Hiersac 76358 | Konfidence 91147 |
| Oreillon | 119454 | bai-chat. | 1914 | If 80943 | Jugale 86524 |
| Oreillon | 119414 | gris | 1914 | Juvénal 83553 | Herbette 77170 |
| Oreillon | 120933 | gris | 1914 | Kascadeur 91236 | Jubine 49267 |
| Oreillon | 122016 | noir | 1914 | Célibat 64968 | Indomptée 80193 |
| Oreillon | 123147 | gris | 1914 | Kavaignac 96510 | Hardie 90126 |
| Orel | 119762 | gris | 1914 | Homard 74692 | Kéconte 90272 |
| Orel | 121259 | noir | 1914 | Iowa 80989 | Incomprise 81535 |
| Orel | 124063 | gris-foncé | 1914 | Klocher 95657 | Kénia 97324 |
| Orelli | 121263 | noir | 1914 | Kapuly 92818 | Jolie 86595 |
| Orelli | 123857 | gris foncé | 1914 | Kaisson 97384 | Lérins 103942 |
| Orémus | 118727 | noir | 1914 | Juste 85878 | Castille 93300 |
| Orémus | 120342 | gris-clair | 1914 | Judas 86606 | Javette 85842 |
| Orenbourg | 121275 | gris | 1914 | Juvénal 83553 | Insistante 79583 |
| Orénoque | 123940 | noir | 1914 | Konli 97151 | Églantine 40537 |
| Orens | 119066 | gris-foncé | 1914 | Gazéo 70937 | Hotte 74169 |
| Orens | 119763 | gris-foncé | 1914 | Jean Jack 83863 | Julate 86480 |
| Orens | 121266 | bai-brun | 1914 | Iowa 80989 | Hyvette 78271 |
| Oreste | 122632 | gris-noir | 1914 | Huron 77627 | Latérale 99604 |
| Oreste | 123904 | noir m. t. | 1914 | Koncordat 95760 | Perlette 44559 |
| Orfani | 121274 | noir | 1914 | Krnor 91865 | Brillante 62195 |
| Orfani | 122308 | noir | 1914 | Huitain 73993 | Jerès 84563 |
| Orfèvre | 119415 | noir | 1914 | Komtat 91759 | Jappanée 84570 |
| Orfèvre | 120328 | noir | 1914 | Japon 84819 | Juliette 83543 |
| Orfèvre | 120936 | gris | 1914 | Konlis 95894 | Havane 75295 |
| Orfèvre | 121792 | gris | 1914 | Karbean 95023 | Kériane 97650 |
| Orfèvre | 122019 | noir | 1914 | Karel 90798 | Lérès 82319 |

| NOM | N° | ROBE | Naissance | PÈRE | MÈRE |
|---|---|---|---|---|---|
| Orfèvre | 123149 | noir | 1914 | Jordaens 87507 | Hermione 97011 |
| Orfèvre | 123765 | noir-m.-t. | 1914 | Kaduc 95523 | Liardeuse 104511 |
| Orfèvre | 123897 | gris-foncé | 1914 | Kibus 96690 | Kamérière 97421 |
| Orfèvre | 124066 | bai | 1914 | Jointif 87256 | Jongleuse 98520 |
| Orfévri | 119428 | gris-foncé | 1914 | Juvénal 83553 | Paquerette 50118 |
| Orfévri | 123150 | gris-vin. | 1914 | Jean-Frollo 85466 | Lioube 101508 |
| Orfila | 119765 | noir | 1914 | Idem 80612 | Rigolette 54369 |
| Orfila | 123547 | noir | 1914 | Iowa 80989 | Isabelle 81760 |
| Orfila | 123856 | noir | 1914 | Kaisson 97384 | Charmante 41538 |
| Orfila | 123938 | gris | 1914 | Joab 87450 | Koclette 96712 |
| Orfolk | 124130 | gris-fer | 1914 | Jendi 88924 | Brillante 55168 |
| Orfrais | 119101 | noir | 1914 | Kommis 93104 | Jubile 83585 |
| Orfroi | 119430 | gris t. cl. | 1914 | Jugal 85444 | Huée 73905 |
| Orfroi | 122020 | gris-noir | 1914 | Karafon 90798 | Kerpoule 95301 |
| Orfroi | 123155 | gris | 1914 | Jalabert 85688 | Literie 101516 |
| Organ | 120015 | noir | 1914 | Kascadeur 91236 | Charmante 63209 |
| Organ | 123657 | gris | 1914 | Kaisson 97384 | Rosette 54328 |
| Organdi | 119431 | gris | 1914 | Jean-qui-rit 88772 | Epopée 67032 |
| Organdi | 120938 | gris | 1914 | Kourlis 95894 | Amourette 62346 |
| Organdi | 121798 | noir | 1914 | Idomen 83507 | Canicule 67710 |
| Organdi | 122023 | noir-rub. | 1914 | Jans 86310 | Marquise 50617 |
| Organdi | 123159 | noir | 1914 | Jalabert 85688 | Homologie 77499 |
| Organe | 119433 | noir | 1914 | Imprévu 86361 | Hysope 73888 |
| Organe | 120970 | noir | 1914 | Kascadeur 91236 | Kalpurnia 90909 |
| Organeau | 119434 | noir | 1914 | Iowa 80989 | Beethoven 51614 |
| Organeau | 120974 | gris-foncé | 1914 | Kognac 91477 | Liévrette 67233 |
| Organeau | 122024 | gris-foncé | 1914 | Kapon 90765 | Bravoure 47663 |
| Organeau | 123161 | gris-foncé | 1914 | Koncordat 95760 | Kaptive 96477 |
| Organisé | 120525 | gris | 1914 | Jolicœur 85324 | Abeille 46383 |
| Organisé | 120975 | noir | 1914 | Kognac 91477 | Gambade 69562 |
| Organiste | 119436 | gris-foncé | 1914 | Juvénal 83553 | Rosette 50665 |
| Organiste | 121463 | noir | 1914 | Joab 87450 | Libellule 104333 |
| Organiste | 121807 | noir | 1914 | Idomen 83507 | Ivette 84513 |
| Organiste | 123895 | gris | 1914 | Istres 82617 | Jolie 88835 |
| Organiste | 124045 | noir | 1914 | Joyeux 88776 | Labiche 49910 |
| Organon | 121273 | gris | 1914 | Iowa 80989 | Bichette 54440 |
| Organon | 122310 | noir | 1914 | Kapon 90765 | Taragonaise 67854 |
| Organot | 119648 | noir | 1914 | Josué 88841 | Hautaine 73595 |
| Organsin | 119437 | gris-clair | 1914 | Jean-qui-rit 88772 | Hydrologie 73898 |
| Organsin | 120977 | noir | 1914 | Kognac 91477 | Lainière 100175 |
| Organsin | 121804 | noir | 1914 | Idomen 83507 | Ambition 60479 |
| Organsin | 122026 | gris | 1914 | Kapon 90765 | Entêtée 98453 |
| Organsin | 123163 | noir | 1914 | Jalabert 85688 | Mascotte 60850 |
| Orgeat | 119440 | gris | 1914 | Idem 80612 | Identité 79702 |
| Orgeat | 120978 | noir | 1914 | Kognac 91477 | Kuirasse 91880 |

| NOM | N° | ROBE | Naissance | PÈRE | MÈRE |
|---|---|---|---|---|---|
| Orgeat | 122030 | gris-foncé | 1914 | Célibat 64968 | Rose 73407 |
| Orgeat | 122534 | gris-foncé | 1914 | Benjoin 62927 | Jacquerie 88944 |
| Orgeat | 123164 | noir | 1914 | Koncordat 95760 | Galéasse 72199 |
| Orgeix | 118725 | noir | 1914 | Jauville 88706 | Junte 87496 |
| Orgeix | 120017 | gris-clair | 1914 | Kognac 91477 | Grèce 98166 |
| Orgelet | 119441 | gris | 1914 | Idem 80612 | Janicule 84076 |
| Orgelet | 119767 | noir | 1914 | Idem 80612 | Jaleuse 84974 |
| Orgelet | 120019 | gris-foncé | 1914 | Kascadeur 91236 | Goblette 71239 |
| Orgelet | 120979 | gris | 1914 | Jugal 85444 | Irène 79551 |
| Orgelet | 122033 | noir | 1914 | Célibat 64968 | Hoirie 77193 |
| Orgelet | 122311 | gris clair | 1914 | Jouillat 88642 | Karoline 93018 |
| Orgelet | 122667 | gris | 1914 | Kibry 89896 | Huchette 76049 |
| Orgelet | 123166 | gris | 1914 | Jordaens 87507 | Kérite 93943 |
| Orgelet | 123659 | noir | 1914 | Jauville 88706 | Jachère 36119 |
| Orgelet | 124059 | gris | 1914 | Jobard 87247 | Kama 96133 |
| Orgereau | 123945 | gris-r. | 1914 | Illico 83057 | Ibadan 82003 |
| Orgerus | 122671 | noir | 1914 | Instar 78857 | Indore 83220 |
| Orgerus | 123660 | noir | 1914 | Jaddus 89198 | Inde 98541 |
| Orgeux | 120020 | noir | 1914 | Kascadeur 91236 | Hibernatiose 76440 |
| Orgeux | 123663 | gris | 1914 | Jaddus 89198 | Jocaste 89230 |
| Orgeval | 120023 | gris-foncé | 1914 | Kalot 92507 | Hulotte 67043 |
| Orgeval | 124158 | noir | 1914 | Koncordat 95760 | Florence 73078 |
| Orgibet | 123667 | gris | 1914 | Kamouflet 97424 | Kane 97414 |
| Orgnac | 120026 | noir | 1914 | Imprévu 80361 | Glissière 70025 |
| Orgnac | 123668 | bai | 1914 | Kamouflet 97424 | Kilomètre 96786 |
| Orgon | 119770 | noir zain | 1914 | Joliet 89140 | Hotte 98401 |
| Orgon | 120027 | bai-tr. f. | 1914 | Guignolet 70023 | Incluse 80514 |
| Orgon | 120552 | gris | 1914 | Kruger 92229 | Mongolie 98101 |
| Orgon | 121271 | noir | 1914 | Iowa 80989 | Brebis 54410 |
| Orgon | 122314 | gris-foncé | 1914 | Jouillat 88642 | Charmante 73334 |
| Orgon | 122673 | noir | 1914 | Beuvron et Couvreur 58335 | Labérienne 99432 |
| Orgon | 123670 | gris | 1914 | Jaddus 89198 | Charlotte 55743 |
| Orgue | 119442 | gris | 1914 | Idem 80612 | Michelle 67140 |
| Orgue | 119940 | bai chat. | 1914 | Krid 96028 | Poulette 59905 |
| Orgue | 122034 | noir | 1914 | Célibat 64968 | Coquette 44222 |
| Orgueil | 120028 | gris-clair | 1914 | Jean qui rit 88772 | Invisible 80712 |
| Orgueil | 120513 | gris | 1914 | Kruger 92229 | Diane 61400 |
| Orgueil | 120981 | gris | 1914 | Kalot 92507 | Grivois 61873 |
| Orgueil | 122035 | noir | 1914 | Célibat 64968 | Et de 87655 |
| Orgueil | 123171 | bai | 1914 | Jay 85035 | Lara 98223 |
| Orgueil | 123671 | noir | 1914 | Kern 97385 | Grisette 63727 |
| Orgueilleux | 119297 | gris | 1914 | Kamiveau 90726 | Musette 57717 |
| Orgueilleux | 121573 | noir | 1914 | Konsta 95797 | Charmante 48219 |
| Orgueilleux | 121850 | gris-foncé | 1914 | Kontre-coup 94579 | Lessouchère 101061 |
| Oriallin | 122977 | noir zain | 1914 | Konsta 96894 | Lessonne 102588 |

| NOM | N° | ROBE | Naissance | PÈRE | MÈRE |
|---|---|---|---|---|---|
| Oribase | 124083 | alezan | 1914 | Kruchon 93701 | Prévoyante 56534 |
| Oribus | 118745 | noir | 1914 | Justian 85274 | L'Amie 50093 |
| Oribus | 119295 | noir | 1914 | Képi 91690 | Pelotte 62061 |
| Oribus | 120982 | noir | 1914 | Kognac 91477 | Pâquerette 46016 |
| Oribus | 122036 | bai-brun | 1914 | Hiersac 76358 | Biche 78554 |
| Orichalque | 120983 | gris | 1914 | Kaneton 90714 | Kriouse 95178 |
| Oricourt | 120030 | gris | 1914 | Kalot 92507 | Mouvette 84359 |
| Oricourt | 123675 | gris | 1914 | Kern 97385 | Hélène 78256 |
| Orient | 119109 | gris-tr.-f. | 1914 | Gazéo 70937 | Liffe 98958 |
| Orient | 119296 | gris-vin. | 1914 | Képi 91690 | Malice 43521 |
| Orienf | 119764 | noir | 1914 | Idem 80612 | Coquette 49177 |
| Orient | 120488 | gris vin. | 1914 | Kagot 92240 | Jaqueline 88206 |
| Orient | 120984 | gris | 1914 | Jean-qui-rit 88772 | Kasrolle 92774 |
| Orient | 121272 | noir | 1914 | Iowa 86989 | Galice 81743 |
| Orient | 121577 | noir | 1914 | Iran 91119 | Estel 68783 |
| Orient | 121915 | noir | 1914 | Kerbriant 94032 | Indre 82650 |
| Orient | 122037 | gris | 1914 | Jans 86310 | Kabylie 95208 |
| Orient | 122313 | gris | 1914 | Jouillat 88642 | Héliotrope 76355 |
| Orient | 122610 | noir | 1914 | Janiscus 88060 | Javote 93279 |
| Orient | 122644 | noir-zain | 1914 | Klairet 94682 | Image 83450 |
| Orient | 123172 | noir | 1914 | Jalabert 85688 | Jahel 98250 |
| Orient | 123455 | gris | 1914 | Douvreur-ex-Douvraur 58335 | Josse 88587 |
| Orient | 123913 | gris | 1914 | Kaisson 97384 | Kadette 96651 |
| Oriental | 119298 | noir | 1914 | Kaniveau 90726 | Intense 78666 |
| Oriental | 119771 | noir | 1914 | Joliet 89140 | Pelote 60971 |
| Oriental | 120985 | noir | 1914 | Kognac 91477 | Kuite 91886 |
| Oriental | 121276 | gris-clair | 1914 | Juvénal 83553 | Fanchon 57493 |
| Oriental | 121957 | noir | 1914 | Incident 80133 | Gentille 78491 |
| Oriental | 122048 | gris-foncé | 1914 | Jans 86310 | Kabarda 95209 |
| Oriental | 123173 | noir-rub. | 1914 | Jay 85935 | Coquette 57085 |
| Oriental | 123894 | gris-foncé | 1914 | Kibus 96690 | Galantine 72201 |
| Orientaliste | 120986 | noir | 1914 | Hiersac 76358 | Hautefeuille 77392 |
| Orieux | 119807 | gris | 1914 | Idem 80612 | Idie 80940 |
| Orieux | 120032 | noir | 1914 | Imprévu 80361 | Jumenteuse 88041 |
| Orieux | 123676 | gris | 1914 | Kairouan 97649 | Guérite 72755 |
| Orifice | 119299 | bai mar. | 1914 | Karolus 93008 | Japonaise 66906 |
| Orifice | 120990 | noir | 1914 | Handin 75681 | Klina 92773 |
| Orifice | 122049 | bai | 1914 | Kanem 89731 | Frosine 98078 |
| Oriflamme | 118735 | gris-tr.-f. | 1914 | Incourt 79765 | Bichette 67149 |
| Origan | 119065 | gris-foncé | 1914 | Hanneton 75587 | Inactive 81428 |
| Origan | 119301 | gris | 1914 | Kommis 93104 | Greloteuse 71164 |
| Origan | 120991 | noir | 1914 | Handin 75681 | Lignerole 100065 |
| Origan | 122051 | gris | 1914 | Guignolet 70023 | Faisante 84398 |
| Origan | 122583 | gris-foncé | 1914 | Kellermann 95954 | Riposte 50667 |
| Origan | 123175 | noir | 1914 | Koncordat 95760 | Havane 77844 |

| NOM | N° | ROBE | Naissance | PÈRE | MÈRE |
|---|---|---|---|---|---|
| Origan | 124060 | gris-foncé | 1914 | Jobard 87247 | Bruyère 63101 |
| Origène | 123943 | gris-foncé | 1914 | Illico 83057 | Kenouille 96347 |
| Original | 119094 | noir-rub. | 1914 | Homard 74692 | Causette 54734 |
| Original | 119302 | noir | 1914 | Jean-qui-rit 88772 | Cocotte 55288 |
| Original | 119306 | noir | 1914 | Fier-à-Bras 65250 | Cocotte 56388 |
| Original | 122061 | gris-vin. | 1914 | Jans 86310 | Anodine 60360 |
| Original | 122584 | noir | 1914 | Kamiesh 96173 | Klémence 96526 |
| Originel | 119305 | noir-zain | 1914 | Fier-à-Bras 65250 | Hausse 73922 |
| Originel | 120993 | noir | 1914 | Kascadeur 91236 | Hoquette 97064 |
| Originel | 121897 | gris-foncé | 1914 | Jointif 87256 | Garonne 78534 |
| Originel | 122053 | noir | 1914 | Kontemporain 91579 | Laverrerie 100387 |
| Orignac | 120033 | gris-foncé | 1914 | Imprévu 80361 | Taupette 58549 |
| Orignac | 120995 | noir | 1914 | Juvénal 83553 | Gastille 98068 |
| Orignac | 123176 | noir | 1914 | Klaro 97235 | Jenny 93542 |
| Orignal | 120994 | gris | 1914 | Kognac 91477 | Joanne 85742 |
| Orignal | 123177 | gris | 1914 | Kamulant 91699 | Jérémie 87425 |
| Origny | 120034 | gris-foncé | 1914 | Jean-qui-rit 88772 | Rustique 54294 |
| Origny | 120736 | noir | 1914 | Joch 88606 | Belladone 44025 |
| Orillard | 119309 | noir-zain | 1914 | Kaptif 92909 | Mirobolante 47708 |
| Orillard | 120996 | gris-foncé | 1914 | Juvénal 83553 | Lamarche 101164 |
| Orillard | 122062 | gris-foncé | 1914 | Hiersac 76358 | Junia 84609 |
| Orillard | 123181 | noir | 1914 | Jean-Bart 83546 | Harpe 73752 |
| Orillon | 119310 | noir | 1914 | Kakatoé 90323 | Komtale 91105 |
| Orillon | 120997 | noir | 1914 | Krmor 91865 | Idole 89906 |
| Orillon | 122063 | gris-foncé | 1914 | Krid 96028 | Hallebarde 98483 |
| Orillon | 123182 | gris | 1914 | Klocher 95657 | Jezabel 98255 |
| Orin | 119311 | gris | 1914 | Idem 80612 | Kanicule 90719 |
| Orin | 120998 | gris | 1914 | Krmor 91865 | Lance 97874 |
| Orin | 122065 | noir-zain | 1914 | Jean-qui-rit 88772 | Rustique 54296 |
| Orin | 123184 | n. m.-t. z. | 1914 | Kaboul 96725 | Garotte 73047 |
| Orion | 119772 | noir | 1914 | Joliet 89140 | Joate 90026 |
| Orion | 120036 | noir | 1914 | Jean-qui-rit 88772 | Lisette 54422 |
| Orion | 120537 | bai-brun | 1914 | Kalifornien 90644 | Imprécation 80907 |
| Orion | 120741 | gris | 1914 | Kif-Kif 95174 | Kolute 95706 |
| Orion | 121277 | gris | 1914 | Krmor 91865 | Garotte 71252 |
| Orion | 122315 | noir | 1914 | Jonillat 88642 | Pelote 73413 |
| Orion | 123456 | gris | 1914 | Koncordat 95760 | Irlande 87611 |
| Oripeau | 119314 | gris | 1914 | Idem 80612 | Mauvette 49179 |
| Oripeau | 120999 | gris | 1914 | Kognac 91477 | Courageuse 54433 |
| Oripeau | 122067 | gris | 1914 | Celibat 64968 | Javotte 64833 |
| Oripeau | 123186 | gris | 1914 | Kaboul 96725 | Jenny 88878 |
| Oripeau | 123795 | noir | 1914 | K-bas 96390 | Kawa 96673 |
| Oripiot | 120793 | gris-foncé | 1914 | Kaget 92240 | Kandjam 95002 |
| Oriq | 120809 | gris | 1914 | Kruger 92229 | Kroelle 92333 |
| Oris | 120037 | noir | 1914 | Kempton 91549 | Indra 79071 |

| NOM | N° | ROBE | Naissance | PÈRE | MÈRE |
|---|---|---|---|---|---|
| Orival | 120038 | noir-zain | 1914 | Kalot 92507 | Stéphane 66582 |
| Orizaba | 121268 | noir | 1914 | Juvénal 83553 | Joute 85157 |
| Orlaloit | 120312 | gris-foncé | 1914 | Juin 83623 | Risette 57453 |
| Orlando | 123860 | noir | 1914 | Istres 82617 | Jérémie 89570 |
| Orlandra | 123810 | gris-noir | 1914 | Kaisson 97384 | Girouette 73268 |
| Orléanais | 121269 | gris | 1914 | Kruor 91865 | Korbeille 93656 |
| Orléanais | 122316 | noir | 1914 | Hennebont 78288 | Hermine 77197 |
| Orléanais | 122604 | gris-foncé | 1914 | Indécis 83374 | Houpette 77565 |
| Orléanais | 123457 | bai | 1914 | Kastrat 94912 | Juliane 88951 |
| Orléanais | 123866 | gris-foncé | 1914 | Kaisson 97384 | Citadine 68954 |
| Orléaniste | 119321 | noir | 1914 | Kommis 93404 | Lorette 100452 |
| Orléaniste | 121002 | noir | 1914 | Kognac 91477 | France 64947 |
| Orléaniste | 124058 | gris-vin. | 1914 | Illico 83057 | Laridelle 101416 |
| Orléans | 119447 | noir | 1914 | Jean-qui-rit 88772 | Karabe 90786 |
| Orléans | 119773 | noir-zain | 1914 | Joliet 89140 | Kisse 92156 |
| Orléans | 120040 | noir | 1914 | Kalot 92507 | Gondole 69531 |
| Orléans | 120768 | gris-foncé | 1914 | Kargo 92913 | Biche 69172 |
| Orléans | 121007 | gris-tr.-f. | 1914 | Kalot 92507 | Jacasse 86098 |
| Orléans | 121450 | noir | 1914 | Krommir 94517 | Hermine 77172 |
| Orléans | 121536 | noir | 1914 | Jobard 87247 | Fable 75146 |
| Orléans | 122070 | noir | 1914 | Kapon 90765 | Violette 56582 |
| Orléans | 122324 | noir | 1914 | Jouillat 88642 | Liégeoise 103269 |
| Orléans | 122603 | gris-foncé | 1914 | Jaseur 89506 | Hyacinthe 77552 |
| Orléans | 122683 | gris | 1914 | Kanulant 91699 | Icone 82879 |
| Orléans | 123193 | noir | 1914 | Irradié 83254 | Lampe 104549 |
| Orléans | 123460 | noir | 1914 | Kastrat 94912 | Barbelotte 54447 |
| Orléans | 123683 | gris | 1914 | Janville 88706 | Kaponne 97470 |
| Orléans | 123732 | gris | 1914 | Coquet 57250 | Galipette 54497 |
| Orléans | 123867 | gris-foncé | 1914 | Kaisson 97384 | Khiva 96735 |
| Orleix | 120041 | noir-zain | 1914 | Kalot 92507 | Mouvette 53592 |
| Orliac | 120044 | noir | 1914 | Imprévu 80364 | Honorée 78258 |
| Orliac | 123684 | gris | 1914 | Jaddus 89198 | Jacobine 98542 |
| Orlodo | 119234 | noir | 1914 | Juin 83623 | Latuine 99192 |
| Orlof | 119445 | gris | 1914 | Jean-qui-rit 88772 | Image 81460 |
| Orlof | 119775 | gris | 1914 | Jurisconsul 86393 | Insouciante 80245 |
| Orlof | 121453 | noir | 1914 | Komitat 91759 | Historique 77249 |
| Orlof | 122323 | noir | 1914 | Jouillat 88642 | Gondole 87653 |
| Orloff | 120516 | gris | 1914 | Jean-qui-rit 88772 | Gluante 70399 |
| Orloff | 123821 | noir | 1914 | Interprète 80665 | Joyeuse 96874 |
| Orloff | 123868 | gris-foncé | 1914 | Kaisson 97384 | Jézabel 89217 |
| Orloris | 124076 | gris-noir | 1914 | Interprète 80665 | Historienne 77322 |
| Orlu | 122685 | gris | 1914 | Kourcaillet 95893 | Kourbette 95886 |
| Orly | 120046 | noir | 1914 | Guignolet 70023 | Sirène 55406 |
| Ormans | 119959 | gris-clair | 1914 | Kalhao 92188 | Imposée 61784 |
| Ormat | 123763 | bai-brun | 1914 | Kaduc 95523 | Kalouga 96644 |

| NOM | N° | ROBE | NAISSANCE | PÈRE | MÈRE |
|---|---|---|---|---|---|
| **Orme** | 119319 | noir | 1914 | Kommis 93104 | Bijou 49954 |
| **Orme** | 121003 | alezan | 1914 | Kognac 91477 | Kosse 91300 |
| **Ormeau** | 119052 | gris | 1914 | Janiscus 88060 | Hyvone 76748 |
| **Ormeau** | 119324 | gris | 1914 | Karabé 95224 | Bijou 57339 |
| **Ormeau** | 119646 | bai brun | 1914 | Karf 89851 | Henriade 77262 |
| **Ormeau** | 119931 | noir | 1914 | Kognac 91477 | Rapide 66552 |
| **Ormeau** | 120047 | gris-foncé | 1914 | Guignolet 70023 | Sophie 63976 |
| **Ormeau** | 122071 | gris foncé | 1914 | Kontemporain 91579 | Hue Hue 77053 |
| **Ormeau** | 123192 | gris | 1914 | Jointif 87256 | Hellenne 97728 |
| **Ormesson** | 120049 | gris-foncé | 1914 | Imprévu 80361 | Hydrographie 73896 |
| **Ormesson** | 120618 | noir | 1914 | Kruger 92229 | Fanchette 50729 |
| **Ormesson** | 120946 | gris-foncé | 1914 | Kilo 94042 | Stella 60391 |
| **Ormesson** | 121454 | noir | 1914 | Hutain 73993 | Ficelle 98454 |
| **Ormesson** | 123466 | bai | 1914 | Jalabert 85688 | Khavi 97199 |
| **Ormesson** | 123688 | gris | 1914 | Kaisson 97384 | Hermine 93533 |
| **Ormond** | 119053 | gris | 1914 | Idem 80612 | Bichette 58324 |
| **Ormond** | 121456 | noir | 1914 | Kapon 90765 | Lumière 63441 |
| **Ormoy** | 120237 | noir | 1914 | Kalendrier 90637 | Casbah 66249 |
| **Ormoy** | 123691 | noir | 1914 | Kalmar 97403 | Lisette 42960 |
| **Ormuz** | 119956 | noir | 1914 | Idem 80612 | Inscrite 80358 |
| **Ormuz** | 121459 | gris | 1914 | Kalcul 92482 | Gironnette 71886 |
| **Ormuz** | 123927 | gris | 1914 | Joab 87450 | Jaqueline 104716 |
| **Ornain** | 119060 | gris | 1914 | Kruor 91865 | Jocasse 83717 |
| **Ornais** | 119731 | gris | 1914 | Kommis 93104 | Hirondelle 59366 |
| **Ornais** | 122950 | gris | 1914 | Kalleux 90647 | Callista 75139 |
| **Ornano** | 120006 | gris t. f. | 1914 | If 80943 | Castille 75241 |
| **Ornano** | 120459 | noir | 1914 | If 80943 | Insomnie 79423 |
| **Ornano** | 120832 | gris-foncé | 1914 | Ivan 81244 | Kismat 89850 |
| **Ornano** | 121460 | gris-foncé | 1914 | Kourlis 95894 | Incision 82100 |
| **Ornano** | 122328 | noir | 1914 | Hutain 73993 | Faveur 50311 |
| **Ornano** | 123469 | noir zain | 1914 | Jalabert 85688 | Jongleuse 89016 |
| **Ornano** | 123964 | gris-foncé | 1914 | Kilos 96690 | Coquette 57570 |
| **Ornano** | 124117 | noir | 1914 | Jeudi 88924 | Konserve 91792 |
| **Ornano** | 124128 | noir | 1914 | Indécis 83374 | Keranne 94741 |
| **Ornans** | 120241 | noir rub. | 1914 | Quinquina 68945 | Lamarche 100518 |
| **Ornans** | 122688 | noir | 1914 | Imperator 83461 | Jaille 87515 |
| **Ornans** | 123607 | gris | 1914 | Jeddes 89198 | Richesse 64816 |
| **Orné** | 119446 | gris | 1914 | Jean qui rit 88772 | Liberté 80278 |
| **Orne** | 119452 | noir | 1914 | Johanna 85324 | Cicorne 58172 |
| **Orne** | 120546 | gris foncé | 1914 | Jade 86606 | Gabelle 69852 |
| **Ornemaniste** | 121010 | gris | 1914 | Guignolet 70023 | Juliette 83890 |
| **Ornement** | 119323 | noir | 1914 | Kommis 93104 | [illegible] 100502 |
| **Ornement** | 121008 | noir | 1914 | Kognac 91477 | K[illegible] 91803 |
| **Ornement** | 122072 | noir | 1914 | Jean qui rit 88772 | P[illegible] 53039 |
| **Ornement** | 122615 | gris foncé | 1914 | Kalcul 92482 | Coquette 62307 |

| NOM | N° | ROBE | Naissance | PÈRE | MÈRE |
|---|---|---|---|---|---|
| Ornement | 123188 | noir | 1914 | Khaled 96398 | Kouka 96201 |
| Ornemental | 121011 | bai-brun | 1914 | Fier-à-Bras 65250 | Harmonie 76396 |
| Ornéo | 118731 | noir | 1914 | Jaccoud 83766 | Kouveuse 93220 |
| Ornet | 119471 | noir | 1914 | Jalap 84194 | Tempête 47147 |
| Ornex | 120243 | noir | 1914 | Jans 86310 | Immanquable 80477 |
| Orniac | 120244 | bai-brun | 1914 | Jans 86310 | Laronde 101324 |
| Orobe | 120512 | noir | 1914 | Kapon 90765 | Lavandière 67946 |
| Orobe | 123191 | gris | 1914 | Jointif 87256 | Jenny 88821 |
| Orodès | 122330 | gris-foncé | 1914 | Jouillat 88642 | Judith 86822 |
| Orokow | 120478 | bai | 1914 | Kibry 89896 | Journalisme 88303 |
| Oroscope | 122617 | noir | 1914 | Kaleul 92482 | Honorée 93277 |
| Orosel | 123920 | gris | 1914 | Klocher 95657 | Lagoulue 104455 |
| Orpailleur | 119326 | gris | 1914 | Jousset 83935 | Isabeau 66236 |
| Orpailleur | 121016 | noir | 1914 | Karabé 95224 | Castille 64204 |
| Orpailleur | 122075 | noir | 1914 | Kontemporain 91579 | Illogique 80398 |
| Orpailleur | 123196 | gris | 1914 | Jan 84219 | Honguette 77767 |
| Orphée | 118738 | noir | 1914 | Fier à Bras 65250 | Kabylie 97639 |
| Orphée | 119969 | noir | 1914 | Illettré 81310 | Veilleuse 52578 |
| Orphée | 122354 | noir | 1914 | Jupiter 88978 | Idotée 82889 |
| Orphée | 123471 | gris | 1914 | Kaunitz 97300 | Jaleuse 89078 |
| Orphelin | 119285 | noir-m.-t. | 1914 | Joyeux 84874 | Levrette 52237 |
| Orphelin | 119328 | gris | 1914 | Kommis 93104 | Josseline 85117 |
| Orphelin | 119667 | gris-foncé | 1914 | Jasmin 83835 | Rigolette 75239 |
| Orphelin | 121018 | noir | 1914 | Jugal 85444 | Lieue 103185 |
| Orphelin | 121464 | noir | 1914 | Jobard 87247 | Fredaine 67566 |
| Orphelin | 122077 | noir | 1914 | Kontemporain 91579 | Remuante 62375 |
| Orphelin | 123197 | gris | 1914 | Jan 84219 | Vivette 64328 |
| Orphelin | 123900 | noir | 1914 | Kibus 96690 | Raymonde 56560 |
| Orphelinat | 119050 | gris | 1914 | Gazéo 70937 | Berrichonne 66450 |
| Orphelinat | 119329 | noir | 1914 | Fier-à-Bras 65250 | Coquette 54553 |
| Orphelinat | 121020 | noir | 1914 | Kroquet 91851 | Kertch 89751 |
| Orphelinat | 122078 | gris-foncé | 1914 | Célibat 64968 | Jaretière 87947 |
| Orphelinat | 123200 | gris | 1914 | Keyser 96397 | Flanelle 51982 |
| Orphéon | 118728 | gris | 1914 | Jaccoud 83766 | Héliotrope 74916 |
| Orphéon | 119331 | noir | 1914 | Guignolet 70023 | Bichette 56606 |
| Orphéon | 119741 | gris | 1914 | Fier-à-Bras 65250 | Jactance 83678 |
| Orphéon | 120505 | noir | 1914 | Kapon 90765 | Hative 75455 |
| Orphéon | 121019 | gris | 1914 | Jugal 85444 | Junte 86952 |
| Orphéon | 122084 | noir m.-t. | 1914 | Jans 86310 | Héroïne 98482 |
| Orphéon | 122969 | gris | 1914 | Janiseus 88060 | Simone 64381 |
| Orphéon | 123201 | gris | 1914 | Khaled 96398 | Gestradella 98229 |
| Orphéon | 123846 | gris-noir | 1914 | Kouli 97151 | Kaffre 92716 |
| Orphéon | 123899 | noir | 1914 | Istres 82617 | Javanaise 89097 |
| Orphéoniste | 124061 | noir | 1914 | Kaduc 95523 | Inclination 80390 |
| Orphin | 122700 | gris | 1914 | Kromwell 96606 | Rosette 51266 |

| NOM | N° | ROBE | Naissance | PÈRE | MÈRE |
|---|---|---|---|---|---|
| Orphin | 123702 | gris | 1914 | Janville 88706 | Giberne 97020 |
| Orpiment | 118758 | noir | 1914 | Jalap 84194 | Komtesse 91108 |
| Orpiment | 119455 | noir | 1914 | Janséniste 86818 | Kératocèle 89707 |
| Orpiment | 121021 | noir | 1914 | Kroquet 94851 | Klmante 91755 |
| Orpiment | 122087 | noir | 1914 | Jans 86310 | Harasse 74044 |
| Orpiment | 123202 | gris | 1914 | Klocher 95657 | Libertine 61013 |
| Orpiment | 123851 | noir | 1914 | Kouli 97151 | Brillante 50643 |
| Orpin | 120440 | noir | 1914 | Japon 84819 | Rosine 75136 |
| Orpin | 120457 | gris-foncé | 1914 | Kagot 92240 | Happe 76885 |
| Orpin | 121022 | noir | 1914 | Jugal 85444 | Colombine 67357 |
| Orpin | 122089 | gris-vin. | 1914 | Kontemporain 91579 | Javotte 85170 |
| Orpin | 123204 | gris | 1914 | Kalderon 97556 | Geographie 44006 |
| Orpur | 123748 | gris | 1914 | Interprète 80565 | Julia 88800 |
| Orry | 122702 | noir zain | 1914 | Kromwell 96606 | Gracieuse 81588 |
| Orsanco | 122699 | gris-foncé | 1914 | Kromwell 96606 | Dragonne 59684 |
| Orsay | 120248 | noir | 1914 | Juvénal 83553 | Henriette 75478 |
| Orsay | 120829 | noir | 1914 | Ivan 81244 | Igazod 80897 |
| Orsay | 122689 | gris | 1914 | Kourlis 95894 | Justifiable 87355 |
| Orsel | 119071 | noir | 1914 | Kascadeur 91236 | Korse 92022 |
| Orsel | 123473 | noir | 1914 | Kastrat 94912 | Coquette 64593 |
| Orsï | 122645 | gris | 1914 | Kruchon 93701 | Hémine 78078 |
| Orsini | 119973 | gris foncé | 1914 | Kontemporain 91579 | Gaza 41526 |
| Orsini | 121467 | gris | 1914 | Iowa 80989 | Lionne 98766 |
| Orsini | 122333 | noir | 1914 | Jomarin 84236 | Incrédule 82171 |
| Orsini | 123475 | bai | 1914 | Jay 85935 | Limone 103985 |
| Orsini | 123997 | gris | 1914 | Kamouflet 97424 | Duchesse 93546 |
| Orsinval | 122698 | noir | 1914 | Kromwell 96606 | Rosette 50034 |
| Orsinval | 123700 | noir | 1914 | Jaddus 89198 | Kantine 97456 |
| Ort | 119460 | gris | 1914 | Jousset 83935 | Madelon 47090 |
| Ort | 121024 | gris | 1914 | Kruger 92229 | Fossette 68526 |
| Ort | 122090 | noir | 1914 | Krid 96028 | Harmonn 73723 |
| Ortaguba | 120598 | gris | 1914 | Kilern 89896 | Hève 76147 |
| Ortaux | 120953 | noir | 1914 | Kilo 94042 | Genestaque 69690 |
| Orteil | 119061 | noir | 1914 | Journaliste 86492 | Japhique 86444 |
| Orteil | 119464 | noir | 1914 | Joyeux 84874 | Habatoce 74602 |
| Orteil | 122094 | bai brun | 1914 | Kontemporain 91579 | Lucene 104311 |
| Orteil | 123205 | noir | 1914 | Kalderon 97556 | Janette 87453 |
| Orthez | 119779 | gris | 1914 | Idem 80612 | Gerbe 69635 |
| Orthez | 120249 | gris-foncé | 1914 | Juvénal 83553 | Jupe 86192 |
| Orthez | 120679 | noir | 1914 | Hanneton 73587 | Taupette 55041 |
| Orthez | 121283 | gris | 1914 | Kosmac 91477 | [illegible] 86269 |
| Orthez | 122345 | noir | 1914 | Jomarin 84236 | [illegible] 82167 |
| Orthez | 122691 | noir zain | 1914 | [illegible] | Henette 84367 |
| Orthez | 123476 | noir | 1914 | Jupon 88978 | [illegible] 73203 |
| Orthez | 123704 | noir | 1914 | Kalbax 90647 | [illegible] 93564 |

| NOM | N° | ROBE | Naissance | PÈRE | MÈRE |
|---|---|---|---|---|---|
| Ortho | 119459 | noir | 1914 | Kroumir 94517 | Hallebarde 45174 |
| Ortho | 122095 | gris | 1914 | Kontemporain 91579 | Kathema 93913 |
| Ortho | 123206 | noir | 1914 | Kalderon 97556 | Dragonne 44028 |
| Ortho | 123852 | gris | 1914 | Kouli 97151 | Indécise 80497 |
| Ortholan | 120252 | noir | 1914 | Illettré 81310 | Influence 80599 |
| Orthon | 121693 | noir | 1914 | Kocorico 95684 | Coquette 49596 |
| Orthroptère | 122098 | gris | 1914 | Karbino 94759 | Jaen 86077 |
| Ortier | 119469 | noir | 1914 | Jason 86475 | Favorie 50608 |
| Ortier | 122096 | gris-foncé | 1914 | Huitain 73993 | Duchesse 45004 |
| Ortier | 123211 | gris-foncé | 1914 | Klocher 95657 | Castille 54465 |
| Ortigan | 123789 | gris | 1914 | Jean-Bart 83546 | Hursule 96847 |
| Ortillon | 122692 | gris | 1914 | Douvreur-ex-Couvreur 58335 | Quinquette 78449 |
| Ortillon | 123706 | gris | 1914 | Kaisson 97384 | Lanterne 100644 |
| Orto | 122695 | gris | 1914 | Instar 78857 | Hunégonde 51807 |
| Orto | 123710 | noir | 1914 | Kairouan 97649 | Aiglette 90162 |
| Ortogault | 120806 | gris-foncé | 1914 | Jolicœur 85324 | Lucette 43982 |
| Ortogonal | 119466 | bai | 1914 | Journaliste 86492 | Margot 61225 |
| Ortolan | 119470 | alez.-mir. | 1914 | Homard 74692 | Kebonite 90263 |
| Ortolan | 119780 | gris | 1914 | Handin 75681 | Kourtine 91357 |
| Ortolan | 120496 | gris | 1914 | Kerdaniel 94127 | Laura 59684 |
| Ortolan | 120639 | noir | 1914 | Judas 86606 | Inde 80469 |
| Ortolan | 121028 | noir | 1914 | Insipide 82466 | Lapointe 99416 |
| Ortolan | 121284 | noir | 1914 | Kognac 91477 | Herbette 77781 |
| Ortolan | 122097 | noir | 1914 | Karbino 94759 | Mélady 63323 |
| Ortolan | 122339 | noir | 1914 | Jomarin 84236 | Jaseuse 86915 |
| Ortolan | 122467 | noir | 1914 | Jureur 88366 | Javelina 89597 |
| Ortolan | 123212 | gris | 1914 | Klocher 95657 | Inde 83217 |
| Ortolan | 123477 | noir | 1914 | Kibus 96690 | Jarrie 89209 |
| Ortolan | 123871 | gris | 1914 | Istres 82617 | Héloïse 73758 |
| Ortolan | 124001 | noir | 1914 | Barnac 51162 | Kopelia 97239 |
| Oruro | 119781 | gris | 1914 | Handin 75681 | Kourtière 91356 |
| Oruro | 121286 | noir | 1914 | Iowa 80989 | Lapointe 101544 |
| Orus | 122697 | noir zain | 1914 | Douvreur-ex-Couvreur 58335 | Kloche 96354 |
| Orval | 122693 | noir | 1914 | Impérator 83461 | Kraie 95934 |
| Orval | 123714 | gris | 1914 | Kalmar 97403 | Kalmie 97573 |
| Orveau | 120051 | gris-foncé | 1914 | Imprévu 80361 | Boulotte 54281 |
| Orveau | 122694 | noir | 1914 | Kourlis 95894 | Jarde 84626 |
| Orveau | 123714 | gris | 1914 | Kalmar 97403 | Mathilda 98616 |
| Orvet | 121030 | gris | 1914 | Jean-Jack 85863 | Hactrice 76557 |
| Orvet | 122099 | gris | 1914 | Jean-qui-rit 88772 | Coquette 61440 |
| Orvet | 123218 | noir | 1914 | Jean Bart 83546 | Koronia 97259 |
| Orviétan | 119472 | noir | 1914 | Jalap 84194 | Lavolinière 100918 |
| Orviétan | 120001 | noir | 1914 | If 80943 | Justine 86513 |
| Orviétan | 121029 | gris | 1914 | Insipide 82466 | Invention 79164 |
| Orviétan | 122100 | gris | 1914 | Jean-qui-rit 88772 | Khéta 92413 |

| NOM | N° | ROBE | Naissance | PÈRE | MÈRE |
|---|---|---|---|---|---|
| Orviétan | 122468 | gris-foncé | 1914 | Klermont 96529 | Joconde 86752 |
| Orviétan | 123219 | noir | 1914 | Jean-Bart 83546 | Margot 98226 |
| Orviétan | 123806 | noir | 1914 | Isaac 78892 | Jouvencelle 88837 |
| Orviétan | 123847 | gris | 1914 | Isaac 78892 | Harangue 75568 |
| Orviétan | 124124 | noir | 1914 | Kaptif 92909 | Khiva 94419 |
| Orvieto | 119784 | noir-zain | 1914 | Kommis 93104 | Génita 69765 |
| Orviéto | 121287 | noir | 1914 | Iowa 80989 | Hermine 78166 |
| Orvif | 123826 | gris-foncé | 1914 | Barnac 51162 | Farfadette 55460 |
| Orville | 124116 | bai | 1914 | Grigri 65867 | Margot 57083 |
| Orvillers | 122696 | gris | 1914 | Douvreur-ex-Couvreur 58335 | Pompette 63145 |
| Orvilliers | 119786 | gris | 1914 | Handin 75681 | Impolie 80101 |
| Orvilliers | 120052 | noir | 1914 | Kognac 91477 | Goguette 90041 |
| Ory | 120579 | gris foncé | 1914 | Judas 86606 | Lanègre 98896 |
| Orzole | 123773 | gris | 1914 | Karapath 97283 | Gypsy 73231 |
| Os | 119473 | noir-zain | 1914 | Homard 74692 | Lisette 59601 |
| Osaka | 119789 | gris | 1914 | Korallien 91611 | Alerte 57697 |
| Osaka | 121290 | noir | 1914 | Iowa 80989 | Pimpante 57300 |
| Osalboch | 120476 | noir zain | 1914 | Kilo 94042 | Coquette 98371 |
| Osani | 120053 | alezan | 1914 | Kalendrier 90637 | Kanonnière 90730 |
| Oscar | 118760 | noir | 1914 | Jalap 84194 | Fabia 62725 |
| Oscar | 119214 | noir | 1914 | Jasmin 83835 | Frivole 61512 |
| Oscar | 119293 | gris | 1914 | Koquelin 92226 | Kolick 91720 |
| Oscar | 119790 | noir-zain | 1914 | Kimberley 92885 | Mouvette 53587 |
| Oscar | 120654 | noir | 1914 | Jallieu 86306 | Narcisse 67782 |
| Oscar | 120874 | noir | 1914 | Kermouster 90536 | Cocotte 56809 |
| Oscar | 121295 | noir | 1914 | Iowa 80989 | Isabelle 81395 |
| Oscar | 121639 | bai | 1914 | Kapon 90765 | Garantie 71442 |
| Oscar | 122272 | noir | 1914 | Jomarin 84236 | Kérazonde 95404 |
| Oscar | 122621 | gris-foncé | 1914 | Indevis 83374 | Génita 71631 |
| Oscar | 122959 | gris | 1914 | Jordaens 87307 | Castille 49775 |
| Oscar | 123479 | noir | 1914 | Janville 88706 | Kaptière 97478 |
| Osculateur | 119474 | gris | 1914 | Homard 74692 | Boullac 50097 |
| Osculateur | 121032 | noir | 1914 | Kalendrier 90637 | Jonquille 85457 |
| Osculateur | 122101 | noir | 1914 | Jean-qui-rit 88772 | Galère 72669 |
| Osculateur | 123220 | gris | 1914 | Kobold 96725 | Irmine 97733 |
| Osé | 119475 | gris-fer | 1914 | Handin 75681 | Juliette 84870 |
| Oséalis | 120314 | bai | 1914 | Ivan 84244 | Islande 78868 |
| Oseur | 119476 | noir | 1914 | Jeston 85274 | Sauvage 63906 |
| Oseur | 121033 | noir | 1914 | Kalendrier 90637 | La Pucelle 65490 |
| Oseur | 122104 | noir | 1914 | Harangue 75568 | Bole 78543 |
| Oseur | 123224 | noir | 1914 | Elbeuf 83057 | [illegible] |
| Osier | 119477 | gris foncé | 1914 | Jeston 85274 | [illegible] 71451 |
| Osier | 121034 | gris | 1914 | Jean-qui-rit 88772 | [illegible] 92442 |
| Osier | 122105 | noir | 1914 | Krad 96028 | [illegible] 98479 |
| Osier | 122565 | gris-foncé | 1914 | [illegible] 83254 | [illegible] 94401 |

| NOM | N° | ROBE | Naissance | PÈRE | MÈRE |
|---|---|---|---|---|---|
| Osier | 123226 | gris-foncé | 1914 | Johard 87247 | Gavotte 81581 |
| Osiris | 119792 | noir | 1914 | Kimberley 92885 | Jouvence 84592 |
| Osiris | 121296 | noir | 1914 | Iowa 80989 | Irène 81394 |
| Osiris | 122340 | noir | 1914 | Jomarin 84236 | Lorraine 103204 |
| Osiris | 123480 | noir | 1914 | Istres 82617 | Julienne 89044 |
| Osly | 120056 | gris-clair | 1914 | Jean-qui-rit 88772 | Jubine 49219 |
| Osly | 122704 | noir-zain | 1914 | Kromwell 96606 | Rosa 47185 |
| Osly | 123720 | noir | 1914 | Kairouan 97649 | Anémone 57422 |
| Osman | 119793 | gris | 1914 | Kalhao 92488 | Jandelle 85078 |
| Osman | 121299 | noir | 1914 | Iowa 80989 | Herminie 75307 |
| Osmanlis | 122342 | noir | 1914 | Huitain 73993 | Givre 98469 |
| Osmanlis | 123481 | gris | 1914 | Koncordat 95760 | Mina 49320 |
| Osmery | 122706 | gris | 1914 | Impérator 83461 | Mignonne 50033 |
| Osmique | 123233 | noir | 1914 | Khaled 96398 | Hulotte 74875 |
| Osmium | 119479 | noir | 1914 | Jonas 84244 | Galerie 69286 |
| Osmium | 121038 | noir | 1914 | Kalot 92507 | Largue 100663 |
| Osmium | 122106 | gris | 1914 | Krid 96028 | Galante 84281 |
| Osmium | 122566 | gris | 1914 | Juliopolis 86716 | Cadence 68717 |
| Osmium | 123227 | gris-foncé | 1914 | Kuroki 96213 | Divine 60039 |
| Osmoy | 120057 | noir | 1914 | Kontemporain 91579 | Karrée 90850 |
| Osmoy | 122707 | gris | 1914 | Kromwell 96606 | Charlotte 50036 |
| Osmoy | 123726 | noir | 1914 | Jauville 88706 | Kava 94823 |
| Osnabruck | 119796 | gris | 1914 | Kommis 93104 | Konquête 91562 |
| Osnabruck | 124093 | noir | 1914 | Kruchon 93701 | Hésione 78011 |
| Osny | 122711 | gris | 1914 | Kybéry 91622 | Jocassine 86545 |
| Osny | 123718 | noir | 1914 | Kalmar 97403 | Arianne 46277 |
| Osorio | 119797 | noir | 1914 | Kommis 93104 | Hermine 77370 |
| Osorio | 123482 | gris | 1914 | Koncordat 95760 | Isly 82619 |
| Osquiput | 119221 | gris f.-v. | 1914 | Iago 81027 | Rustique 54389 |
| Ossas | 120059 | gris-foncé | 1914 | Imprévu 80361 | Pauline 54030 |
| Ossas | 122708 | gris | 1914 | Kalderon 97556 | Brillante 64556 |
| Ossas | 123719 | gris | 1914 | Kern 97385 | Bergère 51073 |
| Ossat | 123484 | gris | 1914 | Koncordat 95760 | Gigue 98570 |
| Osselet | 119178 | noir | 1914 | Jean Jack 85863 | Harpe 74354 |
| Osselet | 119484 | gris | 1914 | Kakatoé 90323 | Idylle 84499 |
| Osselet | 121040 | gris | 1914 | Jolicœur 85324 | Germaine 70544 |
| Osselet | 121755 | noir | 1914 | Korbeau 95023 | Castille 96902 |
| Osselet | 122108 | noir | 1914 | Jans 86310 | Kachine 91228 |
| Osselet | 123228 | noir | 1914 | Jointif 87256 | Gironette 75209 |
| Osselet | 123814 | gris | 1914 | Isaac 78892 | Hussarde 78117 |
| Ossenx | 123725 | gris | 1914 | Jaddus 89198 | Mouchette 48051 |
| Osseux | 119485 | gris | 1914 | Jalap 84194 | Jongleuse 83780 |
| Osseux | 120060 | noir | 1914 | Juvénal 83553 | Manon 68109 |
| Osseux | 120421 | noir | 1914 | Kalendrier 90637 | Bavette 64769 |
| Osseux | 121044 | noir | 1914 | Kalendrier 90637 | Lumière 47354 |

| NOM | N° | ROBE | NAISSANCE | PÈRE | MÈRE |
|---|---|---|---|---|---|
| Osseux | 122109 | gris vin. | 1914 | Janus 86310 | Opérette 66572 |
| Osseux | 122713 | gris foncé | 1914 | Kybéry 91622 | Kolère 96541 |
| Osseux | 123231 | noir | 1914 | Kontrôle 93620 | Georgette 97045 |
| Ossey | 122721 | gris | 1914 | Kagnat 92819 | Rosette 64611 |
| Ossian | 119801 | gris vin. | 1914 | Kalhao 92188 | Jefferson 84591 |
| Ossian | 121300 | gris | 1914 | Iowa 80989 | Laplume 101543 |
| Ossian | 122343 | noir | 1914 | Huitain 73993 | Jokette 93381 |
| Ossian | 123234 | gris | 1914 | Jan 84219 | Dona 60675 |
| Ossian | 123483 | noir | 1914 | Konkordat 95760 | Judée 98580 |
| Ossu | 119486 | noir | 1914 | Jonas 84244 | Malice 46066 |
| Ossu | 121046 | gris roman | 1914 | Kalendrier 90637 | Katine 92689 |
| Ossu | 122056 | gris tr.-f. | 1914 | Huitain 73993 | Mirabelle 51694 |
| Ossun | 119802 | noir | 1914 | Idem 80612 | Identité 80938 |
| Ossun | 120061 | gris-clair | 1914 | Juvénal 83553 | Hurluberlue 77168 |
| Ossun | 122714 | gris | 1914 | Kybéry 91622 | Hyrcanie 98305 |
| Ossun | 123733 | noir | 1914 | Kairouan 97649 | Aurore 41062 |
| Ost | 119489 | gris | 1914 | Koncon 91328 | Féline 61105 |
| Ost | 121048 | noir-m. t. | 1914 | Julep 85452 | Fauvette 67528 |
| Ost | 123236 | gris | 1914 | Khaled 96398 | Hygiène 77329 |
| Ostabat | 122716 | gris | 1914 | Kagnat 92819 | Imoda 83214 |
| Ostabat | 123735 | noir | 1914 | Jauville 88706 | Diane 59833 |
| Ostel | 122717 | gris | 1914 | Kagnat 92819 | Kloserie 96536 |
| Ostel | 123745 | noir | 1914 | Jauville 88706 | Idole 82848 |
| Ostensoir | 119490 | gris-foncé | 1914 | Koncon 91328 | Jatte 85101 |
| Ostensoir | 121051 | gris | 1914 | Képi 91690 | Coudrette 43326 |
| Ostensoir | 121774 | gris noir | 1914 | Kontemporain 91579 | Mignonne 57471 |
| Ostensoir | 122057 | gris | 1914 | Huitain 73993 | Gléontanne 71905 |
| Ostensoir | 123237 | gris | 1914 | Kandahar 91690 | Hamelie 98233 |
| Ostensoir | 123876 | gris foncé | 1914 | Istres 82617 | Houlette 74341 |
| Ostentateur | 119496 | noir zain | 1914 | Jalap 84194 | Jeunesse 83788 |
| Ostentateur | 122113 | gris | 1914 | Herse 76358 | Biche 78552 |
| Ostentateur | 123240 | noir m. t. | 1914 | Jeab 87450 | Lucie 82998 |
| Ostéo | 120454 | noir zain | 1914 | Juin 83623 | Ischion 79218 |
| Ostertag | 120667 | noir | 1914 | Jefferson 85324 | Laquarre 96892 |
| Ostiak | 123487 | noir | 1914 | Kastrat 94912 | Gala 104739 |
| Ostracé | 119498 | gris | 1914 | Jonas 84244 | Hortense 73334 |
| Ostrace | 121052 | gris | 1914 | Jeanpart 88772 | M[illegible] 47323 |
| Ostracé | 122114 | noir | 1914 | Ko[illegible] 96028 | H[illegible] 77155 |
| Ostracisme | 123252 | gris | 1914 | Ko[illegible] 96307 | L[illegible] 104490 |
| Ostraford | 123777 | noir | 1914 | Kval[illegible] 95523 | K[illegible] 96577 |
| Ostraford | 124036 | gris | 1914 | Lampre[illegible] 80665 | J[illegible] 88820 |
| Ostrasien | 119549 | noir zain | 1914 | Jalap 84194 | H[illegible] 74260 |
| Ostricourt | 120062 | gris | 1914 | J[illegible] 85753 | P[illegible] 17383 |
| Ostricourt | 122718 | gris | 1914 | Kybéry 91622 | [illegible] |
| Ostricourt | 123738 | gris | 1914 | Ko[illegible] 97649 | [illegible] |

| NOM | N° | ROBE | Naissance | PÈRE | MÈRE |
|---|---|---|---|---|---|
| Ostrogot | 119057 | noir | 1914 | Karf 89851 | Finesse 55909 |
| Ostrogot | 119499 | gris | 1914 | Jasmin 83835 | Iconographie 79520 |
| Ostrogot | 121775 | gris-noir | 1914 | Kontemporain 91379 | Jaseuse 86930 |
| Ostrogot | 122115 | gris-foncé | 1914 | Kapon 90765 | Pelote 59776 |
| Ostrogot | 123253 | gris | 1914 | Jan 84219 | Irlandaise 82792 |
| Ostrogot | 123799 | noir | 1914 | Jean-Bart 83546 | Rosette 50551 |
| Ostrogoth | 121055 | gris | 1914 | Illettré 81310 | Fauvette 62839 |
| Ostrogoth | 122117 | noir | 1914 | Kapon 90765 | Galopine 71809 |
| Ostrogoth | 123259 | noir | 1914 | Kolomb 96547 | Cascade 90127 |
| Ostrogoth | 123489 | gris | 1914 | Istres 82617 | Goulue 98569 |
| Otage | 119500 | gris | 1914 | Koucou 91328 | Bichette 54282 |
| Otage | 121056 | gris | 1914 | Illettré 81310 | Harona 76744 |
| Otage | 123263 | gris | 1914 | Jan 84219 | Canadienne 44383 |
| Otello | 119809 | noir | 1914 | Karabé 95224 | Médaille 47336 |
| Otello | 121302 | noir | 1914 | Iowa 80989 | Cocotte 53565 |
| Oter | 119502 | gris-vin. | 1914 | Koucou 91328 | Haltère 74615 |
| Otertre | 123258 | gris | 1914 | Kolomb 96547 | Frileuse 61084 |
| Othis | 122720 | gris-foncé | 1914 | Douvreur-ex-Couvreur 58335 | Coquette 64568 |
| Othman | 121303 | noir | 1914 | Iowa 80989 | Musique 64821 |
| Othman | 122365 | noir | 1914 | Huitain 73993 | Illiade 98493 |
| Othon | 119814 | noir | 1914 | Karabé 95224 | Mignonne 65202 |
| Othon | 120349 | noir | 1914 | Ivan 81244 | Galatine 69901 |
| Othon | 120450 | noir | 1914 | Ivan 81244 | Margot 90178 |
| Othon | 121304 | noir | 1914 | Iowa 80989 | Gaulette 70577 |
| Othon | 122369 | gris | 1914 | Jouillat 88642 | Kermadone 95275 |
| Othon | 123492 | gris | 1914 | Kibus 96690 | Italia 82826 |
| Othon | 123807 | gris | 1914 | Isaac 78892 | Pervenche 50538 |
| Othon | 123831 | gris | 1914 | Klocher 95657 | Charlotte 33717 |
| Othurets | 122825 | gris | 1914 | Joinville 88611 | Hoquette 84464 |
| Otique | 119503 | gris-fer | 1914 | Koucou 91328 | Kanaillerie 90702 |
| Otocyon | 121060 | gris | 1914 | Kalendrier 90637 | Blandine 52481 |
| Otocyon | 122121 | noir | 1914 | Kapon 90765 | Kassutas 93922 |
| Otocyon | 123266 | gris | 1914 | Khaled 96398 | Polka 98225 |
| Otono | 120406 | gris-t.-f. | 1914 | Ivan 81244 | Hématurie 74720 |
| Otot | 120449 | noir | 1914 | Joinville 88611 | Korneille 91832 |
| Otrio | 124078 | gris | 1914 | Interprète 80665 | Julie 49916 |
| Ottawa | 123498 | noir zain | 1914 | Kimono 97148 | Jonchée 88970 |
| Otto | 119816 | gris | 1914 | Handin 75681 | Rigolette 50005 |
| Otto | 121309 | noir | 1914 | Iowa 80989 | Elégante 60448 |
| Otto | 122371 | noir | 1914 | Jouillat 88642 | Hermine 98607 |
| Otto | 123499 | noir | 1914 | Jupiter 88978 | Durandale 98172 |
| Ottokar | 119818 | gris | 1914 | Handin 75681 | Horde 77089 |
| Ottokar | 120732 | noir | 1914 | Kapon 90765 | Kine 90629 |
| Ottokar | 121311 | noir | 1914 | Iowa 80989 | Korniche 91632 |
| Ottokar | 122373 | noir | 1914 | Huitain 73993 | Juchée 88142 |

| NOM | N° | ROBE | NÉ EN | PÈRE | MÈRE |
|---|---|---|---|---|---|
| Ottoman | 119146 | gris | 1914 | Jallien 86306 | Lisette 50400 |
| Ottoman | 119656 | gris | 1914 | Jamphétique 85680 | Margot 65340 |
| Ottoman | 121312 | noir | 1914 | Iowa 80989 | Képale 93639 |
| Ottoman | 122122 | noir | 1914 | Kanem 89731 | Lisa 78553 |
| Ottoman | 122374 | noir | 1914 | Huitain 73993 | Fauvette 56119 |
| Ottoman | 123500 | gris | 1914 | Koncordat 95760 | Candide 57407 |
| Ottoman | 123792 | gris | 1914 | Kaïsson 97384 | Jonction 89147 |
| Ottoz | 120533 | gris | 1914 | Kagot 92240 | Rapide 49864 |
| Otway | 119819 | noir | 1914 | Karabé 95224 | Lueur 100414 |
| Otway | 121313 | noir | 1914 | Iowa 80989 | Souris 64070 |
| Otway | 123501 | gris | 1914 | Konkordat 95760 | Etoile 63279 |
| Ouabaïn | 120475 | gris | 1914 | Kagot 92240 | Issus 82130 |
| Ouais | 119506 | noir | 1914 | Jalap 84194 | Galopette 69366 |
| Ouais | 121061 | noir | 1914 | Kalendrier 90637 | Mireille 57197 |
| Ouais | 122124 | noir | 1914 | Kapon 90765 | Helvétie 73636 |
| Ouais | 123267 | noir | 1914 | Kolomb 96547 | Frisette 53096 |
| Ouarton | 120518 | noir | 1914 | Kif-Kif 95174 | Civette 44171 |
| Ouatelet | 120484 | noir | 1914 | Kourlis 95894 | June 87359 |
| Oubangui | 119822 | gris | 1914 | Kalhao 92188 | Solania 44120 |
| Oubangui | 121314 | gris | 1914 | Konnitat 91759 | Hollandaise 78057 |
| Oubangui | 123503 | gris | 1914 | Koncordat 95760 | Joueuse 89020 |
| Oubanhi | 120719 | gris | 1914 | Kalifornien 90644 | Indiscrétion 80862 |
| Oubigan | 124037 | gris | 1914 | Kabotin 96817 | Indécise 82746 |
| Oubigano | 123841 | noir | 1914 | Karapath 97283 | Idole 98239 |
| Oubli | 119509 | alezan | 1914 | Jasmin 83835 | Ursule 58379 |
| Oubli | 121062 | gris | 1914 | Jube 85452 | Joyeuse 57578 |
| Oubli | 121862 | noir zain | 1914 | Kontemporain 91579 | Ianitza 79289 |
| Oubli | 122127 | noir-zain | 1914 | Jean qui rit 88772 | Haquenée 73669 |
| Oubli | 123269 | noir | 1914 | Khaled 96398 | Lieutenance 101927 |
| Oublié | 120830 | noir | 1914 | Ivan 81244 | Jamotte 85965 |
| Oublié | 121065 | gris | 1914 | Jean qui rit 88772 | Amanda 55284 |
| Oublieur | 119511 | noir-zain | 1914 | Janséniste 86818 | Fuschia 61690 |
| Oublieur | 121063 | gris | 1914 | Hêtre 81310 | Gayure 71072 |
| Oublieur | 121861 | noir | 1914 | Kontemporain 91579 | Herbeuse 64393 |
| Oublieur | 122129 | gris | 1914 | Jogal 85444 | Rosette 50521 |
| Oublieur | 123270 | gris | 1914 | Khaled 96398 | Lisette 98051 |
| Oublieux | 120524 | noir | 1914 | Jacot 86475 | Bucole 46449 |
| Oublieux | 121064 | gris | 1914 | H 80943 | Gayure 98104 |
| Oublieux | 122130 | gris | 1914 | Jogal 85444 | [illegible] 67271 |
| Oublon | 121179 | noir | 1914 | Jericho 85435 | [illegible] 71242 |
| Ouch | 120489 | gris foncé | 1914 | Kif-Kif 95174 | [illegible] 104397 |
| Oucho | 119051 | gris foncé | 1914 | Iba 81027 | [illegible] 78400 |
| Oudan | 120064 | noir zain | 1914 | Kerala 95008 | [illegible] 61870 |
| Oudan | 122722 | gris clair | 1914 | [illegible] | [illegible] 87027 |
| Oudan | 123743 | gris | 1914 | Kera 97583 | [illegible] |

| NOM | N° | ROBE | Naissance | PÈRE | MÈRE |
|---|---|---|---|---|---|
| Oudat | 120825 | gris-foncé | 1914 | If 80943 | Frasie 53058 |
| Oudeuil | 122723 | gris | 1914 | Kybéry 91622 | Langue 97872 |
| Oudeuil | 123744 | gris | 1914 | Kaisson 97384 | Reine 41490 |
| Oudin | 120688 | gris | 1914 | Kalendrier 90637 | Pompadour 34254 |
| Oudinot | 119824 | gris | 1914 | Kommis 93104 | Jaffa 85503 |
| Oudinot | 120491 | noir | 1914 | Kerdaniel 94127 | Dépêche 59543 |
| Oudinot | 120747 | gris | 1914 | Kagot 92240 | Kainis 95158 |
| Oudinot | 120818 | noir-zain | 1914 | Kerdaniel 94127 | Indiscrète 79444 |
| Oudinot | 121315 | gris | 1914 | Kalcul 92482 | Pierrette 49844 |
| Oudinot | 122375 | gris | 1914 | Jouillat 88642 | Inapte 82305 |
| Oudinot | 123504 | noir | 1914 | Jalabert 85688 | Genette 73151 |
| Oudinot | 123780 | gris | 1914 | Inné 82730 | Elisa 64174 |
| Oudissoir | 122588 | gris | 1914 | Kellermann 95954 | Sorette 59547 |
| Oudon | 120069 | noir | 1914 | Juvénal 83553 | Sibèle 62193 |
| Oudon | 122724 | gris | 1914 | Kybéry 91622 - | Lacerie 102538 |
| Oudon | 123622 | gris | 1914 | Jauville 88706 | Roulette 55459 |
| Oudry | 119825 | bai cerise | 1914 | Kommis 93104 | Amourette 55470 |
| Oudry | 120070 | gris foncé | 1914 | Krnor 91865 | Koquetière 94606 |
| Oudry | 120508 | noir | 1914 | Kilo 94042 | Jaserie 88221 |
| Oudry | 121321 | noir | 1914 | Komitat 91759 | Livie 98784 |
| Oudry | 122727 | gris-foncé | 1914 | Kagnat 92819 | Fadette 98298 |
| Oudry | 123506 | gris | 1914 | Istres 82617 | Karafe 97490 |
| Oudry | 123595 | gris | 1914 | Kairouan 97649 | Docile 44287 |
| Oued | 119512 | noir | 1914 | Janséniste 86818 | Lausanne 101394 |
| Oued | 121068 | gris | 1914 | Kalendrier 90637 | Istrie 97736 |
| Oued | 122131 | gris | 1914 | Guignolet 70023 | Rose 47869 |
| Oued | 123272 | gris | 1914 | Kromwell 96606 | Bichette 56068 |
| Ouessant | 119827 | noir | 1914 | Kommis 93104 | Imminence 79729 |
| Ouessant | 120073 | noir | 1914 | Juvénal 83553 | Ivette 98074 |
| Ouessant | 120676 | gris | 1914 | Kalendrier 90637 | Kame 92295 |
| Ouessant | 120954 | gris foncé | 1914 | Kif Kif 95174 | Genèse 69750 |
| Ouessant | 121323 | noir | 1914 | Komitat 91759 | Indocile 80116 |
| Ouessant | 122377 | noir | 1914 | Huitain 73993 | Hirondelle 97095 |
| Ouessant | 122732 | gris-clair | 1914 | Kidney 96741 | Ignition 82896 |
| Ouessant | 123508 | noir | 1914 | Koncordat 95760 | Indonésie 98578 |
| Ouessant | 123573 | gris | 1914 | Jauville 88706 | Jarretière 97739 |
| Ouest | 119517 | noir | 1914 | Jasmin 83835 | Cocotte 50489 |
| Ouest | 120074 | noir | 1914 | Karolus 93008 | Kolinette 91489 |
| Ouest | 120544 | gris-foncé | 1914 | If 80943 | Lancette 50607 |
| Ouest | 120572 | noir | 1914 | Josné 88841 | Idalie 80919 |
| Ouest | 121069 | gris | 1914 | Jean-qui-rit 88772 | Java 66943 |
| Ouest | 121859 | noir | 1914 | Heaume 75604 | Gauloise 75232 |
| Ouest | 122132 | gris-foncé | 1914 | Guignolet 70023 | Sucrée 63478 |
| Ouest | 122733 | noir zain | 1914 | Joch 88606 | Kléopâtre 96530 |
| Ouest | 123274 | noir-m.-t. | 1914 | Khaled 96398 | Khiva 96399 |

| NOM | N° | ROBE | NAISSANCE | PÈRE | MÈRE |
|---|---|---|---|---|---|
| Ouest | 123783 | gris | 1914 | Isaac 78892 | Ganache 72871 |
| Ouesta | 120955 | noir | 1914 | Kif-Kif 95174 | Kasserole 94893 |
| Ouezy | 119248 | gris foncé | 1914 | Iago 84027 | Pastille 52690 |
| Ouezy | 122734 | gris | 1914 | Kybéry 91622 | Kouscous 95911 |
| Ouf | 119518 | noir | 1914 | Jason 86475 | Janthine 86118 |
| Ouf | 120695 | gris foncé | 1914 | Kif-Kif 95174 | Giboulée 70930 |
| Ouf | 121151 | noir | 1914 | Hobbin 73993 | Sésostrie 65551 |
| Ouf | 122133 | gris | 1914 | Jugal 85444 | Foueade 56142 |
| Ouf | 123276 | gris | 1914 | Hico 83057 | Castille 60566 |
| Ougny | 122735 | gris | 1914 | Kybéry 91622 | Goulette 72971 |
| Oui | 119110 | gris | 1914 | Hannibal 75587 | Aigrette 65372 |
| Oui | 119186 | gris foncé | 1914 | Japon 84849 | Gérémade 69914 |
| Oui | 121724 | noir | 1914 | Kontemporain 91579 | Jacinthe 98423 |
| Oui | 123277 | gris clair | 1914 | Kontrôle 93620 | Martha 54423 |
| Ouidah | 119828 | noir | 1914 | Kommis 93404 | Margot 61392 |
| Ouidah | 121325 | gris clair | 1914 | Kadoul 92482 | Fougère 89069 |
| Ouidah | 123509 | gris | 1914 | Jupiter 88978 | Iroquoise 98577 |
| Ouillage | 121725 | noir | 1914 | Heaume 75604 | Fauvette 90118 |
| Ouiller | 119519 | gris | 1914 | Janséniste 86818 | Bichette 50702 |
| Ouiller | 122134 | gris | 1914 | Jugal 85444 | Margot 50319 |
| Ouilleur | 121180 | noir | 1914 | Kouprelin 92226 | Indienne 80228 |
| Ouing | 119448 | gris foncé | 1914 | If 80943 | Gebeine 69468 |
| Ouïr | 119520 | noir | 1914 | Janséniste 86818 | Invitee 80565 |
| Ouistiti | 119521 | gris | 1914 | Janséniste 86818 | Isabelle 83839 |
| Ouistiti | 120727 | noir | 1914 | Kapon 90765 | Gendrie 70901 |
| Ouistiti | 122136 | gris tr. f. | 1914 | Jugal 85444 | Hautesse 73698 |
| Ouistiti | 122500 | noir | 1914 | Julépolis 86716 | Corelle 68040 |
| Ouistiti | 123279 | noir | 1914 | Kromwell 96606 | Coquette 84495 |
| Ouistiti | 123833 | noir | 1914 | Isaac 78892 | Koryzane 96702 |
| Ouistreham | 120076 | noir | 1914 | Juvénal 83553 | Jubline 85605 |
| Ouistreham | 124155 | gris roüan | 1914 | Kybéry 91622 | Luette 54543 |
| Oukan | 120823 | noir zain | 1914 | Ivan 81244 | Barache 65454 |
| Oukonva | 120607 | noir | 1914 | Jehoeur 83524 | Drôle 69130 |
| Oukry | 120042 | gris | 1914 | Kilory 80896 | Lorbane 102005 |
| Oulchy | 119829 | gris | 1914 | Kommis 93404 | Lozeuse 100594 |
| Oulchy | 120077 | noir | 1914 | Juvénal 83553 | Jose 85212 |
| Oulchy | 122739 | gris foncé | 1914 | Jeanvelle 88611 | Charmeuse 55174 |
| Ouleux | 121183 | noir | 1914 | Kouprelin 92226 | Lucette 55227 |
| Oullins | 119830 | noir | 1914 | Kommis 93404 | [illegible] |
| Oulon | 120078 | gris foncé | 1914 | Juvénal 83553 | [illegible] |
| Ounans | 120079 | gris | 1914 | [illegible] 85444 | [illegible] |
| Ounyoro | 119831 | gris foncé | 1914 | Korsican 94611 | [illegible] 90729 |
| Ounyoro | 121328 | gris | 1914 | Io 80989 | [illegible] |
| Ounyoro | 122380 | gris clair | 1914 | Hobbin 73993 | [illegible] |
| Ounyoro | 123510 | [illegible] | 1914 | [illegible] | [illegible] |

| NOM | N° | ROBE | NAISSANCE | PÈRE | MÈRE |
|---|---|---|---|---|---|
| Ouou | 120399 | noir | 1914 | Karf 89851 | Vermouth 49284 |
| Oupax | 119042 | noir | 1914 | Iago 81027 | Kazine 91646 |
| Oupiaux | 119071 | noir | 1914 | Jeudi 88924 | Histoire 62796 |
| Ouquya | 120346 | bai-foncé | 1914 | Jean-Jack 85863 | Cystite 66862 |
| Our | 120080 | noir | 1914 | Juvénal 83553 | Coquette 75131 |
| Ouragan | 119522 | noir | 1914 | Janséniste 86818 | Gentille 69381 |
| Ouragan | 121072 | gris | 1914 | Képi 91690 | Jambe 85669 |
| Ouragan | 121964 | noir | 1914 | Incident 80133 | Biche 93306 |
| Ouragan | 122142 | noir | 1914 | Guignolet 70023 | Margot 50674 |
| Ouragan | 123280 | noir | 1914 | Kalderon 97556 | Liaison 101884 |
| Ouragan | 123861 | noir | 1914 | Illico 83057 | Irène 38159 |
| Ouragan | 124014 | gris | 1914 | Jackson 88870 | Lisette 50638 |
| Ouragan | 124079 | gris | 1914 | Kruchon 93701 | Bijou 58690 |
| Oural | 119834 | gris | 1914 | Fier-à-Bras 65250 | Globule 70742 |
| Oural | 120571 | gris-t.-f. | 1914 | If 80943 | Kalédonie 92317 |
| Oural | 121329 | noir | 1914 | Kruor 91865 | Jusée 86329 |
| Oural | 122383 | noir | 1914 | Jomarin 84236 | Charmante 61472 |
| Oural | 123281 | noir-m.-t. | 1914 | Kalderon 97556 | Gouline 70669 |
| Oural | 123516 | noir | 1914 | Koncordat 95760 | Hygie 77808 |
| Oural | 123781 | gris-noir | 1914 | Barnac 51162 | Jouvencia 88826 |
| Oural | 123832 | gris-r. | 1914 | Isaac 78892 | Galante 72758 |
| Oural | 124032 | noir | 1914 | Joyeux 88776 | Pervenche 60451 |
| Ouralien | 119524 | gris-vin. | 1914 | Jasmin 83835 | Polka 90025 |
| Ouralien | 119527 | gris-foncé | 1914 | Jalap 84194 | Malice 67401 |
| Ouralien | 121078 | gris | 1914 | Jallien 86306 | Grispie 69986 |
| Ouralien | 121959 | noir-zain | 1914 | Incident 80133 | Joviale 86753 |
| Ouralien | 122143 | gris-noir | 1914 | Jugal 85444 | Harpie 73709 |
| Ouralo | 119836 | noir | 1914 | Kommis 93104 | Etiquette 48204 |
| Ouralo | 123518 | gris | 1914 | Kimono 97148 | Joyeuse 88996 |
| Ourant | 120503 | noir | 1914 | Kapon 90765 | Pauline 48017 |
| Ourcel | 120081 | gris-foncé | 1914 | Jugal 85444 | Coquette 73343 |
| Ourcel | 122742 | gris | 1914 | Kagnat 92819 | Iphigénie 87795 |
| Ourcq | 119835 | gris | 1914 | Fier-à-Bras 65250 | Loque 100442 |
| Ourcq | 120467 | gris | 1914 | Kilo 94042 | Courageuse 49612 |
| Ourcq | 120507 | gris | 1914 | Kapon 90765 | Belladona 63457 |
| Ourcq | 121332 | gris | 1914 | Kruor 91865 | Hamélie 78102 |
| Ourd | 121184 | gris | 1914 | Koquelin 92226 | Condette 55197 |
| Ourdis | 120082 | noir | 1914 | Kruor 91865 | Illettrée 79714 |
| Ourdisseur | 119529 | noir | 1914 | Jasmin 83835 | Herminie 98040 |
| Ourdisseur | 121082 | gris | 1914 | Képi 91690 | Guégette 69980 |
| Ourdisseur | 122144 | gris-foncé | 1914 | Guignolet 70023 | Charmante 54156 |
| Ourdisseur | 123283 | noir | 1914 | Kontrôle 93620 | Jonglerie 87268 |
| Ourdissoir | 121086 | noir | 1914 | Jallien 86306 | Pelote 54344 |
| Ourdissoir | 122150 | noir | 1914 | Kascadeur 91236 | Huppe 77187 |
| Ourdissoir | 123286 | gris | 1914 | Kontrôle 93620 | Paquerette 49344 |

| NOM | N° | ROBE | Naissance | PÈRE | MÈRE |
|---|---|---|---|---|---|
| Ourdon | 120083 | gris-foncé | 1914 | Kalot 92507 | Konstance 91997 |
| Ourdon | 122743 | noir | 1914 | Kagnat 92819 | Lancette 44007 |
| Ourdy | 119151 | gris | 1914 | Jubé 85452 | Chimique 54306 |
| Ouret | 121186 | gris | 1914 | Koquelin 92226 | Turlurette 59200 |
| Ouri | 121187 | noir | 1914 | Kakatoé 90323 | Abeille 47899 |
| Ourlet | 119532 | gris-foncé | 1914 | Jason 86473 | Kanule 92877 |
| Ourlet | 119660 | bai | 1914 | Karabé 95224 | Percheronne 37086 |
| Ourlet | 121087 | gris | 1914 | Jousset 83935 | Jantière 84983 |
| Ourlet | 121766 | gris r. | 1914 | Kontrole 93620 | Biche 75019 |
| Ourlet | 122153 | noir | 1914 | Jugal 85444 | Esther 98417 |
| Ourlet | 123287 | gris | 1914 | Jointif 87256 | Anisette 60297 |
| Ourlet | 123767 | noir | 1914 | Kadure 95523 | Koblenz 96706 |
| Ouro | 123519 | noir | 1914 | Kimono 97148 | Ida 82866 |
| Ourq | 120553 | noir | 1914 | Kruger 92229 | Gargousse 71324 |
| Ours | 119533 | noir | 1914 | Jason 86473 | Kadèle 90306 |
| Ours | 119844 | gris | 1914 | Idem 80612 | Lamelle 100608 |
| Ours | 119934 | noir | 1914 | Jolicœur 85324 | Jambe 84211 |
| Ours | 120084 | gris | 1914 | Kalot 92507 | Biche 50337 |
| Ours | 121088 | gris | 1914 | Jugal 85444 | Pelote 65156 |
| Ours | 121335 | bai | 1914 | Kruor 91865 | Jurée 86220 |
| Ours | 122154 | gris-clair | 1914 | Jugal 85444 | Kuproli 95114 |
| Ours | 122745 | gris foncé | 1914 | Kagnat 92819 | Lisette 69202 |
| Ours | 123289 | gris | 1914 | Jointif 87256 | Poule 49976 |
| Ours | 123517 | gris | 1914 | Jupiter 88978 | Janina 89393 |
| Oursin | 119535 | noir m.-l. | 1914 | Gazier 68350 | Gaudaine 43801 |
| Oursin | 120940 | noir | 1914 | Kilo 94042 | Inconvenable 81556 |
| Oursin | 121089 | noir | 1914 | Jugal 85444 | Gobinette 71560 |
| Oursin | 121817 | gris-foncé | 1914 | Jobard 87247 | Légion 104301 |
| Oursin | 122157 | gris-clair | 1914 | Jugal 85444 | Jérès 84029 |
| Oursin | 123291 | gris | 1914 | Jointif 87256 | Liante 101887 |
| Oursin | 124011 | gris foncé | 1914 | Interprète 80665 | Ramette 67120 |
| Ourson | 120762 | gris | 1914 | Kagot 92240 | Joyeuse 88649 |
| Ourson | 121090 | gris | 1914 | Jallien 86306 | Licorne 99747 |
| Ourson | 122162 | gris clair | 1914 | Guignolet 70023 | Margot 87654 |
| Ourson | 122509 | gris-noir | 1914 | Huguenot 74507 | Hardie 84541 |
| Ourson | 123292 | gris | 1914 | Jointif 87256 | Landaise 101137 |
| Ourson | 123870 | noir | 1914 | Istres 82617 | Isocèle 83483 |
| Ourton | 120086 | gris-foncé | 1914 | Kalot 92507 | Hase 78139 |
| Ourton | 122746 | gris foncé | 1914 | Kagnat 92819 | [illegible] 93465 |
| Ourvari | 119540 | bai brun | 1914 | Janséniste 86818 | Rejdotte 66623 |
| Ourvari | 121096 | gris | 1914 | Jallien 86306 | Kavalière 90215 |
| Ourvari | 121908 | gris-noir | 1914 | Lhuereaumont 80679 | Godias 81577 |
| Ourvari | 122163 | noir | 1914 | Krooport 91851 | [illegible] 55454 |
| Ourvari | 123297 | gris | 1914 | Kud[illegible] 94246 | [illegible] 101508 |
| Ourville | 123782 | noir | 1914 | In[illegible] 82730 | [illegible] 67801 |

| NOM | N° | ROBE | Naissance | PÈRE | MÈRE |
|---|---|---|---|---|---|
| Ourza | 120511 | noir | 1914 | Kilo 94042 | Jabotière 87161 |
| Ouskoub | 122384 | noir | 1914 | Igli 81048 | Jonquille 98505 |
| Ousson | 122749 | bai | 1914 | Kagnat 92819 | Mignonne 61379 |
| Oussoy | 120087 | noir | 1914 | Kognac 91477 | Surprise 53613 |
| Oussoy | 122750 | gris | 1914 | Kagnat 92819 | Volga 55236 |
| Oust | 119541 | gris | 1914 | Jasmin 83835 | Heureuse 74250 |
| Oust | 119849 | gris-noir | 1914 | Handin 75684 | Grisonnette 52495 |
| Oust | 120090 | noir | 1914 | Kognac 91477 | Lisette 54563 |
| Oust | 120795 | gris foncé | 1914 | Kapon 90765 | Alaxa 60268 |
| Oust | 122164 | noir-zain | 1914 | Kroquet 91851 | Indigne 83520 |
| Oust | 122385 | noir | 1914 | Igli 81048 | Jarretière 98504 |
| Oust | 122755 | gris | 1914 | Kagnat 92819 | Colette 89970 |
| Oust | 123528 | noir | 1914 | Klaro 97235 | Koblette 96788 |
| Ousty | 119247 | gris-foncé | 1914 | Iago 81027 | Mirette 58145 |
| Outardeau | 119542 | gris | 1914 | Jason 86475 | Fauvette 52890 |
| Outardeau | 122165 | gris | 1914 | Kroquet 91851 | Kinéo 95160 |
| Outardeau | 123298 | gris | 1914 | Kodi 94246 | Lorette 104556 |
| Outardeau | 124053 | noir | 1914 | Joyeux 88776 | Guirlande 60824 |
| Outarville | 119848 | gris | 1914 | Karabé 95224 | Rosette 57752 |
| Outil | 119543 | bai-cerise | 1914 | Jua 83570 | Jolivette 84852 |
| Outil | 122166 | noir | 1914 | Kroquet 91851 | Kobla 92400 |
| Outil | 123302 | noir | 1914 | Kodi 94246 | Batavia 64985 |
| Outil | 123853 | gris | 1914 | Joyeux 88776 | Mireille 55770 |
| Outlaw | 119546 | gris fer | 1914 | Jalap 84194 | Jonglerie 84894 |
| Outlaw | 121101 | noir | 1914 | Juge 83738 | Catherine 84414 |
| Outlaw | 122173 | noir | 1914 | Célibat 64968 | Scola 56407 |
| Outlaw | 123305 | noir | 1914 | Illico 83057 | Bichette 61280. |
| Outrage | 119548 | noir | 1914 | Jalap 84194 | Hervette 74242 |
| Outrage | 122579 | gris | 1914 | Irradié 83254 | Girofla 93442 |
| Outrage | 123954 | gris | 1914 | Klocher 95657 | Polka 93488 |
| Outrageux | 119550 | noir | 1914 | Jalap 84194 | Coquette 50445 |
| Outré | 119551 | noir | 1914 | Kakatoé 90323 | Kabaretière 90435 |
| Outreau | 122756 | gris | 1914 | Konfetti 95768 | Lingerie 101489 |
| Outrebois | 120091 | gris-clair | 1914 | Kognac 91477 | Charlotte 58447 |
| Outrebois | 122757 | gris-foncé | 1914 | Kagnat 92819 | Uranie 51488 |
| Outrément | 119555 | gris-foncé | 1914 | Jalap 84194 | Jaumière 83783 |
| Outremer | 119556 | gris-foncé | 1914 | Jalap 84194 | Gaumertoise 61167 |
| Outremer | 122175 | gris-noir | 1914 | Jugal 85444 | Charmante 61464 |
| Outremer | 123308 | noir | 1914 | Kodi 94246 | Kincardine 96206 |
| Outrepont | 120093 | noir | 1914 | Kognac 91477 | Armandine 52998 |
| Outrer | 119558 | noir | 1914 | Janséniste 86818 | Idéologie 78592 |
| Outriaz | 120094 | noir | 1914 | Kalot 92507 | Kouverture 91383 |
| Outsider | 119559 | noir | 1914 | Janséniste 86818 | Isly 79800 |
| Outsider | 122176 | gris-v.-cl. | 1914 | Guignolet 70023 | Itou 98492 |
| Outsider | 123307 | noir | 1914 | Kolomb 96547 | Kanapsa 96737 |

| NOM | N° | ROBE | NAISSANCE | PÈRE | MÈRE |
|---|---|---|---|---|---|
| Ouvert | 119560 | noir-zain | 1914 | Kommis 93104 | Fannie 65641 |
| Ouvert | 120323 | gris-vin. | 1914 | Juge 83738 | Lacure 101670 |
| Ouvert | 122177 | gris foncé | 1914 | Guignolet 70023 | Goélette 72791 |
| Ouvert | 123309 | noir | 1914 | Kontrôle 93620 | Hésione 90128 |
| Ouvrad | 120548 | noir | 1914 | Hanneton 75587 | Charlotte 47211 |
| Ouvrage | 119561 | noir | 1914 | Janséniste 86818 | Rosalba 57476 |
| Ouvragé | 119563 | noir zain | 1914 | Kommis 93104 | Jachère 83981 |
| Ouvrage | 122580 | gris-foncé | 1914 | Ichneumon 80679 | Licence 101382 |
| Ouvragé | 123310 | gris | 1914 | Illico 83087 | Libellule 101896 |
| Ouvrant | 119565 | noir | 1914 | Janséniste 86818 | Jacasserie 83883 |
| Ouvrant | 123311 | gris | 1914 | Illico 83087 | Lucette 64703 |
| Ouvrard | 119851 | gris | 1914 | Jousset 83935 | Kroyance 91449 |
| Ouvrard | 120775 | gris | 1914 | Juin 83623 | Jesthime 83937 |
| Ouvrard | 121337 | gris | 1914 | Kruor 91865 | Kalendre 90633 |
| Ouvrard | 122388 | gris | 1914 | Jomarin 84236 | Kastille 94040 |
| Ouvrard | 123531 | gris | 1914 | Roquet-ex-Sapeur 60641 | Bluette 53087 |
| Ouvrard | 123787 | noir | 1914 | Barnac 51162 | Docile 60565 |
| Ouvreau | 119571 | gris | 1914 | Janséniste 86818 | Obélisque 54811 |
| Ouvreau | 121105 | alezan | 1914 | Juge 83738 | Hochette 77373 |
| Ouvreau | 122179 | noir | 1914 | Komitat 91759 | Charmante 57323 |
| Ouvreau | 122581 | noir | 1914 | Juliopolis 86716 | Galère 72760 |
| Ouvreau | 123312 | gris | 1914 | Illico 83087 | Ile 98242 |
| Ouvreur | 121762 | noir | 1914 | Korbeau 95023 | Bichette 75214 |
| Ouvreur | 123793 | gris-foncé | 1914 | Klocher 95657 | Idole 82755 |
| Ouvrier | 119107 | gris foncé | 1914 | Jallieu 86306 | Aigrette 52543 |
| Ouvrier | 119572 | gris-foncé | 1914 | Jujubier 85433 | Kiche 90283 |
| Ouvrier | 120398 | noir | 1914 | Ivan 81244 | Jaivince 83912 |
| Ouvrier | 120804 | gris | 1914 | Hanneton 75587 | Bichette 90245 |
| Ouvrier | 121106 | gris | 1914 | Képi 91690 | Hermine 76817 |
| Ouvrier | 122549 | noir | 1914 | Kabestan 94208 | Duègne 56852 |
| Ouvrier | 123318 | gris l.-v. | 1914 | Kolomb 96547 | Polka 57484 |
| Ouvrier | 124031 | gris-foncé | 1914 | Jackson 88870 | Perlette 49903 |
| Ouvrier | 124062 | gris | 1914 | Isaac 78892 | Kinola 97260 |
| Ouvrir | 119573 | gris-fer | 1914 | Karabé 95224 | Hébé 74529 |
| Ouvroir | 119575 | noir | 1914 | Karabé 95224 | Bichette 54430 |
| Ouvroir | 121114 | noir | 1914 | Fier à Bras 65250 | Coquette 54231 |
| Ouvroir | 122550 | gris | 1914 | Juliopolis 86716 | Léa 99626 |
| Ouvroir | 123319 | noir-m. t. | 1914 | Khaled 96398 | Jugulaire 88812 |
| Ouvrouer | 122739 | gris | 1914 | Komfetri 95768 | Thora 64760 |
| Ouwarof | 120330 | gris clair | 1914 | Josué 88841 | Karte 90501 |
| Ouzard | 119193 | gris tr. f. | 1914 | Jean Jack 85863 | Licence 100833 |
| Ouzilly | 120097 | gris f. cl. | 1914 | Kadet 92507 | Jet 83200 |
| Ouzilly | 122760 | gris | 1914 | Kandie 91699 | Gidette 72171 |
| Ouzot | 120772 | gris | 1914 | Kato 94042 | Gr... 69989 |
| Ouzouer | 120099 | gris-foncé | 1914 | Kadet 92507 | Jachère 83576 |

| NOM | N° | ROBE | Naissance | PÈRE | MÈRE |
|---|---|---|---|---|---|
| Ouzouer | 122389 | noir | 1914 | Jomarin 84236 | Charmante 54493 |
| Ouzouer | 122736 | gris | 1914 | Kagnat 92819 | Filine 64690 |
| Ovaire | 119576 | noir | 1914 | Kroumir 94517 | Margotine 60223 |
| Ovaire | 123320 | gris | 1914 | Kalderon 97556 | Lutinerie 102727 |
| Oval | 121586 | noir-zain | 1914 | Quinquina 68945 | Margot 50660 |
| Ovarien | 119577 | gris-foncé | 1914 | Idem 80612 | Italienne 78622 |
| Ovarien | 123321 | gris | 1914 | Kalderon 97556 | Henriette 93327 |
| Ovate | 119578 | noir | 1914 | Koucou 91328 | Rustique 62430 |
| Ove | 119580 | noir | 1914 | Janséniste 86818 | Julienne 85142 |
| Ové | 123322 | noir | 1914 | Kalderon 97556 | Konfuse 93984 |
| Overbeck | 121338 | gris-vin. | 1914 | Iowa 80989 | Janicule 89357 |
| Overyssel | 122392 | noir | 1914 | Huitain 73993 | Polka 57513 |
| Ovibos | 119583 | noir | 1914 | Karabé 95224 | Comédienne 46387 |
| Ovibos | 121109 | gris | 1914 | Jallieu 86306 | Koutaïs 96124 |
| Ovibos | 123323 | noir | 1914 | Khaled 96398 | Frisette 96971 |
| Ovide | 118761 | noir | 1914 | Jalap 84194 | Lisse 100309 |
| Ovide | 119067 | gris | 1914 | Gazéo 70937 | Lancellière 37299 |
| Ovidé | 119584 | noir | 1914 | Idem 80612 | Jézabel 83741 |
| Ovide | 122966 | bai-foncé | 1914 | Karapath 97283 | Ergoline 81745 |
| Ovide | 123776 | noir | 1914 | Barnac 51162 | Frivole 96843 |
| Oviducte | 119585 | gris | 1914 | Karabé 95224 | Rosette 66955 |
| Oviédo | 119853 | gris-foncé | 1914 | Jousset 83935 | Mouche 54892 |
| Oviédo | 122391 | noir | 1914 | Jouillat 88642 | Konstantine 94102 |
| Oviedo | 123532 | noir-zain | 1914 | Doguet-ex-Sapeur 60641 | Hydra 87636 |
| Ovillers | 120102 | noir | 1914 | Kalot 92507 | Hécatombe 74053 |
| Ovillers | 122762 | noir-zain | 1914 | Konfetti 95768 | Locative 102573 |
| Ovipare | 119586 | noir | 1914 | Kadi 90509 | Kadméenne 90508 |
| Ovipare | 122349 | noir | 1914 | Guignolet 70023 | Jeannette II 89471 |
| Ovoïdal | 121110 | noir | 1914 | Kommis 93104 | Jonglerie 86564 |
| Ovoïdal | 122351 | noir | 1914 | Huitain 73993 | Margot 61449 |
| Ovoïdal | 123325 | gris | 1914 | Kolomb 96547 | Indienne 62278 |
| Oxaca | 120651 | gris-foncé | 1914 | Jean-Jack 85863 | Insigne 78922 |
| Oxacide | 121113 | gris | 1914 | Fier-à-Bras 65250 | Linote 46061 |
| Oxalate | 120801 | noir | 1914 | Kalendrier 90637 | Italia 80925 |
| Oxalate | 121730 | gris-foncé | 1914 | Krural 91866 | Grammaire 71707 |
| Oxford | 119594 | gris | 1914 | Koucou 91328 | Lilie 68594 |
| Oxford | 119857 | gris | 1914 | Jallieu 86306 | Bijou 60146 |
| Oxford | 120402 | gris | 1914 | Ivan 81244 | Consigne 62749 |
| Oxford | 121116 | gris | 1914 | Jubé 85452 | Lessiveuse 99734 |
| Oxford | 121342 | bai-brun | 1914 | Kalcul 92482 | Lausanne 97787 |
| Oxford | 122190 | noir | 1914 | Kroquet 91851 | Houppelande 77225 |
| Oxford | 122393 | gris-foncé | 1914 | Jomarin 84236 | Héminée 75404 |
| Oxford | 123326 | noir | 1914 | Kolomb 96547 | Janicule 93507 |
| Oxford | 123774 | gris-foncé | 1914 | Klocher 95657 | Liesse 104514 |
| Oxford | 124098 | noir | 1914 | Grigri 65867 | Helmia 77998 |

| NOM | N° | ROBE | Naissance | PÈRE | MÈRE |
|---|---|---|---|---|---|
| Oxo | 120464 | gris-foncé | 1914 | Kalifornien 90644 | Gredine 52605 |
| Oxo | 120529 | gris | 1914 | Kalendrier 90637 | Frivole 63256 |
| Oxus | 119858 | gris | 1914 | Kalhao 92188 | Lutèce 99782 |
| Oxus | 121344 | noir | 1914 | Kaleul 92482 | Koutrite 91249 |
| Oxus | 122394 | g.-c-d-m. | 1914 | Jomarin 84236 | Pélagie 73403 |
| Oxus | 123535 | gris | 1914 | Doguet ex Sapeur 60641 | Jetée 89126 |
| Oxycoccos | 119596 | gris | 1914 | Janséniste 86818 | Idie 78582 |
| Oxycoccos | 121120 | gris | 1914 | Képi 91690 | Brillante 47305 |
| Oxycoccos | 122192 | noir-zain | 1914 | Karafon 90798 | Finance 98461 |
| Oxycoccos | 123328 | gris | 1914 | Kolomb 96347 | Imala 83091 |
| Oxycrat | 119597 | noir-m.-t. | 1914 | Janséniste 86818 | Kasbah 91013 |
| Oxycrat | 122193 | gris | 1914 | Karafon 90798 | Ingénue 81109 |
| Oxycrat | 123329 | gris-tr.-f. | 1914 | Khaled 96398 | Fanny 98220 |
| Oxydant | 123331 | gris | 1914 | Kouli 97151 | Frisette 73357 |
| Oxyde | 119601 | noir | 1914 | Koquelin 92226 | Jarre 86126 |
| Oxyde | 122198 | gris-foncé | 1914 | Kroquet 91851 | Mirabelle 43713 |
| Oxydon | 122203 | noir | 1914 | Kroquet 91851 | Coquette 43268 |
| Oxyerat | 121842 | noir | 1914 | Joliet 89140 | Hématosse 73423 |
| Oxygène | 119602 | gris-foncé | 1914 | Koucou 91328 | Georgette 69587 |
| Oxygène | 121124 | noir | 1914 | Juge 83738 | Rustique 48095 |
| Oxygène | 122201 | noir | 1914 | Kroquet 91851 | Biche 50603 |
| Oxygone | 119606 | gris | 1914 | Koucou 91328 | Journade 83724 |
| Oxygone | 123342 | noir | 1914 | Kromwell 96606 | Lisette 56015 |
| Oxymel | 119607 | alezan | 1914 | Kroumir 94517 | Bourrée 68623 |
| Oxymel | 120835 | gris | 1914 | Ivan 81244 | Dulcinée 55900 |
| Oxymel | 121127 | gris | 1914 | Illettré 81310 | Semadria 61327 |
| Oxymel | 121843 | noir | 1914 | Joliet 89140 | Jacqueline 85376 |
| Oxymel | 122202 | noir | 1914 | Kroquet 91851 | Olive 57195 |
| Oxymel | 123343 | gris | 1914 | Kromwell 96606 | Capucine II 43321 |
| Oxys | 119246 | gris | 1914 | Joinville 88611 | Hippique 76669 |
| Oxyton | 119610 | gris | 1914 | Koucou 91328 | Glaneuse 70150 |
| Oxyton | 121130 | gris | 1914 | Jean qui rit 88772 | Margot 54445 |
| Oxyton | 123344 | noir | 1914 | Kalderon 97556 | Exadée 58674 |
| Oxyure | 119152 | gris foncé | 1914 | Jubé 85452 | Hébé 77119 |
| Oyabon | 120480 | noir | 1914 | Kourlis 95894 | Maderette 69095 |
| Oyama | 119859 | gris | 1914 | Kalhao 92188 | Cévenne 58555 |
| Oyama | 121345 | noir | 1914 | Kaleul 92482 | Herbue 76841 |
| Oyama | 122401 | gris-foncé | 1914 | Huitain 73993 | Biche 53644 |
| Oyama | 123541 | gris | 1914 | Iod ex Bat 83058 | Danseuse 60322 |
| Oyant | 119611 | gris | 1914 | Koucou 91328 | Jabot 83801 |
| Oyant | 120834 | gris foncé | 1914 | Ivan 81244 | Pointique 53466 |
| Oyant | 121131 | gris | 1914 | Jansenius 84079 | Indésirable 80039 |
| Oyant | 123348 | gris | 1914 | Kolomb 96347 | Gredine 84830 |
| Oyapok | 119860 | gris | 1914 | Kalhao 92188 | [illegible] 47680 |
| Oyapok | 121346 | noir | 1914 | Kaleul 92482 | Levrette 99904 |

| NOM | N° | ROBE | Naissance | PÈRE | MÈRE |
|---|---|---|---|---|---|
| Oyapok | 122402 | noir zain | 1914 | Huitain 73993. | Echo 59677 |
| Oyapok | 123545 | gris | 1914 | Jupiter 88978 | Genette 87735 |
| Oyat | 121132 | gris | 1914 | Jean-qui-rit 88772 | Etape 54560 |
| Oyat | 122207 | noir-zain | 1914 | Kroquet 91851 | Ida 80284 |
| Oyat | 123346 | noir | 1914 | Karapath 97283 | Hélicine 75819 |
| Oyonnax | 119862 | noir | 1914 | Kriss 91437 | Historiette 74470 |
| Oyonnax | 120103 | noir | 1914 | Kalot 92507 | Civette 55897 |
| Oyonnax | 120680 | noir | 1914 | Hanneton 75587 | Garcette 71403 |
| Oyonnax | 121347 | noir | 1914 | Kalcul 92482 | Maixentaise 62139 |
| Oyonnax | 122406 | noir | 1914 | Jomarin 84236 | Christine 57898 |
| Oyonnax | 122764 | gris | 1914 | Joinville 88611 | Lorraine 102631 |
| Oyonnax | 123546 | gris | 1914 | Doguet-ex-Sapeur 60641 | Etoupe 63630 |
| Oyron | 120105 | noir | 1914 | Kascadeur 91236 | Gertrude 69553 |
| Oyron | 122765 | gris-foncé | 1914 | Joinville 88611 | Denise 98295 |
| Ozalis | 123788 | gris-noir | 1914 | Klocher 95657 | Lisa 44176 |
| Ozan | 122767 | gris | 1914 | Joinville 88611 | Favorite 98300 |
| Ozaneaux | 119864 | noir | 1914 | Kriss 91437 | Gaité 70440 |
| Ozène | 119614 | gris-foncé | 1914 | Gazier 69350 | Joubarbe 83872 |
| Ozène | 123349 | gris | 1914 | Joah 87450 | Houlette 98635 |
| Ozia | 119421 | noir | 1914 | Kalifornien 90644 | Camisole 61801 |
| Ozier | 119647 | gris-foncé | 1914 | Josué 88841 | Waltryrie 47125 |
| Ozillac | 120106 | noir | 1914 | Kognac 91477 | Girouette 71818 |
| Ozillac | 122772 | noir-zain | 1914 | Kourlis 95894 | Juaye 88618 |
| Ozoir | 120108 | noir | 1914 | Kognac 91477 | Goguette 72808 |
| Ozol | 123790 | noir | 1914 | Jean-Bart 83546 | Karia 96687 |
| Ozon | 120111 | noir | 1914 | Juvénal 83553 | Jantille 85735 |
| Ozoné | 121138 | gris | 1914 | Jean-qui-rit 88772 | Polka 73364 |
| Ozone | 122488 | gris-vin. | 1914 | Etilly ex Goulet 61838 | Illusion 82827 |
| Ozoneur | 119620 | gris | 1914 | Koucou 91328 | Framboise 47958 |
| Ozoneur | 121137 | gris | 1914 | Jean-qui-rit 88772 | Indienne 80479 |
| Ozoneur | 122212 | noir | 1914 | Guignolet 70023 | Charmante 49534 |
| Ozoneur | 123353 | gris | 1914 | Keyser 96397 | Coquette 98222 |
| Ozoniseur | 121135 | noir | 1914 | Jean-qui-rit 88772 | Modena 67896 |
| Ozoniseur | 122209 | noir | 1914 | Kroquet 91851 | Judée 87924 |
| Ozoniseur | 123354 | gris | 1914 | Kontrôle 93620 | Imola 82997 |
| Ozonomètre | 121139 | gris | 1914 | Jean-qui-rit 88772 | Isernore 81284 |
| Ozoroff | 120521 | gris | 1914 | Jean-qui-rit 88772 | Brimade 54478 |
| Ozut | 120522 | noir-zain | 1914 | Kérouriou 92358 | Ivanohé 80043 |

# STUD-BOOK PERCHERON

## JUMENTS

# STUD-BOOK PERCHERON

## JUMENTS

| NOM | N° | ROBE | Naissance | PÈRE | MÈRE |
|---|---|---|---|---|---|
| Oahou | 121757 | noire | 1914 | Juliet 89140 | Jérés 88523 |
| Oajaca | 121769 | noir zain | 1914 | Juliet 89140 | Riche 96901 |
| Oaklam | 121841 | noire | 1914 | Juliet 89140 | Hématurie 75402 |
| Oasie | 120257 | grise | 1914 | Kruger 92229 | Lignée 100057 |
| Oasienne | 121349 | noire | 1914 | Kruger 92229 | Laréole 101551 |
| Oasis | 121910 | baie | 1914 | Jureur 88366 | Idylle 82579 |
| Oasis | 123067 | alezane | 1914 | Kaisson 97384 | Hermine 78328 |
| Oasis | 124118 | gris-foncé | 1914 | Kaptif 92909 | Marguerite 65337 |
| Oate | 119623 | grise | 1914 | Jalap 84194 | Hocheuse 74302 |
| Oaxaca | 119625 | grise | 1914 | Jalap 84194 | Grisetta 75199 |
| Oaxaca | 121194 | noire | 1914 | Insipide 82466 | Mireille 50300 |
| Oaxaca | 121790 | noire | 1914 | Kabestan 94208 | Heroine 84533 |
| Oaxaca | 122215 | noire | 1914 | Célibat 64968 | Michaela 34420 |
| Oaxaca | 123356 | noire | 1914 | Klocher 95657 | Karantaine 96338 |
| Obdorsk | 121836 | bai foncé | 1914 | Garo 70714 | Riche 90164 |
| Obédience | 118742 | gris foncé | 1914 | Jason 86475 | Distinguée 54744 |
| Obédience | 120778 | noire | 1914 | Kapon 90765 | Lamiole 99589 |
| Obédience | 121770 | noire | 1914 | Korbean 95023 | Karra 96171 |
| Obédience | 122777 | gris t. cl. | 1914 | Kargo 92913 | Herbe 82006 |
| Obeidel | 120010 | noire | 1914 | Jum 83623 | Longitude 99769 |
| Obéissance | 118747 | grise | 1914 | Janseniste 86818 | Mahne 53597 |
| Obéissance | 122779 | noire | 1914 | Imperator 83464 | Ispahan 83128 |
| Obeissante | 119703 | noire | 1914 | Kangourou 83698 | Mahee 64968 |
| Obéissante | 120238 | gris clair | 1914 | Kruger 92229 | Herbette 77343 |
| Obeissante | 121355 | noire | 1914 | Kaleul 92482 | Loche 93903 |

| NOM | N° | ROBE | Naissance | PÈRE | MÈRE |
|---|---|---|---|---|---|
| Obéissante | 121900 | noire | 1914 | Benjoin 62927 | Fauvette 81789 |
| Obéissante | 122223 | gris-foncé | 1914 | Komitat 91759 | Yvoire 51302 |
| Obélisque | 118740 | grise | 1914 | Kruger 92229 | Pelote 47364 |
| Obélisque | 119705 | noire | 1914 | Kangourou 89698 | Kraquette 90485 |
| Obélisque | 120466 | noire | 1914 | Kilo 94042 | Gavroche 72942 |
| Obélisque | 123798 | noire | 1914 | Isaac 78892 | Églantine 52523 |
| Obélisque | 123968 | noir-zain | 1914 | Kaisson 97384 | Indienne 87626 |
| Obélisque | 124105 | grise | 1914 | Klairet 94682 | Ketty 94744 |
| Obérie | 119059 | noire | 1914 | Gazéo 70937 | Lasouris 99007 |
| Oberline | 120826 | noire | 1914 | Ivan 81244 | Insanité 78780 |
| Oberone | 120650 | gris-foncé | 1914 | Judas 86606 | Torgnole 57082 |
| Obésance | 121913 | grise | 1914 | Kerbriant 94032 | Jarretière 93339 |
| Obèse | 121356 | alezane | 1914 | Kaleul 92482 | Rosine 50750 |
| Obèse | 122044 | noire | 1914 | Komitat 91759 | Impalpable 80033 |
| Obésité | 118750 | noire | 1914 | Homard 74692 | Hursule 73843 |
| Obésité | 121357 | noire | 1914 | Kaleul 92482 | Olga 68777 |
| Obésité | 122780 | gris-foncé | 1914 | Kagnat 92819 | Coureuse 68701 |
| Obésité | 123965 | noire | 1914 | Kaisson 97384 | Inquiète 83381 |
| Obidos | 124952 | noire | 1914 | Incident 80133 | Loquace 101404 |
| Obie | 120653 | gris-foncé | 1914 | Judas 86606 | Chipette 66253 |
| Obie | 123552 | grise | 1914 | Klaro 97235 | Griffe 73070 |
| Obies | 119866 | grise | 1914 | Jallieu 86306 | Kohérence 92629 |
| Obies | 122403 | noire | 1914 | Huitain 73993 | Guindée 73103 |
| Objection | 118755 | noire | 1914 | Janséniste 86818 | Rigolette 43696 |
| Objection | 120263 | noire | 1914 | Insipide 82466 | Joie 86138 |
| Objection | 120784 | noire | 1914 | Jean-qui rit 88772 | Puce 68391 |
| Objection | 121361 | noire | 1914 | Kaleul 92482 | Lisette 50333 |
| Objection | 121827 | noire | 1914 | Jambon 87188 | Illusion 82564 |
| Objection | 122784 | noire | 1914 | Kargo 92913 | Justice 88656 |
| Objective | 119967 | noire | 1914 | Jolicœur 85324 | Java 84172 |
| Objective | 120782 | noire | 1914 | Jolicœur 85324 | Irénée 78899 |
| Objective | 121359 | noire | 1914 | Kruger 92229 | Lapenne 101538 |
| Objective | 121903 | gris r. | 1914 | Kellermann 95954 | Jonquille 86650 |
| Objective | 122783 | gris-foncé | 1914 | Kargo 92913 | Justine 88657 |
| Objet | 118753 | gris-foncé | 1914 | Jason 86475 | Gazelle 69570 |
| Objurgation | 120266 | noire | 1914 | Kodias 95194 | Faribole 87716 |
| Objurgation | 122478 | noire | 1914 | Kabestan 94208 | Imminence 82551 |
| Oblate | 120265 | noire | 1914 | Juvénal 83553 | Paquerette 81811 |
| Oblate | 122787 | gris-foncé | 1914 | Kazino 92248 | Coquette 75011 |
| Oblatée | 121363 | noire | 1914 | Kaleul 92482 | Katherine 91949 |
| Oblation | 118757 | noire | 1914 | Janséniste 86818 | Justice 84884 |
| Oblation | 120112 | gris foncé | 1914 | Juvénal 83553 | Kommode 93107 |
| Oblation | 121364 | noire | 1914 | Kaleul 92482 | Hermine 78062 |
| Oblation | 122503 | noire | 1914 | Huguenot 74507 | Galantine 98512 |
| Oblation | 122788 | baie | 1914 | Kazino 92248 | Goquine 70434 |

| NOM | N° | ROBE | Naissance | PÈRE | MÈRE |
|---|---|---|---|---|---|
| Oblation | 123909 | grise | 1914 | Kaisson 97384 | Carmen 40517 |
| Oblette | 119085 | bai chât. | 1914 | Journaliste 86492 | Haro 74414 |
| Obligation | 120810 | grise | 1914 | Jolicœur 85324 | Justine 98115 |
| Obligation | 121365 | grise | 1914 | Krütor 91865 | Estelle 90088 |
| Obligation | 122504 | noire | 1914 | Huguenot 74507 | Heuthère 76082 |
| Obligation | 122790 | grise | 1914 | Kargo 92913 | Guillerette 72107 |
| Obligeance | 122519 | grise | 1914 | Jobard 87247 | Jocaste 88721 |
| Obligeance | 122792 | gris-foncé | 1914 | Instar 78857 | Petite-Chance 87849 |
| Obligée | 120113 | noire | 1914 | Juvénal 83553 | Jubine 61218 |
| Obligée | 120665 | noire | 1914 | Hanneton 75587 | Hamerthume 76283 |
| Obligée | 120703 | grise | 1914 | If 80943 | Visière 64146 |
| Obligée | 122529 | grise | 1914 | Camail 67771 | Houppelande 78279 |
| Obline | 120951 | noire | 1914 | Kif Kif 95174 | Mignonne 49942 |
| Obliquée | 120708 | grise | 1914 | Kalifornien 90644 | Coquette 90179 |
| Obliquité | 120115 | gris-clair | 1914 | Juvénal 83553 | Ambition 66598 |
| Obliquité | 122520 | gris-noir | 1914 | Ichneumon 80679 | Lectrice 104291 |
| Obliquité | 122793 | noire | 1914 | Impérator 83461 | Koxalgie 95930 |
| Oblitérée | 120632 | grise | 1914 | Karf 89851 | Coquette 50779 |
| Oblongue | 118766 | grise | 1914 | Jalap 84194 | Stéphanie 52489 |
| Oblongue | 119650 | gris-t.-f. | 1914 | Jolicœur 85324 | Lichette 97848 |
| Oblongue | 122521 | noire | 1914 | Kahestan 94208 | Liane 101385 |
| Oblongue | 122794 | grise | 1914 | Douvreur-ex-Couvreur 58335 | Mouvette 75010 |
| Obocke | 120332 | noire | 1914 | Ivan 81244 | Suzon 49292 |
| Obole | 118767 | grise | 1914 | Jalap 84194 | Kolivine 90350 |
| Obole | 119704 | baie | 1914 | Kangourou 89698 | Louange 100820 |
| Obole | 120700 | grise | 1914 | Kalifornien 90644 | Hindoustanie 76747 |
| Obole | 121370 | noire | 1914 | Kapon 90765 | Ibis 82213 |
| Obole | 122523 | noir-zain | 1914 | Jansénius 88703 | Judée 88726 |
| Obole | 122797 | grise | 1914 | Kargo 92913 | Kollante 95912 |
| Obole | 123801 | noire | 1914 | Jean Bart 83546 | Kopeck 98693 |
| Obrachie | 122404 | noir-m.t. | 1914 | Jomarin 84236 | Jalane 73404 |
| Obreptice | 120739 | bai chât. | 1914 | Joch 88606 | Justifiante 85854 |
| Obreption | 121371 | gris foncé | 1914 | Kapon 90765 | Gomme 67748 |
| Obreption | 122563 | grise | 1914 | Kamiesh 96173 | Jabot 88719 |
| Obreption | 122799 | gris foncé | 1914 | Joch 88606 | Hérodiade 76140 |
| Obridge | 120315 | gris-vin. | 1914 | Ivan 81244 | S[illegible] 67351 |
| Obrienne | 119632 | grise | 1914 | Jalap 84194 | Guerre 70226 |
| Obrière | 120712 | noire | 1914 | Jolicœur 85324 | M[illegible] 63118 |
| Obrille | 120407 | grise | 1914 | Jean 83623 | H[illegible] 76404 |
| Obringa | 121846 | noir-m.t. | 1914 | Joss 85878 | I[illegible] 81085 |
| Obscene | 121373 | noir-zain | 1914 | Kedallec 95490 | L[illegible] 103351 |
| Obscénité | 120693 | noir-m.t. | 1914 | Jolicœur 85324 | I[illegible] 50120 |
| Obscénité | 120713 | gris-c. | 1914 | Kapon 90765 | K[illegible] 82213 |
| Obscénité | 122800 | noir-zain | 1914 | Joch 88606 | I[illegible] 102573 |
| Obscuration | 121375 | gris foncé | 1914 | Kedallec 95490 | K[illegible] |

| NOM | N° | ROBE | Naissance | PÈRE | MÈRE |
|---|---|---|---|---|---|
| Obscuration | 122801 | grise | 1914 | Joch 88606 | Houe 74419 |
| Obscure | 118770 | gris-foncé | 1914 | Jalap 84194 | Ida 67044 |
| Obscure | 122802 | grise | 1914 | Joch 88606 | Algérie 64938 |
| Obscurie | 120734 | grise | 1914 | Kalifornien 90644 | Castille 50784 |
| Obscurité | 120118 | gris-foncé | 1914 | Juvénal 83553 | Kontinue 93613 |
| Obscurité | 120715 | noire | 1914 | Kapon 90765 | Ivrette 80861 |
| Obscurité | 121380 | gris-foncé | 1914 | Isly 83294 | Goguette 96884 |
| Obscurité | 122542 | grise | 1914 | Etilly-ex-Goulet 61830 | Castille 55497 |
| Obsécration | 120714 | grise | 1914 | Kapon 90765 | Grisette 48019 |
| Obsécration | 122522 | gris-tr. - f. | 1914 | Jeuneur 86944 | Lavandière 104327 |
| Obsécration | 122804 | grise | 1914 | Kargo 92913 | Haleine 76216 |
| Obsédante | 120119 | grise | 1914 | Kruor 91865 | Farandole 47277 |
| Obsédante | 121381 | gris-foncé | 1914 | Kalifornien 90644 | Grand'Mère 71779 |
| Obsédia | 120824 | noire | 1914 | Juin 83623 | Hemma 76619 |
| Obsèque | 120702 | gris-foncé | 1914 | Kruger 92229 | Kalijatte 92244 |
| Observance | 118772 | grise | 1914 | Janséniste 86818 | Coquette 47975 |
| Observance | 120123 | gris-foncé | 1914 | Kruor 91865 | Lisette 64337 |
| Observance | 121383 | noire | 1914 | Kazino 92248 | Gentille 57563 |
| Observance | 122809 | noire | 1914 | Impérator 83461 | Javalle 86007 |
| Observation | 118773 | grise | 1914 | Jason 86475 | Ladre 101754 |
| Observation | 121384 | noire | 1914 | Kazino 92248 | Hocile 98612 |
| Observation | 122810 | grise | 1914 | Impérator 83461 | Kadmie 95518 |
| Observatrice | 122545 | gris-r. | 1914 | Camail 67771 | Hochette 77099 |
| Obsession | 118774 | grise | 1914 | Isly 83294 | Blaisine 53758 |
| Obsession | 120126 | gris-foncé | 1914 | Juvénal 83553 | Kolunelle 91975 |
| Obsession | 121385 | gris-foncé | 1914 | Kisgobb 92676 | Gaza 71862 |
| Obsession | 122811 | grise | 1914 | Joch 88606 | Coquette 49643 |
| Obsidiane | 118776 | grise | 1914 | Jason 86475 | Kobole 90328 |
| Obsidiane | 121386 | gris-foncé | 1914 | Kisgobb 92676 | Héloïse 76513 |
| Obsidiane | 122552 | noire | 1914 | Importin 80576 | Brillante 51007 |
| Obsidiane | 122812 | grise | 1914 | Joch 88606 | Kolique 95703 |
| Obsidience | 118778 | grise | 1914 | Janséniste 86818 | Limonière 101052 |
| Obsidienne | 121387 | gris-foncé | 1914 | Krural 91866 | Harengère 76012 |
| Obsidienne | 122818 | grise | 1914 | Jua 83570 | Idie 82886 |
| Obsidionale | 122819 | grise | 1914 | Kibry 89896 | Cocotte 50719 |
| Obsolète | 118779 | grise | 1914 | Koucou 91328 | Iole 80783 |
| Obsolète | 120116 | gris-clair | 1914 | Juvénal 83553 | Lisette 58086 |
| Obsolète | 121389 | gris-foncé | 1914 | Krural 91866 | Krinoline 96024 |
| Obsonville | 119867 | alezane | 1914 | Jousset 83935 | Goguette 97129 |
| Obsonville | 122405 | noire | 1914 | Jomarin 84236 | Girouette 98357 |
| Obstétrique | 119261 | grise | 1914 | Kriss 91437 | Danse 61596 |
| Obstétrique | 122813 | grise | 1914 | Joch 88606 | Ibéride 82871 |
| Obstination | 118781 | noire | 1914 | Janséniste 86818 | Castille 49518 |
| Obstination | 121391 | gris foncé | 1914 | Kagot 92240 | Gigi 98381 |
| Obstinée | 119449 | noir-zain | 1914 | Kapon 90765 | Gudule 71412 |

| NOM | N° | ROBE | Naissance | PÈRE | MÈRE |
|---|---|---|---|---|---|
| Obstinée | 121394 | gris-foncé | 1914 | Krural 91866 | Joséphine 88539 |
| Obstinée | 122553 | gris foncé | 1914 | Kabestan 94208 | Impérieuse 80047 |
| Obstituée | 120636 | grise | 1914 | Jean-Jack 85863 | Girafe 71345 |
| Obstruction | 118783 | grise | 1914 | Janséniste 86818 | Goulette 70208 |
| Obstruction | 121396 | gris-foncé | 1914 | Krural 91866 | Coquette 48247 |
| Obstruction | 122518 | noir-zain | 1914 | Importan 80576 | Kascham 96106 |
| Obstruction | 122822 | grise | 1914 | Douvreur ex Couvreur 58335 | Joyeuse 87157 |
| Obstruction | 123908 | noire | 1914 | Kapon 97485 | Jacinthe 88911 |
| Obtention | 118784 | gris-clair | 1914 | Jasmin 83835 | Joueuse 83909 |
| Obtention | 120132 | noire | 1914 | Kognac 91477 | Kontrebande 91242 |
| Obtention | 121397 | gris-foncé | 1914 | Krural 91866 | Koupure 95884 |
| Obterre | 122407 | grise | 1914 | Jomarin 84236 | Indienne 82451 |
| Obtrée | 119868 | grise | 1914 | Jousset 83935 | Judith 84054 |
| Obtrée | 122408 | noir-zain | 1914 | Jomarin 84236 | Jalouse 86901 |
| Obtrée | 123553 | noire | 1914 | Klaro 97235 | Jarretière 84049 |
| Obturante | 118785 | gris fer | 1914 | Jasmin 83835 | Kermesse 90327 |
| Obturante | 120135 | noire | 1914 | Guignolet 70023 | Suzette 58632 |
| Obturante | 121398 | noire | 1914 | Krural 91866 | Kommune 95598 |
| Obturation | 118789 | noire | 1914 | Jalap 84194 | Jabès 83768 |
| Obturation | 121399 | gris-foncé | 1914 | Krural 91866 | Japonaise 98438 |
| Obturation | 122827 | noire | 1914 | Konfetti 95768 | Eglantine 55871 |
| Obtuse | 118788 | grise | 1914 | Jalap 84194 | Gauloise 62769 |
| Obtuse | 119263 | noir-zain | 1914 | Kriss 91437 | Louvette 100238 |
| Obtuse | 120134 | gris-clair | 1914 | Guignolet 70023 | Caline 58096 |
| Obtuse | 121400 | gris-foncé | 1914 | Krural 91866 | Brigitte 59753 |
| Obtuse | 122826 | noire | 1914 | Konfetti 95768 | Marquise 64590 |
| Obus | 123699 | grise | 1914 | Kairouan 97649 | Livraison 103889 |
| Ocana | 119627 | noire | 1914 | Jalap 84194 | Kocasse 92608 |
| Ocana | 119870 | noire | 1914 | Homard 74692 | Kassine 92191 |
| Ocana | 120811 | noire | 1914 | Josué 88841 | Gribiche 71062 |
| Ocana | 121197 | baie | 1914 | Jujubier 85435 | Konfesse 91140 |
| Ocana | 121809 | noire | 1914 | Ichneumon 80679 | Javeline 88686 |
| Ocana | 122216 | noire | 1914 | Célibat 64968 | Biche 78338 |
| Ocana | 122410 | noire | 1914 | Huitain 73993 | Frisette 78348 |
| Ocana | 123363 | grise | 1914 | Kromwell 96606 | Galante 73028 |
| Ocana | 123554 | grise | 1914 | Kimono 97148 | Hardi 77829 |
| Ocana | 123859 | noire | 1914 | Istres 82617 | Kabonga 96730 |
| Ocanette | 124040 | gris foncé | 1914 | Jackson 88870 | Laceron 103354 |
| Ocania | 124027 | gris noir | 1914 | Jackson 88870 | Lacette 58323 |
| Ocarinette | 123910 | noire | 1914 | Kaisson 97384 | Leanelle 104446 |
| Occagne | 123560 | grise | 1914 | Klaro 97235 | La Nouria 36480 |
| Occase | 118792 | grise | 1914 | Jalap 84194 | Kempis 93125 |
| Occase | 120270 | noire | 1914 | Jabé 85452 | Gazelle 68820 |
| Occase | 120631 | grise | 1914 | Gazu 70937 | [illegible] 64585 |
| Occase | 121401 | alezan | 1914 | K[illegible] 92676 | [illegible] 104[illegible] |

| NOM | N° | ROBE | Naissance | PÈRE | MÈRE |
|---|---|---|---|---|---|
| Occase | 122828 | gris-foncé | 1914 | Konfetti 95768 | Luxuriance 102737 |
| Occasion | 120276 | grise | 1914 | Célibat 64968 | Biche 65406 |
| Occasion | 120921 | noire | 1914 | Hou-nan 76124 | Jeannette 88667 |
| Occasion | 121404 | gris-foncé | 1914 | Krural 91866 | Charmante 57568 |
| Occasion | 122620 | noire | 1914 | Jaseur 89506 | Cocotte 53320 |
| Occasionne | 119226 | noire | 1914 | Juin 83623 | Bijou 47696 |
| Occidentale | 120277 | grise | 1914 | Guignolet 70023 | Klinante 94767 |
| Occidentale | 121407 | noire | 1914 | Krural 91866 | Lignerolle 104219 |
| Occidentale | 121883 | noire | 1914 | Kromwell 96606 | Liesse 104206 |
| Occidentale | 122831 | noire | 1914 | Joinville 88611 | Surprise 50275 |
| Occie | 119222 | grise | 1914 | Gazéo 70937 | Kramiche 91665 |
| Occipitale | 121408 | gris foncé | 1914 | Krural 91866 | Hébé 96903 |
| Occipitale | 122832 | noire | 1914 | Instar 78857 | Irma 81973 |
| Occision | 119236 | grise | 1914 | Juin 83623 | Pelote 54663 |
| Occlusine | 118801 | grise | 1914 | Homard 74692 | Jubine 50404 |
| Occlusion | 121411 | gris foncé | 1914 | Krural 91866 | Hussarde 76303 |
| Occlusion | 121928 | gris-foncé | 1914 | Kromwell 96606 | Jonquières 88585 |
| Occlusion | 122834 | grise | 1914 | Kagnat 92819 | Kourtinière 96604 |
| Occlusive | 120279 | grise | 1914 | Jolicœur 85324 | Charmante 97070 |
| Occlusive | 121409 | baie | 1914 | Krural 91866 | Idocrase 81873 |
| Occlusive | 122833 | grise | 1914 | Kagnat 92819 | Précieuse 68100 |
| Occuliste | 120787 | gris-foncé | 1914 | Kerdaniel 94127 | Urgente 67839 |
| Occultation | 122837 | grise | 1914 | Kerblanc 93063 | Sociale 60470 |
| Occupante | 120136 | noire | 1914 | Imprévu 80361 | Halle 77073 |
| Occupante | 121412 | noire | 1914 | Jodelle 86049 | Marquise 57214 |
| Occupante | 121929 | noire | 1914 | Kromwell 96606 | Iodée 81073 |
| Occupante | 122838 | grise | 1914 | Kamulant 91699 | Stella 51928 |
| Occupation | 119289 | grise | 1914 | Koquelin 92226 | Risette 58715 |
| Occupation | 120139 | noire | 1914 | Kognac 91477 | Denise 64946 |
| Occupation | 121445 | noire | 1914 | Jodelle 86049 | Charlotte 75036 |
| Occupation | 122841 | noire | 1914 | Konfetti 95768 | Kanasava 92340 |
| Occupée | 118802 | noire | 1914 | Homard 74692 | Jantille 84984 |
| Occupée | 120144 | bai-foncé | 1914 | Guignolet 70023 | Abelette 66574 |
| Occupée | 121416 | gris-foncé | 1914 | Krural 91866 | Déesse 57295 |
| Occupée | 122843 | noire | 1914 | Kibry 89896 | Herseigne 75796 |
| Occurence | 120143 | bai-tr.-f. | 1914 | Kognac 91477 | Plaisante 63208 |
| Occurence | 121417 | gris-foncé | 1914 | Krural 91866 | Gentille 72833 |
| Occurence | 122845 | grise | 1914 | Douvreur - ex-Couvreur 58335 | Reinette 64944 |
| Occurente | 120145 | gris-foncé | 1914 | Kontemporain 94579 | Chopine 57937 |
| Occurente | 121418 | noir-zain | 1914 | Kif-Kif 95174 | Kopule 94986 |
| Océana | 122953 | noire | 1914 | Khaled 96398 | Olga 43195 |
| Océana | 123873 | gris-foncé | 1914 | Istres 82647 | Galettée 96845 |
| Océane | 118804 | noire | 1914 | Kroumir 94547 | Gatinaise 69435 |
| Océane | 119220 | gris-vin. | 1914 | Iago 81027 | Hermine 74063 |
| Océane | 119591 | noire | 1914 | Jasmin 83835 | Herpine 74275 |

| NOM | N° | ROBE | Naissance | PÈRE | MÈRE |
|---|---|---|---|---|---|
| **Océane** | 120146 | gris-foncé | 1914 | Guignolet 70023 | Julie 59131 |
| **Océane** | 120922 | grise | 1914 | Hou-nan 76124 | Idée 80698 |
| **Océane** | 121419 | gris-foncé | 1914 | Kif-Kif 95174 | Mouvette 49448 |
| **Océane** | 122220 | noire | 1914 | Jugal 85444 | Jouvence 86950 |
| **Océane** | 122847 | noire | 1914 | Instar 78857 | Gélatine 73015 |
| **Océane** | 123357 | gris-foncé | 1914 | Klocher 95657 | Icone 98236 |
| **Océania** | 124057 | noire | 1914 | Interprète 80665 | Impériale 96976 |
| **Océanide** | 118805 | noire | 1914 | Kroumir 94517 | Coquette 65642 |
| **Océanide** | 119628 | grise | 1914 | Jalap 84194 | Hardiesse 90169 |
| **Océanide** | 120151 | noire | 1914 | Imprévu 80361 | Iphigénie 81438 |
| **Océanide** | 120596 | noire | 1914 | Kartier 91591 | Kabylie 89920 |
| **Océanide** | 121198 | grise | 1914 | Koquelin 92226 | Incas 80468 |
| **Océanide** | 121423 | noire | 1914 | Jodelle 86049 | Indre 82053 |
| **Océanide** | 122217 | gris-foncé | 1914 | Guignolet 70023 | Kivala 95221 |
| **Océanide** | 122849 | grise | 1914 | Instar 78857 | Ibérie 98308 |
| **Océanide** | 123362 | grise | 1914 | Illico 83057 | Charlotte 98627 |
| **Océanide** | 124050 | grise | 1914 | Kabotin 96817 | Imberbe 82738 |
| **Océanie** | 118800 | grise | 1914 | Kommis 93104 | Colline 53859 |
| **Océanie** | 119218 | noire | 1914 | Kommis 93104 | Sultine 49573 |
| **Océanie** | 119630 | gris-foncé | 1914 | Jalap 84194 | Kellaire 90344 |
| **Océanie** | 120157 | noire | 1914 | Imprévu 80361 | Edwige 60267 |
| **Océanie** | 120282 | noire | 1914 | Janissus 88060 | Lisette 101934 |
| **Océanie** | 120344 | grise | 1914 | Judas 86606 | Rétine 58497 |
| **Océanie** | 120628 | noire | 1914 | Josné 88841 | Violette 61976 |
| **Océanie** | 121200 | gris-vin. | 1914 | Jujubier 85435 | Joyeuseté 84667 |
| **Océanie** | 122219 | noire | 1914 | Komitat 91759 | Laitance 103125 |
| **Océanie** | 122850 | grise | 1914 | Kamulant 91699 | Bichette 84501 |
| **Océanie** | 123358 | grise | 1914 | Klocher 95657 | Kenia 96376 |
| **Océanie** | 124043 | noire | 1914 | Interprète 80665 | Soumise 96949 |
| **Océanie** | 124107 | grise | 1914 | Grigri 65867 | Kasbath 94748 |
| **Océanienne** | 118806 | grise | 1914 | Kroumir 94517 | Lisette 47963 |
| **Océanienne** | 120159 | noire | 1914 | Kontemporain 91579 | Charmante 61463 |
| **Océanienne** | 122853 | gris-foncé | 1914 | Kominos 92182 | Harangue 98234 |
| **Océanique** | 118807 | noire | 1914 | Kroumir 94517 | Catalina 57601 |
| **Océanique** | 120756 | grise | 1914 | Kilo 94042 | Hélique 75732 |
| **Océanna** | 124055 | baie | 1914 | Kabotin 96817 | Fabricienne 57557 |
| **Ocellation** | 118808 | noire | 1914 | Kroumir 94517 | Kouverte 90474 |
| **Ocellation** | 121429 | gris-foncé | 1914 | Kapan 90765 | Pauline 54579 |
| **Ocellation** | 122852 | grise | 1914 | Kylbers 91622 | Lapone 102860 |
| **Ocelle** | 118809 | grise | 1914 | Kroumir 94517 | [illegible] 64202 |
| **Ocelle** | 121428 | gris-foncé | 1914 | Kabalbec 95409 | [illegible] 78895 |
| **Ocellée** | 122855 | grise | 1914 | Kylbers 91622 | [illegible] 77305 |
| **Ocelote** | 119273 | grise | 1914 | Koquelin 92226 | [illegible] 58430 |
| **Oche** | 120061 | bai-ch. | 1914 | Judas 88606 | [illegible] 98306 |
| **Oche** | 121140 | grise | 1914 | Ker [illegible] 91690 | [illegible] |

| NOM | N° | ROBE | Naissance | PÈRE | MÈRE |
|---|---|---|---|---|---|
| Oche | 123555 | noire | 1914 | Klaro 97235 | Kabyle 97223 |
| Oches | 119989 | noire · | 1914 | Karabé 95224 | Placière 58598 |
| Ochette | 120641 | gris-vin. | 1914 | Jean Jack 85863 | Kermesse 91714 |
| Ochette | 121142 | noire | 1914 | Képi 91690 | Alerte 58037 |
| Ochie | 123649 | b.-b. t.-f. | 1914 | Kaisson 97384 | Gertrude 87650 |
| Ochine | 119635 | noire | 1914 | Hareng 76925 | Miss 57469 |
| Ochlocratie | 122858 | grise | 1914 | Kagnat 92819 | Perdrix 66805 |
| Ochnacée | 122859 | grise | 1914 | Kanulant 91699 | Laserre 102873 |
| Oclastie | 120408 | gris-foncé | 1914 | Juin 83623 | Pelisse 50152 |
| Oclette | 119100 | noire | 1914 | Kommis 93404 | Lamaitress 99792 |
| Ocqueville | 122426 | grise | 1914 | Ingénu 79896 | Gibelote 73086 |
| Ocqueville | 123558 | grise | 1914 | Klaro 97235 | Houppe 78374 |
| Ocre | 118810 | grise | 1914 | Homard 74692 | Eliane 62207 |
| Ocre | 120160 | g-c.-d.-m. | 1914 | Jean-qui-rit 88772 | Pelote 54330 |
| Ocre | 122862 | grise | 1914 | Instar 78857 | Kadence 96620 |
| Ocréine | 120837 | noire | 1914 | Kalendrier 90637 | Mouvette 49216 |
| Ocreuse | 118812 | noire | 1914 | Homard 74692 | Nicolette 57603 |
| Ocreuse | 121936 | gris-foncé | 1914 | Klamart 96523 | Lajonquière 104708 |
| Ocreuse | 122864 | grise | 1914 | Kourlis 95894 | Torpille 60667 |
| Octa | 118822 | grise | 1914 | Idem 80612 | Pilule 44123 |
| Octa | 119252 | grise | 1914 | Iago 81027 | Civette 56222 |
| Octacorde | 121433 | gris-vin. | 1914 | Kapon 90765 | Kachette 92954 |
| Octacorde | 122865 | baie | 1914 | Kibry 89896 | Ismène 83237 |
| Octandre | 122868 | noire | 1914 | Kalderon 97556 | Kongestion 97552 |
| Octandrie | 118813 | grise | 1914 | Homard 74692 | Kroisette 92059 |
| Octandrie | 120171 | grise | 1914 | Kalot 92507 | Haleine 74732 |
| Octandrie | 121435 | gris-foncé | 1914 | Kapon 90765 | Kystique 92953 |
| Octandrie | 122871 | grise | 1914 | Impérator 83461 | Lagardie 102784 |
| Octante | 118814 | grise | 1914 | Homard 74692 | Kroisade 92058 |
| Octante | 121437 | bai-tr.-f. | 1914 | Kapon 90765 | Iarbas 82296 |
| Octante | 122874 | grise | 1914 | Douvreur-ex-Couvreur 58335 | Joliette 64547 |
| Octantième | 121438 | gris-foncé | 1914 | Kazino 92248 | Hauteclaire 61626 |
| Octave | 120173 | noire | 1914 | Kontemporain 91579 | Gisèle 69542 |
| Octave | 121440 | gris foncé | 1914 | Kérouriou 92358 | Kanitie 95590 |
| Octavia | 119098 | noire | 1914 | Justian 85274 | Coulisse 67176 |
| Octavie | 118816 | grise | 1914 | Janséniste 86818 | Sirène 65600 |
| Octavie | 119664 | gris-fer | 1914 | Kakatoé 90323 | Hermina 74319 |
| Octavie | 120656 | gris-foncé | 1914 | Ivan 81244 | Iniquité 78792 |
| Octavie | 121152 | grise | 1914 | Juge 83738 | Tricoteuse 54702 |
| Octavie | 121439 | gris-foncé | 1914 | Konstat 95797 | Julie 96946 |
| Octavie | 122226 | gris-foncé | 1914 | Komitat 91759 | Marmotte 59250 |
| Octavie | 122546 | grise | 1914 | Camail 67771 | Julia 85368 |
| Octavie | 122589 | grise | 1914 | Kamiesh 96173 | Kelba 96844 |
| Octavie | 122875 | grise | 1914 | Instar 78857 | Guillaumette 72102 |
| Octavie | 123364 | grise | 1914 | Khaled 96398 | Tulipe 47143 |

| NOM | N° | ROBE | NAISSANCE | PÈRE | MÈRE |
|---|---|---|---|---|---|
| Octavie | 123803 | noire | 1914 | Kador 95523 | Paquerette 50550 |
| Octavie | 123969 | grise | 1914 | Kaisson 97384 | Localité 102571 |
| Octavie | 123998 | noire | 1914 | Istres 82617 | Hortense 73757 |
| Octavie | 124106 | noire | 1914 | Kruchon 93701 | Jenny 84651 |
| Octavière | 121441 | gris foncé | 1914 | Kif Kif 95174 | Joubarbe 88290 |
| Octavonne | 118817 | noire | 1914 | Janséniste 86818 | Introductive 79000 |
| Octavonne | 120174 | grise | 1914 | Kalot 92507 | Rosette 98066 |
| Octavonne | 121477 | noire | 1914 | Krural 91866 | Irénée 79113 |
| Octavonne | 122879 | noire | 1914 | Kagnat 92819 | Charlotte 49285 |
| Octaze | 120790 | grise | 1914 | Joch 88606 | Friga 67070 |
| Octeville | 119662 | noire | 1914 | Kakatoé 90323 | Lisette 101028 |
| Octeville | 119990 | grise | 1914 | Haitain 73993 | Cocotte 73430 |
| Octeville | 120635 | gris foncé | 1914 | Judas 88606 | Laitue 97913 |
| Octeville | 121153 | grise | 1914 | Fier à Bras 65250 | Biche 57396 |
| Octeville | 122227 | noire | 1914 | Komitat 91759 | Lili 103128 |
| Octeville | 122416 | noire | 1914 | Ingénu 79896 | Jonquille 87942 |
| Octeville | 123365 | noire | 1914 | Keyser 96397 | Kilia 96403 |
| Octeville | 123559 | grise | 1914 | Klaro 97235 | Krichna 97227 |
| Octi | 120799 | grise | 1914 | Kerdaniel 94127 | Inquiète 78819 |
| Octidi | 119282 | noire | 1914 | Gazéo 70937 | Laroustière 100852 |
| Octogonale | 118818 | baie | 1914 | Kommis 93104 | Fraternelle 57724 |
| Octogonale | 121478 | noire | 1914 | Kalifornien 90644 | Brillante 58092 |
| Octogonale | 122880 | noire | 1914 | Kalderon 97556 | Jaserie 87213 |
| Octogyne | 118828 | grise | 1914 | Karabé 95224 | Zélie 54395 |
| Octogyne | 120178 | gris-t. f. | 1914 | Kalot 92507 | Paquerette 73349 |
| Octostyle | 118831 | noir zain | 1914 | Kermonster 90536 | Korcoran 92889 |
| Octostyle | 119272 | noir-zain | 1914 | Joyeux 84874 | Jambe 85786 |
| Octostyle | 121481 | alezane | 1914 | Kagot 92240 | Lisette 59630 |
| Octravie | 119145 | grise | 1914 | Jubé 85452 | Grenadille 70720 |
| Octuple | 118832 | noire | 1914 | Kermonster 90536 | Loutre 100393 |
| Octuple | 121484 | gris cend. | 1914 | Kagot 92240 | Kasemate 94889 |
| Odaffe | 120542 | gris-foncé | 1914 | Josué 88841 | Alpine 54453 |
| Odalisque | 118833 | grise | 1914 | Kalhao 92188 | Langue 100636 |
| Odalisque | 119210 | noire | 1914 | Japon 84819 | Vermouth 49166 |
| Odalisque | 120181 | gris-foncé | 1914 | Karolus 93008 | Coquette 78431 |
| Odalisque | 120593 | gris-foncé | 1914 | If 80943 | Mandoline 55935 |
| Odalisque | 120658 | gris-foncé | 1914 | Ivan 81244 | Jouvence 86006 |
| Odalisque | 120786 | grise | 1914 | Kruger 92229 | Indécision 79162 |
| Odalisque | 121486 | gris-foncé | 1914 | Kif-Kif 95174 | Imitatrice 82538 |
| Odalisque | 121944 | grise | 1914 | Kalderon 97556 | Koriandre 95038 |
| Odalisque | 122881 | gris-foncé | 1914 | Kromwell 96606 | Konjugale 95781 |
| Odalisque | 123890 | grise | 1914 | Jan 84219 | Luberté 104440 |
| Ode | 118836 | grise | 1914 | Handin 75681 | Anisette 57758 |
| Ode | 119288 | grise | 1914 | Gazéo 70937 | Brindille 54932 |
| Ode | 119666 | grise | 1914 | Hareng 76925 | Risette 62120 |

| NOM | N° | ROBE | Naissance | PÈRE | MÈRE |
|---|---|---|---|---|---|
| Ode | 120182 | gris t.-cl. | 1914 | Karolus 93008 | Lisette 56093 |
| Ode | 120923 | gris c. | 1914 | Hou-nan 76124 | Kermesse 94825 |
| Ode | 121155 | grise | 1914 | Kif-Kif 95174 | Jacée 88161 |
| Ode | 121487 | alezane | 1914 | Kif-Kif 95174 | Bamboche 54018 |
| Ode | 122883 | noir-zain | 1914 | Konfetti 95768 | Cérès 60633 |
| Ode | 133367 | grise | 1914 | Illico 83057 | Kehl 96379 |
| Ode | 123942 | gris-t.-f. | 1914 | Kaisson 97384 | Kabylia 96694 |
| Odekologne | 120555 | bai-brun | 1914 | If 80943 | Coquette 57426 |
| Odelette | 118839 | grise | 1914 | Ketel 93770 | Galathée 70474 |
| Odelette | 120184 | gris-foncé | 1914 | Kommis 93104 | Goguette 70632 |
| Odelette | 121490 | noir-zain | 1914 | Kagot 92240 | Lisette 54383 |
| Odelette | 122885 | gris-clair | 1914 | Kominos 92182 | Laïs 102794 |
| Odemélisse | 120808 | grise | 1914 | Kalifornien 90644 | Elégante 63866 |
| Odense | 119663 | grise | 1914 | Kakatoé 90323 | Limogne 101043 |
| Odense | 122228 | noire | 1914 | Komitat 91759 | Zerline 47928 |
| Odense | 122590 | grise | 1914 | Kamiesh 96173 | Illusion 83215 |
| Odense | 123366 | grise | 1914 | Illico 83057 | Kaudine 96507 |
| Odensée | 120622 | gris-vin. | 1914 | Juin 83623 | Imagerie 78756 |
| Odensée | 120629 | bai-br.-z. | 1914 | Juin 83623 | Fauvette 84374 |
| Odère | 119664 | baie | 1914 | Kakatoé 90323 | Aline 66330 |
| Odes | 120623 | noire | 1914 | Juin 83623 | Martiale 58754 |
| Odessa | 119668 | grise | 1914 | Hareng 76925 | Ione 79849 |
| Odessa | 120519 | gris-foncé | 1914 | Jean-qui-rit 88772 | Charlotte 42557 |
| Odessa | 120624 | gris-foncé | 1914 | Ivan 81244 | Castille 50488 |
| Odessa | 121456 | grise | 1914 | Jean-qui-rit 88772 | Hémorrhagie 73598 |
| Odessa | 121860 | noire | 1914 | Kontemporain 91579 | Magie 67718 |
| Odessa | 122229 | grise | 1914 | Jugal 85444 | Grimaude 70657 |
| Odessa | 123368 | grise | 1914 | Illico 83057 | Joyeuse 87904 |
| Odessa | 124049 | gris-foncé | 1914 | Jackson 88870 | Kabylia 96838 |
| Odessa | 124108 | noire | 1914 | Kruchon 93701 | Victorieuse 57011 |
| Odesse | 120594 | grise | 1914 | If 80943 | Gombette 70965 |
| Odetta | 119128 | grise | 1914 | Judas 86606 | Inflexion 79898 |
| Odetta | 119645 | bai-brun | 1914 | If 80943 | Kita 94067 |
| Odette | 120246 | noire | 1914 | Kalot 92507 | Halize 76463 |
| Odette | 120655 | grise | 1914 | Judas 86606 | Juliette 86699 |
| Odette | 120875 | noire | 1914 | Kermouster 90536 | Devise 62043 |
| Odette | 120904 | grise | 1914 | Jaddus 89198 | Histoire 75533 |
| Odette | 122256 | noire | 1914 | Komitat 91759 | Jonque 86373 |
| Odette | 122364 | grise | 1914 | Jouillat 88642 | Hasardée 76373 |
| Odette | 122576 | grise | 1914 | Idomen 83507 | Bavière 64984 |
| Odette | 122619 | grise | 1914 | Jaseur 89506 | Hermine 77587 |
| Odette | 122637 | noire | 1914 | Jaseur 89506 | Ketmie 94621 |
| Odette | 123915 | grise | 1914 | Kapon 97485 | Néva 39481 |
| Odette | 124080 | noire | 1914 | Grigri 65867 | Thérèse 57577 |
| Odeur | 118840 | noire | 1914 | Karabé 95224 | Crailleuse 68830 |

| NOM | N° | ROBE | ANNÉE | PÈRE | MÈRE |
|---|---|---|---|---|---|
| Odeur | 120186 | noire | 1914 | Karolus 93008 | Mouvette 68663 |
| Odeur | 120659 | grise | 1914 | Karf 89851 | Lapatrie 98907 |
| Odeur | 120792 | grise | 1914 | Kif Kif 95174 | Lahuette 99539 |
| Odeur | 121493 | noire | 1914 | Kagoz 92240 | Kascarille 94886 |
| Odeur | 121942 | gris r. | 1914 | Imperator 83461 | Gimblette 70316 |
| Odeur | 122236 | noire | 1914 | Komitat 91759 | Cerisette 66961 |
| Odeur | 122890 | alezane | 1914 | Klermont 96529 | Olga 61179 |
| Odeur | 123372 | grise | 1914 | Kadédis 96621 | Judaïsme 87307 |
| Odevie | 120515 | grise | 1914 | Jean qui rit 88772 | Cléo 56793 |
| Odieuse | 118841 | grise | 1914 | Karabé 95224 | Sapette 66870 |
| Odieuse | 120009 | gris-foncé | 1914 | Kerourion 92358 | Rubrique 56028 |
| Odieuse | 121495 | gris-foncé | 1914 | Kagoz 92240 | Isette 98408 |
| Odieuse | 122891 | noire | 1914 | Kromwell 96506 | Jale 86485 |
| Odile | 119670 | noir zain | 1914 | Hareng 76925 | Cascabelle 45957 |
| Odile | 121157 | noire | 1914 | Jean qui rit 88772 | Jacinthe 86103 |
| Odile | 122233 | gris-foncé | 1914 | Komitat 91759 | Janina 81044 |
| Odile | 122585 | noire | 1914 | Klermont 96529 | Ingénue 82947 |
| Odile | 123373 | grise | 1914 | Kibry 89896 | Hironne 76120 |
| Odine | 120657 | gris-foncé | 1914 | Juin 83623 | Kassoulette 92102 |
| Odivale | 119991 | gris noir | 1914 | Jans 86310 | Galantine 98465 |
| Odivale | 123561 | grise | 1914 | Klaro 97235 | Judée 88990 |
| Odoacre | 119673 | gris-foncé | 1914 | Jasmin 83835 | Géante 69352 |
| Odométrie | 118842 | grise | 1914 | Karabé 95224 | Jorat 84039 |
| Odométrie | 120189 | noire | 1914 | Karolus 93008 | Cocotte 81806 |
| Odométrie | 121498 | gris-foncé | 1914 | Kalifornien 90644 | Suzon 47178 |
| Odométrie | 122894 | gris-foncé | 1914 | Kalderon 97356 | Grisette 72850 |
| Odontalgie | 118846 | gris-clair | 1914 | Idem 80612 | Lisette 54396 |
| Odontalgie | 120190 | noire | 1914 | Karolus 93008 | Margot 61194 |
| Odontalgie | 120771 | bai brun | 1914 | Kif-Kif 95174 | Mélie 49668 |
| Odontalgie | 121504 | noire | 1914 | Krural 91866 | Sabine 64773 |
| Odontalgie | 122897 | gris-foncé | 1914 | Joab 87450 | Victorieuse 48022 |
| Odontologie | 122898 | noir-zain | 1914 | Joab 87450 | Frivole 47981 |
| Odorante | 118847 | grise | 1914 | Kermouster 90536 | Gosseline 71553 |
| Odorante | 120917 | baie | 1914 | Mareuil 53513 | Lancette 101606 |
| Odorante | 121502 | noire | 1914 | Krural 91866 | Gisèle 72892 |
| Odorante | 122530 | grise | 1914 | Benjoin 62927 | Galerne 93519 |
| Odyssée | 118848 | noire | 1914 | Handin 75681 | Brillantine 55324 |
| Odyssée | 119287 | noire | 1914 | Gazéo 70937 | Gaby 69919 |
| Odyssée | 120004 | grise | 1914 | Kruger 92229 | Lasagne 100669 |
| Odyssée | 120311 | grise | 1914 | Jasmin 83835 | Larchage 101023 |
| Odyssée | 120577 | gris-vin. | 1914 | Jean-Jack 85863 | Hictoria 76545 |
| Odyssée | 120581 | grise | 1914 | Karf 89851 | Jeannette 54469 |
| Odyssée | 121503 | gris-foncé | 1914 | Krural 91866 | Fauvette 55810 |
| Odyssée | 121879 | gris-foncé | 1914 | Klamart 96520 | Castille 49439 |
| Odyssée | 122903 | grise | 1914 | Instar 78857 | Ladye 68291 |

| NOM | N° | ROBE | Naissance | PÈRE | MÈRE |
|---|---|---|---|---|---|
| Odyssée | 123374 | grise | 1914 | Kybéry 91622 | Etoile 66421 |
| Odyssée | 124042 | grise | 1914 | Jackson 88870 | Dalila 60920 |
| Odyssée | 124109 | gris-foncé | 1914 | Klairet 94682 | Lorraine 47249 |
| Oebalia | 121777 | gris-vin. | 1914 | Juliopolis 86716 | Lépreuse 104121 |
| Oéchalia | 122591 | gris-foncé | 1914 | Irradié 83254 | Kampen 96170 |
| Oedémateuse | 120816 | noir-zain | 1914 | Hanneton 75587 | Kartouche 92344 |
| Oedipe | 120002 | bai-br.-z. | 1914 | If 80943 | Kapote 90770 |
| Oeillade | 119269 | gris-fer | 1914 | Joyeux 84874 | Pàquerette 44796 |
| Oeillade | 119273 | gris-foncé | 1914 | Joyeux 84874 | Disette 65509 |
| Oeillade | 120924 | baie | 1914 | Hou nan 76124 | Julie 88664 |
| Oeillade | 121504 | gris-foncé | 1914 | Krural 91866 | Jouvencelle 88310 |
| Oeillade | 123985 | noire | 1914 | Illico 83057 | Lyre 104491 |
| Oeillade | 124110 | grise | 1914 | Grigri 65867 | Hôtesse 75708 |
| Oeillère | 120196 | noire | 1914 | Komitat 91759 | Lisette 64855 |
| Oeillère | 121506 | noire | 1914 | Krural 91866 | Kameline 95601 |
| Oeillère | 121880 | noir-zain | 1914 | Klermont 96529 | Héberge 77893 |
| Oeillette | 120197 | noire | 1914 | Komitat 91759 | Krémone 92050 |
| Oeillette | 120925 | noir-zain | 1914 | Hou nan 76124 | Idole 42187 |
| Oeillette | 121507 | baie | 1914 | Krural 91866 | Guillerette 72599 |
| Oeillette | 122904 | noire | 1914 | Kagnat 92819 | Kompagnie 95741 |
| Oeillette | 123946 | noire | 1914 | Klocher 95657 | Iris 43984 |
| Oëlleville | 123562 | grise | 1914 | Klaro 97235 | Jaseuse 89000 |
| Oemée | 122238 | noire | 1914 | Komitat 91759 | Cybèle 56472 |
| Oénée | 119675 | grise | 1914 | Jasmin 83835 | Hermosa 73781 |
| Oenée | 123376 | grise | 1914 | Kybéry 91622 | Nigra 58601 |
| Oenoline | 121508 | gris-foncé | 1914 | Jephté 88561 | Biche 93431 |
| Oenologie | 119274 | noire | 1914 | Homard 74692 | Floride 66254 |
| Oenologie | 121509 | alezane | 1914 | Jephté 88561 | Kopieuse 94983 |
| Oenomancie | 120817 | noire | 1914 | Hanneton 75587 | Gommeuse 71552 |
| Oenone | 121965 | noire | 1914 | Garo 70714 | Lamarque 102025 |
| Oesel | 121966 | noir-zain | 1914 | Gratien 71007 | Jacasse 86778 |
| Oesophage | 120788 | grise | 1914 | Kif-Kif 95174 | Kaprikine 89885 |
| Oestre | 119271 | grise | 1914 | Célibat 64968 | Ichtyolithe 79518 |
| Oeta | 120586 | gris-vin. | 1914 | Jean-Jack 85863 | Giffa 40706 |
| Oeta | 121955 | bai-foncé | 1914 | Garo 70714 | Jalouse 86408 |
| Oeuvre | 120527 | gris-clair | 1914 | Kérouriou 92358 | Gargotte 97071 |
| Oeuvre | 120678 | grise | 1914 | Kruger 92229 | Vaillante 64566 |
| Oeuvre | 121881 | grise | 1914 | Klamart 96523 | Kaspienne 96489 |
| Offe | 119941 | bai-chât. | 1914 | Krid 96028 | Laine 100172 |
| Offense | 120199 | grise | 1914 | Komitat 91759 | Brebis 81710 |
| Offense | 121510 | noire | 1914 | Quinquina 68945 | Charmante 56953 |
| Offense | 122906 | grise | 1914 | Douvreur-ex-Couvreur 58335 | Indienne 96933 |
| Offense | 123962 | grise | 1914 | Istres 82617 | Indiana 84256 |
| Offensée | 122907 | gris-foncé | 1914 | Douvreur-ex-Couvreur 58335 | Franchise 36465 |
| Offensive | 120201 | grise | 1914 | Kruor 91865 | Margot 90027 |

| NOM | N° | ROBE | NAISSANCE | PÈRE | MÈRE |
|---|---|---|---|---|---|
| Offensive | 120604 | noire | 1914 | Kerdaniel 94127 | Cigarette 60492 |
| Offensive | 123050 | grise | 1914 | Koypel 96590 | Lactance 102775 |
| Offerte | 118855 | noire | 1914 | Kroumir 94517 | Hyène 73613 |
| Offerte | 119652 | noire | 1914 | Joch 88606 | Ballade 66911 |
| Offerte | 120202 | gris foncé | 1914 | Komitat 91759 | Mouette 47773 |
| Offerte | 121511 | baie | 1914 | Quinquina 68945 | Castille 54226 |
| Offerte | 121878 | grise | 1914 | Douvreur ex Couvreur 58335 | Juratoire 88361 |
| Offerte | 122911 | noire | 1914 | Kagnat 92819 | Laurée 101790 |
| Offeuse | 121886 | grise | 1914 | Kromwell 96506 | Jantille 98428 |
| Officialité | 121512 | noire | 1914 | Quinquina 68945 | Isméne 87593 |
| Officialité | 122912 | grise | 1914 | Joinville 88611 | Docile 93486 |
| Officiante | 121513 | noire | 1914 | Jephté 88361 | Biche 50628 |
| Officiante | 122913 | grise | 1914 | Kibry 89896 | Jaquette 90012 |
| Officielle | 118856 | noire | 1914 | Kroumir 94517 | Fleurette 59309 |
| Officielle | 119063 | gris foncé | 1914 | Jolicœur 85324 | Junon 85580 |
| Officielle | 120203 | noire | 1914 | Komitat 91759 | Rosette 63032 |
| Officielle | 121514 | aubère | 1914 | Krural 91866 | Lavoye 102134 |
| Officielle | 122914 | grise | 1914 | Krural 91866 | Conchita 67918 |
| Officière | 120205 | grise | 1914 | Kascadeur 91236 | Kampagne 90904 |
| Officière | 121515 | noire | 1914 | Krural 91866 | Illusion 82443 |
| Officière | 122915 | gris foncé | 1914 | Krural 91866 | Biche 49502 |
| Officieuse | 118859 | bai brun | 1914 | Jeudi 88924 | Lilie 65186 |
| Officieuse | 120207 | noire | 1914 | Komitat 91759 | Ismone 80528 |
| Officieuse | 121516 | noire | 1914 | Krural 91866 | Impaction 81903 |
| Officieuse | 122918 | grise | 1914 | Kibry 89896 | Lypémanie 102758 |
| Officinale | 120210 | gris clair | 1914 | Krnor 91865 | Aggée 66178 |
| Officinale | 121517 | noir zain | 1914 | Héaume 75604 | Jacasse 87162 |
| Officinale | 122920 | noire | 1914 | Kérourion 92358 | Kolumelle 95722 |
| Officine | 118862 | noire | 1914 | Jalap 84194 | Cocotte 53599 |
| Officine | 120211 | gris-clair | 1914 | Krnor 91865 | Céline 50216 |
| Officine | 120550 | gris-foncé | 1914 | If 80943 | Jossette 86003 |
| Officine | 121518 | noire | 1914 | Jephté 88361 | If 79309 |
| Officine | 121884 | grise | 1914 | Isly 83294 | Mignonne 75009 |
| Officine | 122921 | noire | 1914 | Kibry 89896 | Krassule 95951 |
| Officine | 123949 | noire | 1914 | Khaled 96398 | Hyène 77453 |
| Offignie | 122418 | noire | 1914 | Ingénu 79896 | Hochette 77016 |
| Offignie | 123563 | grise | 1914 | Koncordat 95760 | Jaserie 89093 |
| Offrande | 118863 | noire | 1914 | Kroumir 94517 | Zélie 54769 |
| Offrande | 120212 | gris-clair | 1914 | Kalendrier 90637 | Guinguette 68704 |
| Offrande | 120485 | noir-zain | 1914 | Kagot 92240 | Joyeuse 88314 |
| Offrande | 121160 | grise | 1914 | Klamart 96523 | Istille 98613 |
| Offrande | 121519 | noire | 1914 | Quinquina 68945 | Fusette 68378 |
| Offrande | 122022 | gris-foncé | 1914 | Jua 83570 | Groseille 72829 |
| Offrande | 123991 | noire | 1914 | Joab 87450 | Paquerette 55982 |
| Offranville | 119677 | grise | 1914 | Hareng 76925 | Koctuple 90335 |

| NOM | N° | ROBE | Naissance | PÈRE | MÈRE |
|---|---|---|---|---|---|
| Offranville | 119996 | noire | 1914 | Imprévu 80361 | Junon 96920 |
| Offranville | 122420 | gris f.-f. | 1914 | Igli 81048 | Grillette 74891 |
| Offranville | 123565 | gris-foncé | 1914 | Kaisson 97384 | Kouka 97349 |
| Offre | 118864 | noire | 1914 | Kroumir 94517 | Iponée 79824 |
| Offre | 120214 | noire | 1914 | Jean-qui-rit 88772 | Hochette 74936 |
| Offre | 121521 | noire | 1914 | Quinquina 68945 | Charmante 74990 |
| Offre | 122924 | baie | 1914 | Jua 83570 | Légale 97981 |
| Offuscation | 124523 | noire | 1914 | Kapon 90765 | Hilote 77342 |
| Ogenette | 123223 | grise | 1914 | Illico 83057 | Impétueux 82817 |
| Ogenne | 122421 | noire | 1914 | Igli 81048 | Cocotte 61444 |
| Ogivale | 118865 | grise | 1914 | Kroumir 94517 | Harpe 73857 |
| Ogivale | 120215 | gris-foncé | 1914 | Juvénal 83553 | Rosette 53795 |
| Ogivale | 121927 | grise | 1914 | Kalderon 97556 | Fanchette 54086 |
| Ogivale | 123930 | grise | 1914 | Jan 84219 | Helvétie 97724 |
| Ogive | 118867 | grise | 1914 | Jalap 84194 | Cendrette 60283 |
| Ogive | 119682 | grise | 1914 | Jasmin 83835 | Abondance 66174 |
| Ogive | 120216 | noire | 1914 | Juvénal 83553 | Mascote 54367 |
| Ogive | 121442 | noire | 1914 | Huitain 73993 | Charmante 78446 |
| Ogive | 121537 | grise | 1914 | Kanem 89731 | Charmante 53666 |
| Ogive | 121932 | gris foncé | 1914 | Instar 78857 | Pascaline 60020 |
| Ogive | 122240 | noire | 1914 | Komitat 91789 | Clotilde 58735 |
| Ogive | 122929 | grise | 1914 | Kérouriou 92358 | Komète 95729 |
| Ogive | 122951 | grise | 1914 | Dcguet-ex-Sapeur 60641 | Gastille 72153 |
| Ogive | 123380 | grise | 1914 | Kagnat 92819 | Indivise 84995 |
| Ogive | 123931 | noir-m.-t. | 1914 | Klocher 95757 | Hellie 97725 |
| Ogive | 124089 | grise | 1914 | Kaptif 92909 | Splendide 68000 |
| Ogivette | 118872 | noire | 1914 | Kroumir 94517 | Goguette 69638 |
| Ogivette | 120217 | grise | 1914 | Juvénal 83553 | Herbette 78058 |
| Ogivette | 121449 | grise | 1914 | Célibat 64968 | Immanente 82247 |
| Ogivette | 121539 | noire | 1914 | Jodelle 86049 | Charmante 87700 |
| Ogivette | 122933 | noir-zain | 1914 | Impérator 83461 | Léna 83205 |
| Ogivette | 122949 | grise | 1914 | Kibry 89896 | Karikale 92609 |
| Oglia | 122592 | gris-foncé | 1914 | Juliopolis 86716 | Limande 104321 |
| Ogne | 123582 | grise | 1914 | Jaddus 89198 | Mira 41870 |
| Ognette | 120218 | noire | 1914 | Juvénal 83553 | Hermine 77779 |
| Ognette | 121540 | noire | 1914 | Kobi 95111 | Kottage 95853 |
| Ognette | 122936 | isabelle | 1914 | Kerdaniel 94127 | Lorraine 103453 |
| Ognéville | 122424 | gris-noir | 1914 | Keramin 95167 | Kolobopous 95265 |
| Ognéville | 123566 | grise | 1914 | Jauville 88706 | Rosalba 67682 |
| Ognolle | 123567 | grise | 1914 | Kairouan 97649 | Tamatave 40854 |
| Ognonade | 118877 | noire | 1914 | Kapuly 92818 | Coquette 54347 |
| Ognonade | 120223 | noire | 1914 | Juvénal 83553 | Heljou 76521 |
| Ognonade | 121547 | noire | 1914 | Jolicœur 85324 | Jassy 88503 |
| Ognonière | 118882 | grise | 1914 | Jurisconsul 86393 | Kolique 92644 |
| Ognonière | 121548 | gris-foncé | 1914 | Jolicœur 85324 | Jativa 88504 |

| NOM | N° | ROBE | NÉ EN | PÈRE | MÈRE |
|---|---|---|---|---|---|
| Ogatta | 120738 | noire | 1914 | Kalendrier 90637 | Fagotte 84373 |
| Ogresse | 120220 | noire | 1914 | Komitat 91759 | Odorante 67871 |
| Ogresse | 120603 | gris foncé | 1914 | Kerdanet 94127 | Jaffa 86026 |
| Ogresse | 121544 | noire | 1914 | Jean-qui-rit 88772 | Castille 49526 |
| Ogresse | 122474 | gris foncé | 1914 | Hauterive 78282 | Garcette 72745 |
| Ogresse | 123926 | noire | 1914 | Istres 82617 | Kamala 96792 |
| Ogresse | 124085 | baie | 1914 | Grégri 65867 | Cordelière 59958 |
| Ogriou | 123932 | grise | 1914 | Klocher 95657 | Juliange 87910 |
| Ogygie | 120562 | gris vin. | 1914 | Kalifornien 90644 | Coquette 98096 |
| Ogygie | 121443 | noire | 1914 | Huitain 73993 | Lisa 54234 |
| Ogygie | 121956 | gris clair | 1914 | Jupiter 88668 | Irène 81067 |
| Ogygie | 122274 | noire | 1914 | Komitat 91759 | Cascarina 67248 |
| Ogygie | 123382 | grise | 1914 | Imperator 83461 | Fanchette 60189 |
| Oherville | 118726 | grise | 1914 | Jeddah 89198 | Nonantine 50330 |
| Oherville | 122427 | noire | 1914 | Iowa 80989 | Biche 49841 |
| Ohnète | 123384 | grise | 1914 | Karnak 92819 | Konscience 96564 |
| Ohrida | 123387 | grise | 1914 | Jambon 87188 | Lamia 102811 |
| Oie | 118876 | grise | 1914 | Jousset 83935 | Ramette 58530 |
| Oie | 119872 | grise | 1914 | Kalot 92507 | Rose 54317 |
| Oie | 120221 | noire | 1914 | Kornitat 91759 | Pelote 49769 |
| Oie | 120737 | grise | 1914 | Joch 88606 | Fiby 98102 |
| Oie | 121543 | grise | 1914 | Kanem 89731 | Poule 98372 |
| Oie | 122942 | noire | 1914 | Kearhs 95894 | Icarie 98309 |
| Oie | 123574 | grise | 1914 | Jaddus 89198 | Kabane 97356 |
| Oignie | 119871 | grise | 1914 | Jugal 85444 | Pelote 81717 |
| Oignie | 122429 | gris foncé | 1914 | Célibat 64968 | Grincheuse 72737 |
| Oignie | 123569 | grise | 1914 | Kaisson 97384 | Kama 97574 |
| Oignie | 123580 | grise | 1914 | Kern 97385 | Gazelle 73140 |
| Oignonade | 118879 | grise | 1914 | Kroumir 94517 | Ligue 100999 |
| Oignonade | 121544 | gris noir | 1914 | Kapon 90765 | Gevrette 98384 |
| Oignonette | 120610 | gris foncé | 1914 | Jolicœur 85324 | Hydratée 74426 |
| Oignonnière | 121550 | noire | 1914 | Kapon 90765 | Sylvie 60763 |
| Oil | 119454 | noire | 1914 | Jolicœur 85324 | Aurélie 55212 |
| Oil | 121778 | gris noir | 1914 | H. aime 75604 | Immaculée 82541 |
| Oïlée | 119684 | noire | 1914 | Jasmin 83835 | Pimpolaise 69167 |
| Oïlée | 121445 | gris foncé | 1914 | Huitain 73993 | Kaméléios 95298 |
| Oïlée | 123385 | grise | 1914 | Kominos 92182 | Igualada 83207 |
| Oille | 118884 | grise | 1914 | Jousset 83935 | Cyrène 65330 |
| Oille | 120228 | gris foncé | 1914 | Karabé 95224 | Cocotte 57089 |
| Oille | 121551 | noire | 1914 | Kapon 90765 | Mouvette 50770 |
| Oillières | 120526 | gris-foncé | 1914 | Kérsourion 92358 | Belza 51414 |
| Oillotte | 120510 | grise | 1914 | Kibry 89896 | Gentille 54230 |
| Oinville | 119874 | gris-tr. cl. | 1914 | Kalot 92507 | Malice 49446 |
| Oinville | 122430 | noire | 1914 | Huitain 73993 | Madona 54684 |
| Oinville | 123576 | grise | 1914 | Kairouan 97649 | Kharbine 97331 |

| NOM | N° | ROBE | Naissance | PÈRE | MÈRE |
|---|---|---|---|---|---|
| Oira | 120642 | noire | 1914 | Karf 89851 | Kaze 92127 |
| Oirie | 121162 | noire | 1914 | Jubé 85452 | Lépiote 100726 |
| Oise | 119685 | grise | 1914 | Jasmin 83835 | Margot 61338 |
| Oise | 120415 | noire | 1914 | Kagot 92240 | Serpolette 60148 |
| Oise | 120585 | gris foncé | 1914 | If 80943 | Sandie 49313 |
| Oise | 121446 | gris-clair | 1914 | Huitain 73993 | Briquette 66276 |
| Oise | 121954 | noire | 1914 | Crampon 62324 | Isolée 82467 |
| Oise | 122243 | noire | 1914 | Karrich 92710 | Frosine 97064 |
| Oise | 123386 | grise | 1914 | Kanulant 94699 | Ecolière 49979 |
| Oise | 124075 | noire | 1914 | Interprète 80665 | Sapho 57270 |
| Oiselière | 120229 | noire | 1914 | Jasmin 83835 | Jugale 84911 |
| Oiselière | 123865 | gris-t.-f. | 1914 | Kaisson 97384 | Surprenante 60180 |
| Oiselière | 123935 | noire | 1914 | Koypel 96590 | Litière 104464 |
| Oiselle | 120588 | gris-foncé | 1914 | Illettré 81310 | Imérina 80595 |
| Oiselle | 120637 | grise | 1914 | Jean Jack 85863 | Huronne 76289 |
| Oiselle | 123988 | grise | 1914 | Illico 83057 | Mignonne 60740 |
| Oisellerie | 118887 | gris-foncé | 1914 | Jason 86475 | Docile 56819 |
| Oisellerie | 120232 | grise | 1914 | Juge 83738 | Ligature 99803 |
| Oisellerie | 121557 | noire | 1914 | Kapon 90765 | Victoria 59825 |
| Oisellerie | 122947 | grise | 1914 | Douvreur-ex-Douvreur 58335 | Lagrenée 102786 |
| Oiseuse | 118886 | alezane | 1914 | Jousset 83935 | Palmette 59056 |
| Oiseuse | 120230 | noire | 1914 | Jasmin 83835 | Gaufrette 69359 |
| Oiseuse | 121562 | noire | 1914 | Quinquina 68945 | Laste 103731 |
| Oiseuse | 122476 | gris-vin. | 1914 | Irradié 83254 | Kalouga 96139 |
| Oiseuse | 122970 | noire | 1914 | Koncordat 95760 | Konstantine 96568 |
| Oisive | 118888 | grise | 1914 | Jason 86475 | Héra 74350 |
| Oisive | 120231 | grise | 1914 | Jasmin 83835 | Vitesse 55503 |
| Oisive | 121563 | noire | 1914 | Konstat 95797 | Incartade 81946 |
| Oisive | 121599 | noire | 1914 | Jomarin 84236 | Juliette 88144 |
| Oisive | 122477 | baie | 1914 | Huguenot 74507 | Jachère 88680 |
| Oisive | 123977 | grise | 1914 | Joab 87450 | Lesteur 101862 |
| Oisiveté | 118889 | grise | 1914 | Jason 86475 | Koléine 90338 |
| Oisiveté | 120233 | grise | 1914 | Koucou 94328 | Igue 78588 |
| Oisiveté | 120418 | noire | 1914 | Kalifornien 90644 | Julienne 98117 |
| Oisiveté | 120620 | grise | 1914 | Kerdaniel 94127 | Castille 49289 |
| Oisiveté | 121566 | baie | 1914 | Quinquina 68945 | Gambade 64911 |
| Oisiveté | 122973 | gris-foncé | 1914 | Koncordat 95760 | Jativa 87411 |
| Oisonville | 119877 | noire | 1914 | Karolus 93008 | Sauvons-Nous 53532 |
| Oisonville | 122431 | noir-m.-t. | 1914 | Célibat 64968 | Insolvable 82371 |
| Oisonville | 123577 | noire | 1914 | Kern 97385 | Rita 40737 |
| Oizelle | 120692 | noire | 1914 | Jolicœur 88324 | Jale 88175 |
| Oka | 120578 | bai-brun | 1914 | If 80943 | Autruche 49290 |
| Oka | 121953 | gris-foncé | 1914 | Gratien 71007 | Jonquille 86765 |
| Oka | 124065 | noire | 1914 | Joyeux 88776 | Junon 88843 |
| Oka | 124126 | noire | 1914 | Jeudi 88924 | Inscrite 80488 |

| NOM | N° | ROBE | | PÈRE | MÈRE |
|---|---|---|---|---|---|
| **Okanina** | 120463 | grise | 1914 | Kapoun 89731 | Garance 73424 |
| **Okazion** | 120494 | grise | 1914 | Kaoueh 95804 | Inès 83231 |
| **Okazione** | 120677 | bai... | 1914 | Kalendrier 90637 | Galline 80019 |
| **Oke** | 120773 | grise | 1914 | Kilo 94042 | Terreuse 63543 |
| **Okebry** | 119038 | noire | 1914 | Lass 84027 | Cire 67306 |
| **Okerrine** | 120752 | noire | 1914 | Kaçon 92240 | Lavene 97939 |
| **Okhrida** | 119686 | noire | 1914 | ... 83825 | Khandestine 91047 |
| **Oklapette** | 119159 | noire | 1914 | Lapa 84849 | Gisette 70407 |
| **Okna** | 122586 | ... | 1914 | Kana L. 95173 | ... 88851 |
| **Okrida** | 121172 | grise | 1914 | Kao 93770 | ... 78356 |
| **Okrida** | 121818 | baie | 1914 | ... 62321 | Judith 88662 |
| **Oktavie** | 120461 | noire | 1914 | Kaçon 92240 | ... 88621 |
| **Olacacée** | 121569 | ... | 1914 | Kaoueh 95684 | Phoque 79103 |
| **Olacarée** | 118804 | noir zain | 1914 | Kaoueh 95224 | ... 84920 |
| **Olace** | 120235 | grise | 1914 | J... 83728 | L... 53659 |
| **Olace** | 121579 | ... | 1914 | Quinquina 68945 | Ide 79111 |
| **Olagie** | 119729 | grise | 1914 | Kaoua 91328 | Potagie 58644 |
| **Olaines** | 122007 | baie | 1914 | H... 73993 | L... 103305 |
| **Olala** | 120743 | grise | 1914 | Kokko 95174 | Lala 97986 |
| **Olame** | 119987 | grise | 1914 | Kreu 92229 | Galine 71360 |
| **Olana** | 121789 | noir... | 1914 | Inde 83254 | Galère 72574 |
| **Olapanne** | 119472 | noire | 1914 | Jacko 86606 | H... 58713 |
| **Olargue** | 119694 | grise | 1914 | Jason 83835 | Kasarille 91018 |
| **Olargue** | 118878 | noire | 1914 | Grenadier 70023 | Boulevardière 64459 |
| **Olargue** | 122244 | grise | 1914 | J... 85444 | Koloupas 95122 |
| **Olargue** | 122432 | grise | 1914 | Coudet 64968 | Instructive 84107 |
| **Olargue** | 122389 | noir m. L. | 1914 | Karnal 92819 | Luzerne 82857 |
| **Olargue** | 123578 | grise | 1914 | Jaddus 89498 | Lappitude 103844 |
| **Olariette** | 119692 | gris foncé | 1914 | Jason 86475 | Meuvette 49998 |
| **Olbia** | 122587 | noire | 1914 | Kellermann 95954 | Jacquette 88852 |
| **Oldera** | 123764 | grise | 1914 | Karapath 97283 | Crecette 80385 |
| **Oldgrenne** | 124090 | rouge | 1914 | Indécis 82374 | Zilienne 50318 |
| **Oldham** | 121973 | grise | 1914 | Juste 85878 | Genereuse 70255 |
| **Oldrait** | 120709 | noire | 1914 | Kreuzer 92229 | Jarasseuse 86508 |
| **Oléacée** | 118863 | noire | 1914 | Kriss 91437 | Huppée 74568 |
| **Oléacée** | 120283 | noire | 1914 | Krispin 91435 | Nigra 48187 |
| **Oléacée** | 120957 | noire | 1914 | Joch 88606 | Lidie 68408 |
| **Oléacée** | 121581 | alezane | 1914 | Quinquina 68945 | Kiel 89764 |
| **Oléacée** | 122974 | noire | 1914 | Kagnat 92819 | Fuschine 65005 |
| **Oléagineuse** | 121582 | grise | 1914 | Huitain 73993 | Joliette 88128 |
| **Oléandre** | 118894 | gris foncé | 1914 | Gazéo 70937 | Juridique 85220 |
| **Oléandre** | 118910 | grise | 1914 | Gazéo 70937 | Location 99216 |
| **Oléandre** | 120286 | grise | 1914 | Kapil 92309 | Blanche 53174 |
| **Oléandre** | 121584 | noire | 1914 | Quinquina 68945 | Jurande 87926 |
| **Oléandre** | 122976 | grise | 1914 | Kagnat 92819 | Kouronne 96578 |

6

| NOM | N° | ROBE | Naissance | PÈRE | MÈRE |
|---|---|---|---|---|---|
| Oléaria | 121958 | noire | 1914 | Gratien 71007 | Gentille 78458 |
| Oléate | 118900 | noire | 1914 | Gazéo 70937 | Minerve 59476 |
| Oléate | 122979 | noire | 1914 | Insipide 82466 | Krosse 93689 |
| Olécrane | 122980 | noire | 1914 | Insipide 82466 | Rigolette 61469 |
| Oléfiante | 118895 | grise | 1914 | Jeudi 88924 | Ablette 64476 |
| Oléfiante | 121585 | noire | 1914 | Huitain 73993 | Herbette 74621 |
| Oléfiante | 122978 | grise | 1914 | Kybéry 91622 | Jacquette 84559 |
| Olega | 122577 | gris-foncé | 1914 | Kabeslan 94208 | Ginguette 54136 bis |
| Oléine | 118897 | noire | 1914 | Karf 89851 | Jarrette 84099 |
| Oléine | 120292 | grise | 1914 | Janséniste 86818 | Jaffa 85462 |
| Oleine | 120411 | grise | 1914 | Kerdaniel 94127 | Juvenie 88658 |
| Oléine | 121469 | noire | 1914 | Jugal 85444 | Kerim 95128 |
| Oléine | 121588 | noire | 1914 | Quinquina 68945 | Jalapa 97065 |
| Oléine | 122494 | grise | 1914 | Huguenot 74507 | Hégémonie 78307 |
| Oléinee | 120293 | alezan br. | 1914 | Janséniste 86818 | Rondelle 54444 |
| Oléique | 118903 | noire | 1914 | Kriss 91437 | Idatide 79037 |
| Oléique | 120295 | noire | 1914 | Jasmin 83835 | Primevère 46444 |
| Oléosa | 120460 | grise | 1914 | Kagot 92240 | Julie 84748 |
| Olérone | 119674 | grise | 1914 | Kola 90325 | Agricola 66224 |
| Olerra | 121951 | noire | 1914 | Juste 85878 | Biche 84504 |
| Oletta | 119694 | grise | 1914 | Hareng 76925 | Line 101015 |
| Oletta | 119882 | gris-clair | 1914 | Kalhao 92188 | Mélina 49920 |
| Oletta | 120549 | bai ch.-z. | 1914 | Joliceur 85324 | Gossette II 57522 |
| Oletta | 121204 | noire | 1914 | Juvénal 83553 | Tite 60382 |
| Oletta | 121963 | noire | 1914 | Incident 80133 | Ixie 81060 |
| Oletta | 121967 | noire | 1914 | Jupiter 88668 | Loulle 102278 |
| Oletta | 122245 | gris-noir | 1914 | Jugal 85444 | Gourmande 71860 |
| Oletta | 122434 | gris-foncé | 1914 | Karrich 92710 | Thérésa 56607 |
| Oletta | 123390 | grise | 1914 | Kagnat 92819 | Gentille 72088 |
| Oletta | 123584 | noire | 1914 | Kairouan 97649 | Kalvitie 97409 |
| Olette | 119698 | noire | 1914 | Jasmin 83835 | Jugeote 89589 |
| Olette | 119885 | noire | 1914 | Kalot 92507 | Amanda 62824 |
| Olette | 120591 | gris-foncé | 1914 | Il 80943 | Iozette 98072 |
| Olette | 121206 | noire | 1914 | Kruor 91865 | Jugale 86333 |
| Olette | 121852 | grise | 1914 | Kontemporain 91579 | Biche 84527 |
| Olette | 122247 | noire | 1914 | Guignolet 70023 | Koloumos 95469 |
| Olette | 122435 | noire | 1914 | Karrich 92710 | Goulberdière 97058 |
| Olette | 122964 | grise | 1914 | Kaisson 97384 | Quine 51094 |
| Olette | 123393 | grise | 1914 | Kominos 92182 | Bijou 49248 |
| Olette | 123587 | grise | 1914 | Kern 97385 | Gantoise 71444 |
| Olfaction | 118907 | grise | 1914 | Journaliste 86492 | Valseuse 52894 |
| Olfaction | 121592 | noire | 1914 | Quinquina 68945 | Klairière 94955 |
| Olfactive | 120605 | noire | 1914 | Kidney 96741 | Fumée 60491 |
| Olga | 118733 | grise | 1914 | Kaiser 90759 | Joyeuse 85490 |
| Olga | 119253 | gris foncé | 1914 | Iago 81027 | Tricheuse 63162 |

| NOM | N° | ROBE | | PÈRE | MÈRE |
|---|---|---|---|---|---|
| Olga | 119995 | noire | 1914 | Karid 94522 | Héliade 78009 |
| Olga | 120313 | grise | 1914 | Juin 83623 | Italique 79942 |
| Olga | 121145 | noire | 1914 | Fier à Bras 65250 | Grivette 71220 |
| Olga | 121392 | gris foncé | 1914 | Kagot 92240 | Gentille 57543 |
| Olga | 121530 | grise | 1914 | Bonivers ex-Conspira 58385 | Imitation 83059 |
| Olga | 121598 | noire | 1914 | Jonarin 84236 | Jachère 67733 |
| Olga | 121840 | grise | 1914 | Kraial 91866 | Isope 98409 |
| Olga | 121851 | gris foncé | 1914 | Kontemporain 91579 | Fauvette 50078 |
| Olga | 122025 | noire | 1914 | Karabon 90798 | Charmante 87562 |
| Olga | 122640 | baie | 1914 | Huron 77627 | Gribiche 98059 |
| Olga | 123009 | grise | 1914 | Karnat 92819 | Gambade 81590 |
| Olga | 123680 | grise | 1914 | Kancoran 97649 | Hollande 98537 |
| Olga | 123696 | noire | 1914 | Kalazar 97403 | Justice 87352 |
| Olga | 123812 | grise | 1914 | Karapath 97283 | Sirène II 54251 |
| Olga | 124081 | noire | 1914 | Gruvri 63867 | Mireille 64643 |
| Olgane | 122638 | baie | 1914 | Kaderl 92482 | Irma 93269 |
| Olgha | 122635 | grise | 1914 | Huron 77627 | Gavotte 72507 |
| Olgie | 121600 | noire | 1914 | Jonarin 84236 | Facile 64670 |
| Olibette | 120325 | alezane | 1914 | Juge 83738 | Parisienne 61773 |
| Olibria | 122507 | gris foncé | 1914 | Jennent 86944 | Bichette 64563 |
| Olibrie | 124026 | alezane | 1914 | Interprète 80665 | Jactelle 88839 |
| Olida | 119713 | gris vin. | 1914 | Kangouron 80608 | Jaunie 84940 |
| Olifante | 123394 | grise | 1914 | Kagnat 92819 | Ibérie 83235 |
| Oligala | 120423 | grise | 1914 | Illettré 81310 | Kapitole 90761 |
| Oligarchie | 120298 | grise | 1914 | Hareng 76925 | Hésitante 73762 |
| Oligarchie | 120558 | gris f. v. | 1914 | H 80943 | Hélize 76793 |
| Oligarchie | 120599 | grise | 1914 | Kerdaniel 94127 | Galliéra 70270 |
| Oligarchie | 121593 | gris vin. | 1914 | Quinquina 68945 | Idria 82020 |
| Oligarchie | 122960 | grise | 1914 | Kourhs 95894 | Intrépide 93448 |
| Oligarchie | 123840 | grise | 1914 | Kadur 95523 | Elégante 57326 |
| Oligarchie | 123087 | grise | 1914 | Joab 87450 | Rosalie 61080 |
| Olik | 120746 | noire | 1914 | Kilo 94042 | Incendie 79021 |
| Olim | 119979 | grise | 1914 | Kruger 92229 | Paquerette 64939 |
| Olime | 122262 | gris foncé | 1914 | Komitat 91759 | Gouspine 71856 |
| Olinda | 122596 | gris noir | 1914 | Harpin 77949 | Laudative 104689 |
| Oline | 124102 | noire | 1914 | Kaput 92909 | Krapette 94400 |
| Olipette | 120424 | grise | 1914 | Jean qui rit 88772 | Dodinette 64372 |
| Olique | 120774 | grise | 1914 | Kagot 92240 | Giboulée 71405 |
| Olite | 121960 | gris noir | 1914 | Cocantin 54388 | Ianina 98206 |
| Olithe | 119126 | grise | 1914 | Jeudi 88924 | Lancette 100231 |
| Oliva | 119695 | noire | 1914 | Hareng 76925 | Linière 101016 |
| Oliva | 121205 | noire | 1914 | Juvénal 83553 | Higotte 75477 |
| Oliva | 121739 | gris-foncé | 1914 | Idomen 83507 | Jouissance 88948 |
| Oliva | 122248 | grise | 1914 | Guignolet 70023 | Grisette 71490 |
| Oliva | 123395 | grise | 1914 | Klaustral 91061 | Inactive 82913 |

| NOM | N° | ROBE | Naissance | PÈRE | MÈRE |
|---|---|---|---|---|---|
| Oliva | 124091 | grise | 1914 | Jeudi 88924 | Camille 56770 |
| Olivacée | 121594 | grise | 1914 | Krural 91866 | Kouturière 95923 |
| Olivacée | 122961 | bai-mar. | 1914 | Kourlis 95894 | Jouvencelle 87512 |
| Olivaie | 118914 | noire | 1914 | Kriss 91437 | Kouyne 90373 |
| Olivaie | 120306 | gris-foncé | 1914 | Journaliste 86492 | Hélène 73609 |
| Olivaie | 121596 | noire | 1914 | Jamarin 84236 | Kocotte 95380 |
| Olivaie | 122962 | grise | 1914 | Klermont 96529 | Jambette 87483 |
| Olivaison | 118915 | grise | 1914 | Gazéo 70937 | Limande 46487 |
| Olivaison | 122963 | noir-zain | 1914 | Kalderon 97556 | Karacole 97489 |
| Olive | 118918 | noire | 1914 | Jean-Jack 85863 | Tricheuse 53546 |
| Olive | 119717 | gris-foncé | 1914 | Kriss 91437 | Gangue 69883 |
| Olive | 120272 | grise | 1914 | Kruger 92229 | Coquette 98064 |
| Olive | 120307 | grise | 1914 | Jeudi 88924 | Lalerme 52393 |
| Olive | 120451 | rouanne | 1914 | Hanneton 75587 | Esplanade 54945 |
| Olive | 120926 | gris-clair | 1914 | Hou-nan 76124 | Junon 88666 |
| Olive | 121210 | noire | 1914 | Kargo 92913 | Pelote 50747 |
| Olive | 121605 | noire | 1914 | Quinquina 68945 | Grippie 69808 |
| Olive | 122258 | noire | 1914 | Komitat 91759 | Coquette 53607 |
| Olive | 122355 | grise | 1914 | Doguet-ex-Sapeur 60641 | Fatma 67675 |
| Olive | 122623 | noire | 1914 | Huron 77627 | Jurande 89501 |
| Olive | 122985 | grise | 1914 | Joinville 88611 | Jacquerie 87377 |
| Olive | 123522 | grise | 1914 | Jupiter 88978 | Karavane 97494 |
| Olive | 123590 | grise | 1914 | Jaddus 89198 | Margot 51112 |
| Olive | 123756 | grise | 1914 | Kaduc 95523 | Mina 56854 |
| Olive | 123982 | grise | 1914 | Illico 83057 | Duchesse 97711 |
| Olive | 124127 | grise | 1914 | Jeudi 88924 | Kroutine 94345 |
| Olivenza | 119683 | grise | 1914 | Jasmin 83835 | Inventeuse 79809 |
| Olivenza | 121853 | gris-foncé | 1914 | Gratien 71007 | Bichette 64501 |
| Olivenza | 121968 | noire | 1914 | Jersey 86498 | Ida 79050 |
| Olivenza | 122250 | noire | 1914 | Jugal 85444 | Epatante 87652 |
| Olivenza | 123396 | grise | 1914 | Kavaignac 96510 | Thérésa 45328 |
| Oliverie | 118919 | gris foncé | 1914 | Gazéo 70937 | Indécence 78744 |
| Oliverie | 121612 | noire | 1914 | Kocorico 95684 | Modeste 60390 |
| Oliverie | 122986 | noir-rub. | 1914 | Joinville 88611 | Levure 104407 |
| Olivèse | 119887 | noire | 1914 | Kalot 92507 | Rosette 57463 |
| Olivèse | 122439 | noir-zain | 1914 | Igli 81048 | Rossinante 68134 |
| Olivèse | 123588 | grise | 1914 | Kern 97385 | Godiche 42064 |
| Olivète | 118924 | noire | 1914 | Joyeux 84874 | Acton 66218 |
| Olivète | 120310 | noire | 1914 | Janséniste 86818 | Hannette 75724 |
| Olivète | 121209 | noire | 1914 | Juvénal 83553 | Uzès 46336 |
| Olivète | 122255 | noire | 1914 | Jugal 85444 | Merveilleuse 51329 |
| Olivète | 122442 | grise | 1914 | Igli 81048 | Castille 63974 |
| Olivète | 122627 | alez.-rub. | 1914 | Indécis 83374 | Grisette 58892 |
| Olivète | 122989 | bai-brun | 1914 | Joinville 88611 | Idéale 98237 |
| Olivète | 123397 | grise | 1914 | Kéris 93769 | Vigoureuse 43597 |

| NOM | N | ROBE | NAISSANCE | PÈRE | MÈRE |
|---|---|---|---|---|---|
| Olivète | 123592 | grise | 1914 | Jaddus 89198 | Jetée 96919 |
| Olivette | 118926 | noire | 1914 | Koquelin 92226 | Kalde 90293 |
| Olivette | 119411 | grise | 1914 | Komus 93104 | Kréma 91409 |
| Olivette | 119702 | noire | 1914 | Jasmin 83835 | Klairette 91044 |
| Olivette | 119718 | grise | 1914 | Karabe 95224 | Gazelle 68769 |
| Olivette | 119893 | noire | 1914 | Jubé 85452 | Catherine 49186 |
| Olivette | 120452 | noire | 1914 | Jobarenr 85324 | Latrouille 54938 |
| Olivette | 120590 | bai chât. | 1914 | If 80943 | Fatma 73453 |
| Olivette | 120898 | noire | 1914 | Hallak 75104 | Hermie 77807 |
| Olivette | 121207 | grise | 1914 | Krnor 91865 | Konverse 91256 |
| Olivette | 121607 | noire | 1914 | Kacorreo 95684 | Castille 73382 |
| Olivette | 122257 | noire | 1914 | Komitat 91759 | Krude 95321 |
| Olivette | 122440 | gris-foncé | 1914 | Igh 81048 | Civette 56443 |
| Olivette | 122495 | gris vin | 1914 | Huguenot 74507 | Flore 53751 |
| Olivette | 122993 | noire | 1914 | Joinville 88611 | Perdrix 61278 |
| Olivette | 123401 | noir zain | 1914 | Isly 85294 | Intempérie 79919 |
| Olivette | 123589 | grise | 1914 | Jaddus 89198 | Joinville 98556 |
| Olivette | 123986 | grise | 1914 | Klocher 95657 | Iphigénie 84472 |
| Olivette | 124009 | noire | 1914 | Kassoulet 93036 | Gladiateur 69421 |
| Olivette | 124038 | grise | 1914 | Jackson 88870 | Julie 88844 |
| Olivette | 124068 | alezane | 1914 | Interprète 80565 | Polka 41444 |
| Olivette | 124164 | grise | 1914 | Handin 75684 | Bichette 55164 |
| Oliviéra | 120687 | noire | 1914 | Kalendrier 90637 | Gondole 71012 |
| Olivine | 118930 | grise | 1914 | Koquelin 92226 | Flore 55247 |
| Olivine | 119720 | noire | 1914 | Homard 74692 | Lisette 42776 |
| Olivine | 121610 | noire | 1914 | Quinquina 68943 | Invalide 82477 |
| Olivine | 122981 | grise | 1914 | Kourlis 95894 | Koquine 95006 |
| Olivine | 123405 | noire | 1914 | Joinville 88611 | Ibadan 83194 |
| Olkatte | 120748 | noire | 1914 | Kapen 90765 | Polka 60178 |
| Olkyrie | 120523 | noire | 1914 | Jean-qui-rit 88772 | Bruyère 61598 |
| Olla | 118932 | noire | 1914 | Koquelin 92226 | Iode 78927 |
| Ollade | 120412 | noire | 1914 | Kalifornien 90644 | Lancette 56205 |
| Ollainville | 123503 | grise | 1914 | Jupiter 88978 | Girolée 73165 |
| Ollaire | 118931 | grise | 1914 | Koquelin 92226 | Coquette 61222 |
| Ollande | 121165 | noire | 1914 | Kepi 91690 | Prudence 46648 |
| Ollée | 122456 | noire | 1914 | Célibat 64968 | Fernandine 93394 |
| Ollette | 119077 | noire | 1914 | Kriss 91437 | Juxue 85071 |
| Ollie | 120404 | grise | 1914 | Josué 88841 | Stradella 63259 |
| Ollière | 119888 | gris-clair | 1914 | Imprévu 80361 | Alice 62192 |
| Ollière | 122443 | noire | 1914 | Igh 81048 | Krichna 95334 |
| Ollière | 123597 | grise | 1914 | Jupiter 88978 | Galante 73166 |
| Ollières | 120662 | noire | 1914 | Kalendrier 90637 | Baignade 65200 |
| Olliergue | 118962 | gris-foncé | 1914 | If 80943 | Lavasse 100036 |
| Olliergue | 121212 | grise | 1914 | Juvénal 83553 | Bijou 53555 |
| Olliergue | 122260 | gris-foncé | 1914 | Komitat 91759 | Carlotta 37219 |

| NOM | N° | ROBE | Naissance | PÈRE | MÈRE |
|---|---|---|---|---|---|
| Olliergue | 122445 | noire | 1914 | Igli 81048 | Coquette 54252 |
| Olliergue | 123406 | grise | 1914 | Kominos 92182 | Poule 81594 |
| Olliergue | 123605 | grise | 1914 | Kern 97385 | Brillante 51114 |
| Olliette | 120563 | grise | 1914 | Jolicœur 85324 | Grisette 98107 |
| Ollina | 121729 | noire | 1914 | Joliet 89440 | Mariette 93430 |
| Ollioule | 119894 | gris-clair | 1914 | Kalot 92507 | Kastagnette 94469 |
| Ollioule | 122264 | noir-zain | 1914 | Komitat 91759 | Rotha 67870 |
| Ollioule | 122446 | noire | 1914 | Kodias 95194 | Emaillée 97062 |
| Ollioule | 123409 | bai-brun | 1914 | Kybéry 91622 | Isabelle 80887 |
| Ollioule | 123606 | grise | 1914 | Janville 88706 | Jante 89088 |
| Ollioules | 120589 | gris-\in. | 1914 | If 80943 | Pommeraie 48167 |
| Ollone | 119900 | noire | 1914 | Jubé 85452 | Lambourde 97828 |
| Ollure | 118933 | noire | 1914 | Koquelin 92226 | Kordahe 90364 |
| Olme | 119896 | noire | 1914 | Kognac 91477 | Jéricho 84760 |
| Olme | 122447 | grise | 1914 | Kodias 95194 | Grisette 71906 |
| Olme | 123607 | grise | 1914 | Janville 88706 | Hulotte 87622 |
| Olmeta | 119899 | noire | 1914 | Kontemporain 91579 | Lisette 53535 |
| Olmeta | 122448 | noire | 1914 | Igli 81048 | Harmonie 93405 |
| Olmeta | 123608 | noire | 1914 | Kaisson 97384 | Liturgie 103884 |
| Olmète | 122457 | noire | 1914 | Célibat 64968 | Castille 87560 |
| Ologette | 122775 | grise | 1914 | Kerdaniel 94127 | Goguette 87589 |
| Ologie | 119132 | gris-t. f. | 1914 | Judas 86606 | Idéologie 79210 |
| Olographie | 120609 | grise | 1914 | Kruger 92229 | Pharmacie 62708 |
| Olona | 121970 | gris-r. | 1914 | Jersey 86498 | Messagère 51776 |
| Olone | 119223 | noire | 1914 | Gazéo 70937 | Giffle 69732 |
| Olonne | 119897 | noire | 1914 | Kognac 91477 | Taupette 55334 |
| Olonne | 122449 | gris-foncé | 1914 | Igli 81048 | Insomnie 80685 |
| Olonne | 122578 | noir-m.-t. | 1914 | Ichneumon 80679 | Hermine 77911 |
| Olonne | 123609 | noire | 1914 | Kaisson 97384 | Hougue 98538 |
| Olota | 121971 | grise | 1914 | Jersey 86498 | Lili 60894 |
| Olozaga | 124071 | noire | 1914 | Joyeux 88776 | Gascogne 96982 |
| Olternitza | 121865 | bai-foncé | 1914 | Korbeau 95023 | Idette 98602 |
| Olvina | 122641 | noire | 1914 | Klairet 94682 | Vigie 51335 |
| Olyga | 120456 | gris-foncé | 1914 | Kerdaniel 94127 | Truquette 68393 |
| Olympe | 118935 | grise | 1914 | Kalhao 92188 | Acqueville 68797 |
| Olympe | 119706 | noire | 1914 | Kangourou 89698 | Irma 90174 |
| Olympe | 120813 | grise | 1914 | Hanneton 75587 | Ivette 78890 |
| Olympe | 121216 | noire | 1914 | Juvénal 83553 | Hélépole 78132 |
| Olympe | 121565 | noire | 1914 | Konstat 95797 | Karène 94857 |
| Olympe | 121601 | noire | 1914 | Jomarin 84236 | Kildare 89775 |
| Olympe | 122264 | noire | 1914 | Komitat 91759 | Grivette 75219 |
| Olympe | 122990 | gris-foncé | 1914 | Joinville 88611 | Lancette 98224 |
| Olympe | 123413 | grise | 1914 | Kybéry 91622 | Olga 56056 |
| Olympe | 124121 | grise | 1914 | Jeudi 88924 | Gamine 65347 |
| Olympiade | 119443 | grise | 1914 | Kerdaniel 94127 | Pelotte 97465 |

| NOM | N° | ROBE | Naissance | PÈRE | MÈRE |
|---|---|---|---|---|---|
| Olympiade | 119707 | noire | 1914 | Kangourou 89698 | Rosette 67430 |
| Olympiade | 121217 | noire | 1914 | Kaled 92482 | Martine 64888 |
| Olympiade | 122265 | noire | 1914 | Jomarin 84236 | Kita 95440 |
| Olympiade | 122491 | grise | 1914 | Jeunehr 86944 | Gabare 73182 |
| Olympiade | 123414 | grise | 1914 | Kybéry 91622 | Hoursine 76512 |
| Olympiade | 123878 | gris foncé | 1914 | Jan 84219 | Kopranie 96638 |
| Olympias | 121866 | noire | 1914 | Kzar 93932 | Habileté 75376 |
| Olympias | 124019 | grise | 1914 | Kabotin 96817 | Charmante 53658 |
| Olympie | 119724 | grise | 1914 | Jousset 83935 | Hanse 75686 |
| Olympie | 119937 | grise | 1914 | Koenac 91477 | Kernevelle 93732 |
| Olympie | 121222 | noire | 1914 | Juvénal 83553 | Mouvette 47901 |
| Olympie | 122267 | grise | 1914 | Hudsin 73993 | Famine 98459 |
| Olympie | 123416 | grise | 1914 | Instar 78857 | Castille 61471 |
| Olympienne | 122492 | noir m. t. | 1914 | Huguenot 74507 | Galle 72741 |
| Olynthe | 119725 | grise | 1914 | Korallien 91611 | Brillante 59487 |
| Olynthe | 119938 | gris foncé | 1914 | Gongnolet 70023 | Grive 90219 |
| Olynthe | 121226 | grise | 1914 | Juvénal 83553 | Louisiane 99199 |
| Olynthe | 122268 | noire | 1914 | Jomarin 84236 | Galbeuse 93316 |
| Olynthe | 122561 | noire | 1914 | Importun 80576 | Kadéja 98614 |
| Olynthe | 123419 | grise | 1914 | Kybéry 91622 | Jauge 87218 |
| Olynthienne | 123420 | grise | 1914 | Kybéry 91622 | Loutre 102665 |
| Olyntienne | 119727 | gris foncé | 1914 | Komnis 93104 | Jumenteuse 85132 |
| Omalia | 121838 | g r c d m. | 1914 | Herbier 75748 | Irminie 104747 |
| Ombelle | 118937 | grise | 1914 | Juge 83738 | Ravaude 58226 |
| Ombelle | 120509 | noire | 1914 | Kybry 89896 | Kokazike 94926 |
| Ombelle | 120683 | noire | 1914 | Kalendrier 90637 | Labataille 99548 |
| Ombelle | 121611 | noire | 1914 | Kocorico 95684 | Julienne 84670 |
| Ombellée | 120351 | gris-fer f. | 1914 | Célibat 64968 | Gaine 93402 |
| Ombellifère | 119106 | noire | 1914 | If 80943 | Jacée 85563 |
| Ombellifère | 119130 | noire | 1914 | Gazéo 70937 | Jaune 49442 |
| Ombellule | 118939 | noir zain | 1914 | Journaliste 86492 | Kaseroute 92106 |
| Ombellule | 120352 | gris-foncé | 1914 | Hiersac 76358 | Jubaudière 84164 |
| Ombellule | 121616 | noire | 1914 | Quinquina 68945 | Harmante 97140 |
| Ombellule | 122997 | noire | 1914 | Jambon 87188 | Olga 54648 |
| Ombilicale | 123000 | grise | 1914 | Kybéry 91622 | Jamaïque 87385 |
| Omblette | 119150 | grise | 1914 | Jubé 85452 | Hécube 76839 |
| Ombragée | 120355 | gris-t.-f. | 1914 | Komitat 91759 | Bergère 98443 |
| Ombragée | 121617 | noire | 1914 | Quinquina 68945 | Gaufrette 73384 |
| Ombragée | 123001 | grise | 1914 | Kalderon 97556 | Polka 98364 |
| Ombrageuse | 118942 | noire | 1914 | Jallieu 86306 | Jarre 84857 |
| Ombrageuse | 119092 | gris-fer | 1914 | Jeudi 88924 | Joséphine 65427 |
| Ombrageuse | 122505 | gris-foncé | 1914 | Jobard 87247 | Jambline 88433 |
| Ombrageuse | 123762 | grise | 1914 | Kaduc 95523 | Jachère 88896 |
| Ombrante | 118944 | noire | 1914 | Juge 83738 | Poule 47161 |
| Ombrante | 121781 | noire | 1914 | Irradié 83254 | Hautaine 77932 |

| NOM | N° | ROBE | Naissance | PÈRE | MÈRE |
|---|---|---|---|---|---|
| Ombre | 118945 | noire | 1914 | Juge 83738 | Doctoresse 52902 |
| Ombre | 119203 | grise | 1914 | Jean Jack 85863 | Kinova 90618 |
| Ombre | 119212 | grise | 1914 | Japon 84819 | Isabelle 79955 |
| Ombre | 119733 | gris-foncé | 1914 | Hardin 75681 | Gambie 69431 |
| Ombre | 119944 | gris-foncé | 1914 | Jugal 85444 | Galante 98467 |
| Ombre | 121230 | baie | 1914 | Iowa 80989 | Kajolerie 90543 |
| Ombre | 122533 | baie | 1914 | Kellerman 95954 | Imprévoyante 82522 |
| Ombre | 123004 | noire | 1914 | Joinville 88611 | Linotte 44990 |
| Ombre | 123802 | grise | 1914 | Karapath 97283 | Gauloise 72867 |
| Ombre | 123888 | noire | 1914 | Klocher 95657 | Jacinthe 98530 |
| Ombrée | 118948 | grise | 1914 | Juge 83738 | Huette 77134 |
| Ombrée | 120253 | gris-tr.-f. | 1914 | Kalendrier 90637 | Halette 77121 |
| Ombrée | 123007 | grise | 1914 | Kybéry 91622 | Jalapa 87383 |
| Ombrelle | 118949 | gris-clair | 1914 | Juge 83738 | Sagesse 43981 |
| Ombrelle | 119093 | gris-foncé | 1914 | Justian 85274 | Kanize 92095 |
| Ombrelle | 120005 | gris-foncé | 1914 | Kruger 92229 | Mouchette 67303 |
| Ombrelle | 120316 | bai-ch. z. | 1914 | Insipide 82466 | Poulette 84484 |
| Ombrelle | 121619 | noire | 1914 | Kocorico 95684 | Hermine 75798 |
| Ombrelle | 121940 | noire | 1914 | Impérator 83461 | Herminette 76613 |
| Ombrelle | 122493 | noire | 1914 | Huguenot 74507 | Karrack 96076 |
| Ombrelle | 123606 | gris foncé | 1914 | Kagnat 92819 | Agrafe 65646 |
| Ombrelle | 123891 | gris foncé | 1914 | Jan 84219 | Castille 96934 |
| Ombrelle | 124022 | grise | 1914 | Jackson 88870 | Hollandaise 77383 |
| Ombrette | 118950 | noire | 1914 | Jullien 86306 | Kavinette 91741 |
| Ombrette | 119208 | grise | 1914 | Japon 84819 | Rosette 54045 |
| Ombrette | 121621 | noir-zain | 1914 | Quinquina 68945 | Gigogne 72019 |
| Ombrette | 122968 | gris-vin. | 1914 | Isaac 78892 | Laurence 104577 |
| Ombrette | 123010 | gris-foncé | 1914 | Jordaens 87507 | Karata 96279 |
| Ombrette | 124021 | noire | 1914 | Jackson 88870 | Charlotte 63942 |
| Ombreuse | 118951 | grise | 1914 | Jullien 86306 | Cousine 59523 |
| Ombreuse | 121786 | noire | 1914 | Kerleriant 94032 | Kalinette 92615 |
| Ombreuse | 123011 | grise | 1914 | Jordaens 87507 | Grisélidis 51803 |
| Ombrie | 119946 | gris-foncé | 1914 | Guignolet 70023 | Gerbe 72588 |
| Ombrie | 121231 | noire | 1914 | Insipide 82466 | Mandarine 64437 |
| Ombrie | 121732 | gris foncé | 1914 | Kahestan 94208 | Léonine 104112 |
| Ombrie | 122273 | grise | 1914 | Jonmarin 84236 | Haine 76093 |
| Ombrie | 123422 | grise | 1914 | Instar 78857 | Héna 75389 |
| Ombrienne | 118954 | noire | 1914 | Jeudi 88924 | Malice 54562 |
| Ombrienne | 123014 | gris foncé | 1914 | Jordaens 87507 | Distinguée 64657 |
| Ombrine | 118956 | grise | 1914 | Jeudi 88924 | Castille 61001 |
| Ombrine | 121622 | noire | 1914 | Quinquina 68945 | Boussole 60028 |
| Ombrine | 123015 | grise | 1914 | Kavaignac 96510 | Mignonne 50575 |
| Ombrine | 124153 | grise | 1914 | Kybéry 91622 | Huline 98306 |
| Oméga | 119516 | grise | 1914 | Jasmin 83835 | Kymrique 90339 |
| Oméga | 120322 | gris foncé | 1914 | Ivan 81244 | Jérémiade 85784 |

| NOM | N | ROBE | | PÈRE | MÈRE |
|---|---|---|---|---|---|
| Oméga | 123724 | grise | 1914 | Jacky le 88706 | Lucrèce 103821 |
| Oméga | 124034 | grise | 1914 | Jackson 88870 | Docile 49907 |
| Omelète | 123886 | grise | 1914 | Kouli 97151 | Vigilante 45331 |
| Omelette | 119104 | gris f... | 1914 | Justum 85274 | Raquette 55794 |
| Omelette | 119201 | grise | 1914 | Jack 86606 | Lunette 100372 |
| Omelette | 119425 | grise | 1914 | Kark 95174 | Meule 64309 |
| Omelette | 120835 | noire | 1914 | Kenan 91739 | Loupe 81166 |
| Omeletta | 121765 | gris zain | 1914 | Quinquina 68945 | Katinou 95564 |
| Cmelette | 121787 | grise | 1914 | Isador 85254 | Ginette 72015 |
| Omelette | 123016 | gris f... | 1914 | Kenan 92234 | Kennedie 96285 |
| Omelette | 122882 | grise | 1914 | Klecker 95637 | Bertine 56085 |
| Omelette | 124086 | grise | 1914 | Gris 65867 | Lunette 102930 |
| Omélie | 121164 | noire | 1914 | Kerbe 95224 | Cocotte 59203 |
| Omergue | 119001 | gris fonce | 1914 | Kess 91477 | Krachette 91862 |
| Omergue | 122435 | grise | 1914 | Cottei 61968 | Casulle 49683 |
| Omergue | 123615 | grise | 1914 | Kasson 97384 | Polka 54455 |
| Omerville | 119808 | gris bleu | 1914 | Ker imporun 91579 | Konsigne 91567 |
| Omerville | 122430 | noir rub. | 1914 | Lu 81018 | Juli-boma 88073 |
| Omerville | 123617 | grise | 1914 | Kerman 97649 | Ju-otte 88987 |
| Omessa | 119948 | noire | 1914 | Hatin 73006 | Charmante 61402 |
| Omessa | 121733 | noire | 1914 | Karlota 95023 | Docile 57033 |
| Omessa | 122276 | gris fonce | 1914 | Joeman 81236 | Lili-bonne 102196 |
| Omessa | 122451 | noire | 1914 | Jourba 88642 | Gironette 87577 |
| Omessa | 123424 | grise | 1914 | Jack 88606 | Mandarine 59831 |
| Omessa | 123619 | noire | 1914 | Jupiter 88978 | Grisette 71918 |
| Omignonne | 120326 | grise | 1914 | Kress 91437 | Cocotte 54483 |
| Omission | 119081 | grise | 1914 | Jean 88924 | Paquerette 50146 |
| Omission | 120370 | noire | 1914 | Kotel 95770 | Kompote 91544 |
| Omission | 121626 | noire | 1914 | Koerne 95684 | Statuette 56235 |
| Omission | 121746 | grise | 1914 | Jalloyaba 86716 | Kieuz Sou 96153 |
| Omission | 123017 | noire | 1914 | J...race 88644 | Lison 87580 |
| Omniade | 123425 | grise | 1914 | Koudin 92482 | Larpie 102796 |
| Omnia | 119751 | gris vin. | 1914 | Gazeo 70837 | Mouvette 47739 |
| Omnipotence | 121628 | gris bleu | 1914 | Quinquina 68945 | Loquette 81260 |
| Omnipotence | 123018 | grise | 1914 | Jean Frollo 85466 | Léda 56063 |
| Omnipotente | 123021 | grise | 1914 | Kouli 97151 | Gagerie 72218 |
| Omnium | 119656 | noire | 1914 | Karl 89851 | Anisette 55808 |
| Omonville | 124161 | grise | 1914 | Kalmar 97103 | Karabille 89914 |
| Omophagie | 118964 | noire | 1914 | Kermeuster 90536 | Johe 85321 |
| Omophagie | 121629 | noire | 1914 | Quinquina 68945 | Godiar 64184 |
| Omophagie | 123019 | grise | 1914 | Jean Frollo 85466 | Kerrie 97578 |
| Omoplate | 120371 | noire | 1914 | Jube 85452 | Historienne 75787 |
| Omoplate | 121633 | noire | 1914 | Jodelle 86049 | Jonville 85301 |
| Omoplate | 123022 | noire | 1914 | Kouli 97151 | Lisa 56084 |
| Omphale | 119743 | noire | 1914 | Koucou 91328 | Jurée 85140 |

| NOM | N° | ROBE | Naissance | PÈRE | MÈRE |
|---|---|---|---|---|---|
| Omphale | 121238 | grise | 1914 | Juvénal 83553 | Canne 65209 |
| Omphale | 123426 | grise | 1914 | Impérator 83461 | Kontorsion 95814 |
| Onavance | 120704 | noire | 1914 | Jolicœur 85324 | Karamanie 89724 |
| Onblage | 120419 | grise | 1914 | Jean-qui-rit 88772 | Gentille 70914 |
| Once | 118967 | baie | 1914 | Jeudi 88924 | Judicieuse 85150 |
| Once | 119037 | grise | 1914 | Japon 84819 | Janvière 85238 |
| Once | 120374 | noire | 1914 | Guignolet 70023 | Héricourt 77213 |
| Once | 120763 | gris-foncé | 1914 | Kagot 92240 | Image 79377 |
| Once | 121637 | noire | 1914 | Quinquina 68945 | Imola 80188 |
| Once | 121744 | gris noir | 1914 | Juliopolis 88716 | Janina 88734 |
| Once | 123023 | grise | 1914 | Kouli 97151 | Kabale 96411 |
| Once | 123929 | gris-foncé | 1914 | Koncordat 95760 | Docile 49776 |
| Onciale | 118969 | grise | 1914 | Janséniste 86818 | Caline 57352 |
| Onciale | 121644 | noir-zain | 1914 | Quinquina 68945 | Pauline 59629 |
| Onciale | 123027 | grise | 1914 | Keyser 96397 | Kola 96407 |
| Onction | 118971 | noire | 1914 | Janséniste 86818 | Lise 61733 |
| Onction | 119202 | grise | 1914 | Judas 86606 | Capucine 64977 |
| Onction | 120501 | grise | 1914 | Imprévu 80361 | Batterie 67106 |
| Onction | 123029 | grise | 1914 | Kéris 93769 | Violette 54485 |
| Onction | 123901 | grise | 1914 | Klocher 95657 | Glaneuse 73236 |
| Onctueuse | 118973 | noire | 1914 | Kroumir 94517 | Jussion 83754 |
| Onctueuse | 121646 | gris-bleu | 1914 | Quinquina 68945 | Gigolette 74979 |
| Onctueuse | 123030 | noire | 1914 | Kéris 93769 | Kouple 95882 |
| Onctuosité | 118974 | grise | 1914 | Kroumir 94517 | Kabotine 90441 |
| Onctuosité | 119199 | grise | 1914 | Josué 88841 | Magnes 54526 |
| Onctuosité | 123031 | noire | 1914 | Jordaens 87507 | Ibéride 83166 |
| Ondalique | 120543 | gris-foncé | 1914 | Illettré 81310 | Fauvette 49165 |
| Onde | 118975 | gris-clair | 1914 | Homard 74692 | Biche 59483 |
| Onde | 119129 | gris-foncé | 1914 | Gazéo 70937 | Lisette 75185 |
| Onde | 119902 | gris-clair | 1914 | Kalot 92507 | Jale 84846 |
| Onde | 120380 | gris-foncé | 1914 | Guignolet 70023 | Kalmia 92420 |
| Onde | 120619 | grise | 1914 | Kalifornien 90644 | Chopine 64017 |
| Onde | 121647 | noire | 1914 | Jemarin 84236 | Kadija 95466 |
| Onde | 122458 | noir-zain | 1914 | Célibat 64968 | Illimitée 82265 |
| Onde | 123033 | grise | 1914 | Jean-Frollo 85466 | Hative 77302 |
| Onde | 123624 | noire | 1914 | Jaddus 89198 | Hôtesse 68041 |
| Onde | 123896 | noir-zain | 1914 | Kamouflet 97424 | Jarretière 89049 |
| Ondée | 118978 | noire | 1914 | Kroumir 94517 | Rincette 61700 |
| Ondée | 119085 | noire | 1914 | Justian 85274 | Jolie 85030 |
| Ondée | 121648 | noire | 1914 | Quinquina 68945 | Nacelle 73441 |
| Ondée | 121747 | noire | 1914 | Idomen 83507 | Imitation 82562 |
| Ondée | 122459 | noire | 1914 | Kaleul 92482 | Langue 101527 |
| Ondée | 123035 | grise | 1914 | Kéris 93769 | Bienvenue 67477 |
| Ondée | 123903 | grise | 1914 | Kibus 96690 | Judith 88905 |
| Ondée | 124154 | gris-fer | 1914 | Klaustral 91061 | Kouveuse 95298 |

| NOM | N° | ROBE | Naissance | PÈRE | MÈRE |
|---|---|---|---|---|---|
| Ondine | 118976 | gris foncé | 1914 | Kroumir 94517 | Insigne 54655 |
| Ondine | 119045 | noir m. t. | 1914 | Japon 84819 | Léda 98944 |
| Ondine | 119671 | noir zain | 1914 | Jasmin 83835 | Conseillère 68587 |
| Ondine | 120381 | grise | 1914 | Kalendrier 90637 | Charmante 98148 |
| Ondine | 120528 | noire | 1914 | Kérourion 92358 | Biche 49509 |
| Ondine | 121649 | noire | 1914 | Huitain 73993 | Hélène 90015 |
| Ondine | 123036 | grise | 1914 | Koloz 96324 | Heureuse 77720 |
| Ondine | 124114 | gris r. | 1914 | Indécis 83374 | Cocotte 54534 |
| Ondoyante | 118980 | grise | 1914 | Kroumir 94517 | Jacqueline 83794 |
| Ondoyante | 121743 | noir zain | 1914 | Ichneumon 80769 | Gabelle 72682 |
| Ondoyante | 123037 | gris foncé | 1914 | Jan 84219 | Juliette 87491 |
| Ondoyante | 124113 | grise | 1914 | Kaptif 92909 | Follette 66646 |
| Ondoyée | 119091 | bai chat. | 1914 | Kriss 91437 | Savonnette 50343 |
| Ondreville | 119903 | gris clair | 1914 | Kalol 92507 | Immersion 80982 |
| Ondreville | 122460 | noire | 1914 | Kaleul 92482 | Rose 50604 |
| Ondreville | 123625 | grise | 1914 | Janville 88706 | Étamine 63919 |
| Ondulante | 120383 | noire | 1914 | Juge 83738 | Guérite 69978 |
| Ondulante | 121875 | noire | 1914 | Klermont 96529 | Hélice 93445 |
| Ondulante | 123039 | noire | 1914 | Keyser 96397 | Jaque 104717 |
| Ondulation | 118982 | noire | 1914 | Kermouster 90536 | Libourne 100989 |
| Ondulation | 119127 | grise | 1914 | Juge 83738 | Colombine 62922 |
| Ondulation | 121653 | noir zain | 1914 | Jodelle 86049 | Timbale 48936 |
| Ondulation | 122465 | grise | 1914 | Kairouan 97649 | Justelle 87498 |
| Ondulation | 123040 | noire | 1914 | Kéris 93769 | Cocotte 60226 |
| Ondulée | 120385 | gris vin. | 1914 | Jasmin 83835 | Charlotte 65346 |
| Ondulée | 121654 | noire | 1914 | Jodelle 86049 | Gironde 67727 |
| Ondulée | 123042 | noire | 1914 | Kouli 97151 | Koléa 96408 |
| Ondulée | 123864 | grise | 1914 | Istres 82617 | Docile 43369 |
| Onduleuse | 118984 | grise | 1914 | Kermouster 90536 | Galopette 70194 |
| Onduleuse | 121656 | noir zain | 1914 | Kagot 92240 | Jasque 88372 |
| Ondura | 120575 | noire | 1914 | Jolicœur 85324 | Chevalière 55066 |
| Onéga | 119744 | gris foncé | 1914 | Koueou 91328 | Lucile 58229 |
| Onéga | 121239 | grise | 1914 | Krnor 91865 | Jonchée 86276 |
| Onéga | 122281 | alezan-r. | 1914 | Jomarin 84236 | Kerlapine 95977 |
| Onéga | 123427 | noire | 1914 | Jambon 87188 | Hermance 77311 |
| Onéga | 124082 | grise | 1914 | Kruchon 93701 | Chopine 64861 |
| Onéraire | 119164 | gris-foncé | 1914 | Fier-à-Bras 65250 | Pistache 57088 |
| Onéreuse | 118985 | noire | 1914 | Kermouster 90536 | Liberté 100988 |
| Onéreuse | 121657 | noire | 1914 | Jodelle 86049 | Halte 75366 |
| Onéreuse | 121868 | bai-ch.-f. | 1914 | Klermont 96529 | Isa 98403 |
| Onéreuse | 123045 | grise | 1914 | Jean-Frollo 85466 | Jodelle 98258 |
| Onérosité | 118987 | noire | 1914 | Kermouster 90536 | Rigolette 75234 |
| Onérosité | 120392 | noir-zain | 1914 | Jalap 84194 | Galée 57441 |
| Onérosité | 121658 | noire | 1914 | Quinquina 68945 | Vive 67662 |
| Onérosité | 123046 | grise | 1914 | Kavaignac 96510 | Kurieuse 96428 |

| NOM | N° | ROBE | Naissance | PÈRE | MÈRE |
|---|---|---|---|---|---|
| Onesse | 119904 | grise | 1914 | Kalot 92507 | Istrie 81264 |
| Onesse | 120802 | gris-vin. | 1914 | Kalifornien 90644 | Sucrine 55915 |
| Onesse | 122461 | noire | 1914 | Iowa 80989 | Koquille 91267 |
| Onesse | 123626 | noir-l.-r. | 1914 | Jauville 88706 | Fleurette 48200 |
| Onève | 120673 | noire | 1914 | Hanneton 75587 | Frétillante 48031 |
| Onézie | 120633 | noire | 1914 | Josué 88841 | Raclette 58624 |
| Onézime | 120745 | noire | 1914 | Kilo 94042 | Rigolette 73418 |
| Onferme | 120343 | noire | 1914 | Ivan 81244 | Sirène 61804 |
| Onglée | 118988 | grise | 1914 | Kermouster 90536 | Hermine 74646 |
| Onglée | 119122 | grise | 1914 | Jallieu 86306 | Coquette 50339 |
| Onglée | 120391 | gris-foncé | 1914 | Hareng 76925 | Héritée 74331 |
| Onglée | 120433 | grise | 1914 | Kruger 92229 | Krume 92795 |
| Onglée | 121660 | grise | 1914 | Quinquina 68945 | Césarine 46423 |
| Onglée | 123047 | grise | 1914 | Jean-Frollo 85466 | Juteuse 87365 |
| Onglée | 123996 | noire | 1914 | Koncordat 95760 | Lanterne 104500 |
| Onglette | 118990 | noire | 1914 | Kermouster 90536 | Gabelette 69926 bis |
| Onglette | 119117 | bai-brun | 1914 | Juge 83738 | Brillante 47740 |
| Onglette | 120394 | noire | 1914 | Kommis 93104 | Henriette 76813 |
| Onglette | 121662 | noir zain | 1914 | Quinquina 68945 | Isle 82132 |
| Onglette | 122464 | grise | 1914 | Konrcaillet 95893 | Halte 96885 |
| Onglette | 123048 | gris-fer | 1914 | Kavaignac 96510 | Katilina 96504 |
| Onglette | 123791 | grise | 1914 | Kaisson 97384 | Sultane 81571 |
| Onglière | 119907 | noire | 1914 | Kognac 91477 | Fauvette 66605 |
| Onglière | 121663 | noir-zain | 1914 | Jodelle 86049 | Coquette 49698 |
| Onglière | 122462 | noire | 1914 | Illico 83057 | Labiennace 64717 |
| Onglière | 123052 | noire | 1914 | Impérator 83461 | Illusion 82992 |
| Onglière | 123627 | grise | 1914 | Jaddus 89198 | Kancale 97435 |
| Ongrelotte | 120493 | grise | 1914 | Kourlis 95894 | Lunette 59342 |
| Ongroise | 121170 | grise | 1914 | Juge 83738 | Héléna 76849 |
| Onguette | 121169 | noire | 1914 | Juge 83738 | Lécanore 99675 |
| Onguicule | 118991 | grise | 1914 | Kermouster 90536 | Lapin 64206 |
| Onguicule | 121665 | noire | 1914 | Quinquina 68945 | Heurette 98389 |
| Ongulée | 118992 | noire | 1914 | Kermouster 90536 | Jablière 86174 |
| Ongulée | 119116 | noire | 1914 | Jeudi 88924 | Kaudale 91195 |
| Ongulée | 120396 | noire | 1914 | Kommis 93104 | Pelotte 50430 |
| Ongulée | 121668 | noir-zain | 1914 | Jodelle 86049 | Lydie 103536 |
| Ongulée | 123053 | noire | 1914 | Kalderon 97556 | Gaillardise 72213 |
| Onicrotie | 118993 | noir-m.-t. | 1914 | Kermouster 90536 | Barcarolle 61676 |
| Onique | 120949 | gris-vin. | 1914 | Kerdaniel 94127 | Follette 53549 |
| Onirocritie | 123054 | grise | 1914 | Kalderon 97556 | Ida 84481 |
| Oniromance | 119196 | grise | 1914 | Japon 84819 | Mouquière 44878 |
| Oniromancie | 120397 | noire | 1914 | Jeudi 88924 | Koterie 90470 |
| Onniche | 119981 | gris-foncé | 1914 | If 80943 | Juniville 85857 |
| Onnize | 119213 | noire | 1914 | Karf 89851 | Krotone 92098 |
| Onomatopée | 120842 | bai-brun | 1914 | Kascadeur 91236 | Gentille 40149 |

| NOM | N° | ROBE | Naissance | PÈRE | MÈRE |
|---|---|---|---|---|---|
| Onore | 119245 | gris f. v. | 1914 | Iago 81027 | Léonore 98904 |
| Onorée | 119078 | grise | 1914 | Kruger 92229 | Karabine 92753 |
| Onparle | 119158 | grise | 1914 | Kartier 91591 | Samaritaine 44212 |
| Onques | 119090 | noire | 1914 | Kriss 91437 | Eldorado 63995 |
| Onsème | 120682 | grise | 1914 | Kif Kif 95174 | Lancette 60645 |
| Onsenfich | 120828 | grise | 1914 | Ivan 81244 | Guigne 71355 |
| Onsetappe | 119036 | noire | 1914 | Iago 81027 | Historique 74472 |
| Onsetrotte | 120317 | noire | 1914 | Joinville 88611 | Kapette 92723 |
| Onsirotte | 120573 | grise | 1914 | Ii 80943 | Hoette 76791 |
| Onte | 121172 | bai-brun | 1914 | Jube 85452 | Bécasse 50631 |
| Onthéane | 120570 | noire | 1914 | Ii 80943 | Kapillaire 90755 |
| Ontogénie | 118998 | noire | 1914 | Idem 80642 | Hotesse 73840 |
| Ontogénie | 123056 | grise | 1914 | Kagnat 92819 | Jonquerette 87872 |
| Ontologie | 118999 | noire | 1914 | Idem 80642 | Hordeuse 74286 |
| Ontologie | 119174 | gris vin. | 1914 | Kopi 91690 | Brillante 90481 |
| Ontologie | 121670 | noire | 1914 | Judelle 86049 | Flute 56289 |
| Onville | 119008 | noire | 1914 | Kalot 92507 | Mandoline 66767 |
| Onville | 122463 | gris t. f. | 1914 | Koncordat 95760 | Isare 83036 |
| Onville | 123633 | alezane | 1914 | Jaddas 89198 | Kaleche 97395 |
| Ony | 120492 | noir zain | 1914 | Isly 83294 | Istrich 81286 |
| Onycroit | 119082 | noire | 1914 | Kriss 91437 | Galère 69585 |
| Onyvole | 119085 | noire | 1914 | Kriss 91437 | Jusee 87342 |
| Onyze | 120716 | noire | 1914 | Jolicœur 85324 | Vésicule 57055 |
| Onza | 120321 | grise | 1914 | Japon 84819 | Styra 61840 |
| Onzetortille | 120429 | noir m. t. | 1914 | Imprévu 80361 | Souveraine 47933 |
| Onzième | 119000 | grise | 1914 | Kalhao 92188 | Jaunisse 83849 |
| Onzième | 119192 | noire | 1914 | Judas 86606 | Intrépide 78786 |
| Onzième | 120846 | grise | 1914 | Guignolet 70023 | Clarinette 58203 |
| Onzième | 121671 | noire | 1914 | Kocorico 95684 | Lycie 103534 |
| Oogone | 119001 | grise | 1914 | Jalap 84194 | Givette 69391 |
| Oogone | 121672 | noire | 1914 | Kocorico 95684 | Lyonne 103537 |
| Oogone | 123061 | grise | 1914 | Kromwell 96606 | Chartreuse 68220 |
| Oospore | 119002 | noire | 1914 | Kroumir 94517 | Lunaire 100421 |
| Opacité | 119007 | noire | 1914 | Kapoly 92818 | Gamine 57936 |
| Opacité | 119181 | noire | 1914 | Jeudi 88924 | Economie 61996 |
| Opacité | 120847 | bai-brun | 1914 | Quinquina 68945 | Ecume 64989 |
| Opacité | 121673 | grise | 1914 | Cocantin 54388 | Kola 89802 |
| Opacité | 123058 | grise | 1914 | Kalderon 97556 | Sans-Tache 60753 |
| Opale | 119010 | grise | 1914 | Hareng 76925 | Gauloise 69283 |
| Opale | 119069 | gris-foncé | 1914 | Japon 84819 | Jarre 85779 |
| Opale | 120848 | noir-zain | 1914 | Quinquina 68945 | Industrie 79333 |
| Opale | 121674 | bai-mar. | 1914 | Quinquina 68945 | Julia 86659 |
| Opale | 121745 | grise | 1914 | Jobard 87247 | Blasie 63225 |
| Opale | 122952 | noir-m.-t. | 1914 | Khaled 96398 | Mouvette 55981 |
| Opale | 123060 | noire | 1914 | Impérator 83461 | Jonage 87868 |

| NOM | N° | ROBE | Naissance | PÈRE | MÈRE |
|---|---|---|---|---|---|
| Opale | 124007 | noire | 1914 | Kamouflet 97424 | Liseronne 103986 |
| Opale | 124112 | gris-t.-f. | 1914 | Jeudi 88924 | Lisette 54235 |
| Opalescence | 119008 | noire | 1914 | Kapuly 92818 | Hugotte 74499 |
| Opalescence | 121675 | grise | 1914 | Jomarin 84236 | Jocasse 89628 |
| Opaline | 119009 | noir-zain | 1914 | Kapuly 92818 | Halurgie 73615 |
| Opaline | 120434 | noire | 1914 | Kalifornien 90644 | Krustée 92796 |
| Opaline | 120852 | grise | 1914 | Juvénal 83553 | Jussion 86328 |
| Opaline | 121676 | noire | 1914 | Kocorico 95684 | Islande 75038 |
| Opaline | 121783 | noire | 1914 | Kerbriant 94032 | Cantilène 67770 |
| Opaline | 123062 | grise | 1914 | Kalderon 97556 | Bergère 56000 |
| Opaque | 120524 | grise | 1914 | Célibat 64968 | Biche 73405 |
| Opathe | 120281 | noire | 1914 | Janiscus 88060 | Jidoine 86994 |
| Ope | 119267 | gris-foncé | 1914 | Kriss.91437 | Bluette 63954 |
| Ope | 120569 | gris-foncé | 1914 | Kruger 92229 | Intime 79867 |
| Ope | 121683 | noir-zain | 1914 | Quinquina 68945 | Boxelane 53103 |
| Opella | 121837 | gris-foncé | 1914 | Kontemporain 91579 | Garmante 98136 |
| Opéra | 119710 | noir-m.-t. | 1914 | Kangourou 89698 | Gâtine 69434 |
| Opérable | 119015 | baie | 1914 | Janséniste 86818 | Ibride 81767 |
| Opération | 119013 | baie | 1914 | Hareng 76925 | Lagrange 100944 |
| Opération | 119140 | grise | 1914 | If 80943 | Camelotte 55530 |
| Opération | 120853 | noire | 1914 | Juvénal 83553 | Jubilante 86945 |
| Opération | 121678 | grise | 1914 | Jomarin 84236 | Lisette 50624 |
| Opération | 123065 | noire | 1914 | Kouli 97151 | Harpe 77464 |
| Opératoire | 119171 | grise | 1914 | Judas 86606 | Chimère 52378 |
| Opercule | 119016 | noire | 1914 | Janséniste 86818 | Dégourdie 62102 |
| Opercule | 119135 | grise | 1914 | Jeudi 88924 | Odette 55206 |
| Operculée | 121679 | grise | 1914 | Jomarin 84236 | Jaffa 86924 |
| Opérée | 119019 | noire | 1914 | Janséniste 86818 | Kopuscule 90360 |
| Opérée | 119257 | grise | 1914 | Juin 83623 | Jolie 85838 |
| Opérée | 121680 | noir-zain | 1914 | Jomarin 84236 | Charmante 50623 |
| Opérée | 123066 | grise | 1914 | Kouli 97151 | Castille 96970 |
| Opérette | 119025 | grise | 1914 | Janséniste 86818 | Biche 50341 |
| Opéretta | 119143 | noir-zain | 1914 | Fier-à Bras 65250 | Pavane 62772 |
| Opérette | 119258 | grise | 1914 | Jallieu 86306 | Louve 99762 |
| Opérette | 119292 | noire | 1914 | Koquelin 92226 | Fleurette 57421 |
| Opérette | 120856 | grise | 1914 | Kroquet 91851 | Aurore 63553 |
| Opérette | 120959 | grise | 1914 | Kourlis 95894 | Korrallie 95013 |
| Opérette | 121681 | noir-zain | 1914 | Jomarin 84236 | Kadence 95456 |
| Opérette | 122506 | noir-m.-t. | 1914 | Irradié 83254 | Giraude 72688 |
| Opérette | 122608 | noire | 1914 | Huron 77627 | Hécate 77614 |
| Opérette | 122613 | noire | 1914 | Kaleul 92482 | Kravette 94535 |
| Opérette | 122633 | noire | 1914 | Huron 77627 | Hyoïde 77584 |
| Opérette | 123067 | grise | 1914 | Klocher 95657 | Java 93508 |
| Opérette | 123869 | grise | 1914 | Istres 82617 | Amanda 49321 |
| Opetiote | 119040 | noire | 1914 | Iago 81027 | Horde 76713 |

| NOM | N° | ROBE | NAISSANCE | PÈRE | MÈRE |
|---|---|---|---|---|---|
| Ophalmie | 120560 | grise | 1914 | Kruger 92229 | Kalotte 92314 |
| Ophélia | 121067 | grise | 1914 | Illettré 81310 | Groseille 70429 |
| Ophélie | 119746 | noire | 1914 | Jousset 83935 | Harengère 73860 |
| Ophélie | 119755 | gris fer | 1914 | Gazéo 70937 | Héraclée 98050 |
| Ophélie | 121240 | grise | 1914 | Kruger 91865 | Rustique 44837 |
| Ophélie | 122280 | noire | 1914 | Huitain 73993 | Gauloise II 72781 |
| Ophélie | 122307 | gris foncé | 1914 | Huguenot 74307 | Jambette 88737 |
| Ophélie | 123429 | grise | 1914 | Jambon 87188 | Kochenille 95680 |
| Ophidienne | 119026 | noire | 1914 | Janséniste 86818 | Perrette 54044 |
| Ophidienne | 119167 | noire | 1914 | Jean-Jack 85863 | Brillante 53628 |
| Ophidienne | 120857 | bai zain | 1914 | Kroquet 91851 | Intime 82760 |
| Ophidienne | 121685 | gris vin. | 1914 | Quinquina 68945 | Hydie 77360 |
| Ophidienne | 123073 | grise | 1914 | Kéris 93769 | Josse 87466 |
| Ophile | 119173 | noire | 1914 | Judas 86606 | Lydie 62943 |
| Ophite | 120859 | noir rub. | 1914 | Jugal 85444 | Surprise 63554 |
| Ophtalmie | 119027 | grise | 1914 | Jujubier 85435 | Gamelle 71171 |
| Ophtalmie | 120860 | noire | 1914 | Jugal 85444 | Katiche 91498 |
| Ophtalmie | 121686 | grise | 1914 | Kaballero 95499 | Marianne 45137 |
| Ophtalmie | 123074 | grise | 1914 | Jean-Frollo 85466 | Klairville 96519 |
| Opiacée | 119028 | bai foncé | 1914 | Jujubier 85435 | Hélène 49182 |
| Opiacée | 119124 | gris fer | 1914 | Kriss 91437 | Furette 43234 |
| Opiacée | 120861 | grise | 1914 | Jugal 85444 | Loigny 101364 |
| Opiacée | 121687 | noire | 1914 | Kocorico 95684 | Coquette 75070 |
| Opiacée | 123075 | grise | 1914 | Kéris 93769 | Hirondelle 77746 |
| Opiacée | 123079 | grise | 1914 | Kominos 92182 | Docile 60600 |
| Opianine | 120958 | noire | 1914 | Kourlis 95894 | Isère 82094 |
| Opianique | 120481 | noire | 1914 | Isly 83294 | Isba 82145 |
| Opiate | 119049 | grise | 1914 | Iago 81027 | Jade 85234 |
| Opilation | 119031 | grise | 1914 | Jujubier 85435 | Jannière 85107 |
| Opilation | 120864 | noire | 1914 | Jansenius 84079 | Souris 44181 |
| Opilation | 121695 | alezane | 1914 | Kélat 94645 | Mouvette 57642 |
| Opilation | 123082 | gris tr. f. | 1914 | Kagnat 92819 | Colombine 41236 |
| Opilative | 119029 | gris tr. f. | 1914 | Koquelin 92226 | Musculeuse 67822 |
| Opilative | 119194 | grise | 1914 | Jallieu 86306 | Juive 85389 |
| Opilative | 121689 | noire | 1914 | Kocorico 95684 | Koquette 94996 |
| Opilative | 123081 | grise | 1914 | Kaldéron 97356 | Kallisto 96441 |
| Opime | 119033 | grise | 1914 | Koquelin 92226 | Kroquette 93687 |
| Opimes | 119163 | noire | 1914 | Jean-Jack 85863 | Kolinette 91848 |
| Opiniâtre | 121699 | noire | 1914 | Kocorico 95684 | Gayette 98265 |
| Opiniâtreté | 123087 | gris-foncé | 1914 | Kéris 93769 | Jugurtha 88544 |
| Opinion | 119035 | grise | 1914 | Koquelin 92226 | Minerve 58416 |
| Opinion | 119123 | noire | 1914 | Jeudi 88924 | Cocotte 58259 |
| Opinion | 120865 | grise | 1914 | Kognac 91477 | Coquette 90076 |
| Opinion | 121696 | noire | 1914 | Kélat 94645 | Harde 93444 |
| Opinion | 121867 | gris-foncé | 1914 | Klermont 96529 | Face 67704 |

| NOM | N° | ROBE | Naissance | PÈRE | MÈRE |
|---|---|---|---|---|---|
| Opinion | 123083 | noire | 1914 | Jordaens 87507 | Italienne 79322 |
| Opinion | 123858 | grise | 1914 | Kilous 96690 | Latte 104409 |
| Opique | 119336 | noire | 1914 | Koquelin 92226 | Lisette 100306 |
| Opique | 119794 | grise | 1914 | Kommis 93104 | Jussion 85125 |
| Opique | 121697 | noire | 1914 | Kocorico 95684 | Marquise 40112 |
| Opique | 122341 | noire | 1914 | Jomarin 84236 | Kildore 95446 |
| Opique | 123086 | grise | 1914 | Kéris 93769 | Kouchette 95859 |
| Oponce | 123089 | gris-foncé | 1914 | Instar 78857 | Juvenilia 87363 |
| Oppe | 120777 | grise | 1914 | Kapon 90765 | Génératrice 69694 |
| Oppède | 119913 | gris-foncé | 1914 | Imprévu 80361 | Croisade 55376 |
| Oppède | 122651 | gris clair | 1914 | Douvreur-ex-Couvreur 58335 | Hygie 93469 |
| Oppedette | 119911 | noire | 1914 | Kalot 92507 | Heure 74017 |
| Oppedette | 122653 | noire | 1914 | Douvreur-ex-Couvreur 58335 | Lisette 50653 |
| Oppedette | 123634 | noire | 1914 | Kern 97385 | Calédonie 66482 |
| Opportune | 119114 | bai-brun | 1914 | Jean-Jack 85863 | Biche 47288 |
| Opportune | 119339 | grise | 1914 | Japon 84819 | Hébé 66215 |
| Opportune | 119709 | gris-foncé | 1914 | Kangourou 89698 | Hallebarde 73867 |
| Opportune | 120866 | noire | 1914 | Kognac 91477 | Bijou 61326 |
| Opportune | 121700 | noire | 1914 | Kocorico 95684 | Lydie 102048 |
| Opportune | 121870 | noir zain | 1914 | Klermont 96529 | Garlotte 98378 |
| Opportune | 123091 | grise | 1914 | Jean-Frollo 85466 | Heure 77721 |
| Opportune | 124122 | gris-clair | 1914 | Kaptif 92909 | Margot 58768 |
| Opportunité | 121701 | noire | 1914 | Kélat 94645 | Jérémiade 88245 |
| Opportunité | 123092 | alez.-doré | 1914 | Jambon 87188 | Galilée 36877 |
| Opposante | 120867 | noire | 1914 | Kontemporain 91579 | Artiste 58396 |
| Opposante | 121703 | noire | 1914 | Huitain 73993 | Sophie 47664 |
| Opposante | 121869 | grise | 1914 | Klamart 96523 | Librairie 104183 |
| Opposante | 123093 | grise | 1914 | Jambon 87188 | Rosette 33089 |
| Opposée | 119340 | grise | 1914 | Koquelin 92226 | Jarde 86122 |
| Opposée | 120435 | grise | 1914 | If 80943 | Gamine 70777 |
| Opposée | 120871 | grise | 1914 | Kruor 91865 | Karesse 90825 |
| Opposée | 121706 | noir zain | 1914 | Huitain 73993 | Garmante 98383 |
| Opposite | 119125 | bai-chât. | 1914 | Japon 84819 | Energie 59170 |
| Opposition | 119136 | noire | 1914 | Jeudi 88924 | Bijou 68836 |
| Opposition | 119345 | baie | 1914 | Jujubier 85435 | Idole 78568 |
| Opposition | 120872 | grise | 1914 | Kontemporain 91579 | Kalosse 92440 |
| Opposition | 121707 | noire | 1914 | Huitain 73993 | Ibérienne 82217 |
| Opposition | 121872 | noire | 1914 | Klermont 96529 | Liane 104170 |
| Oppressée | 119044 | noire | 1914 | Gazéo 70937 | Capsule 67375 |
| Oppression | 121711 | noire | 1914 | Huitain 73993 | Alia 51545 |
| Oppression | 123098 | gris-foncé | 1914 | Jean-Frollo 85466 | Koque 94987 |
| Oppressive | 119346 | baie | 1914 | Koquelin 92226 | Binette 61432 |
| Oppressive | 120876 | gris-foncé | 1914 | Julot 85452 | Mireille 59081 |
| Oppressive | 121710 | noire | 1914 | Huitain 73993 | Guillemette 71781 |
| Oppressive | 121874 | gris-foncé | 1914 | Isly 83294 | Goquette 98382 |

| NOM | N° | ROBE | Naissance | PÈRE | MÈRE |
|---|---|---|---|---|---|
| Opprimée | 119347 | noire | 1914 | Joyeux 84874 | Luce 101299 |
| Opprimée | 121715 | noire | 1914 | Huitain 73993 | Brebis 67299 |
| Opprimée | 121896 | noire | 1914 | Klamart 96523 | Joueuse 88746 |
| Opprimée | 119111 | grise | 1914 | Hanneton 75587 | Kanotte 91654 |
| Opprimée | 120968 | noir zain | 1914 | Kapon 90765 | Volaille 54309 |
| Opprobe | 119044 | noire | 1914 | Gazéo 70937 | Korniche 89834 |
| Ops | 122508 | noire | 1914 | Huguenot 74507 | Kavanne 96072 |
| Optation | 119351 | noire | 1914 | Joyeux 84874 | Gustine 71046 |
| Optation | 120881 | gris clair | 1914 | Idem 80612 | Biche 53657 |
| Optation | 121718 | noire | 1914 | Kapon 90765 | Julie 88468 |
| Optative | 119348 | noire | 1914 | Joyeux 84874 | Hippophagie 76180 |
| Optative | 121717 | grise | 1914 | Huitain 73993 | Gironde 98388 |
| Opticité | 119353 | gris clair | 1914 | Joyeux 84874 | Mouvette 48005 |
| Opticité | 120882 | noire | 1914 | Korallien 91611 | Icare 81020 |
| Opticité | 121720 | gris vin. | 1914 | Kelat 94645 | Laps 103697 |
| Optima | 119160 | grise | 1914 | Judas 86606 | Suzanne 47859 |
| Optime | 121722 | alezane | 1914 | Jephté 88564 | Hôtelière 75505 |
| Optimisme | 120535 | bai chat. | 1914 | Kerourion 92358 | Biche 54524 |
| Option | 119356 | noire | 1914 | Koquelin 92226 | Kretonne 91417 |
| Option | 120969 | noire | 1914 | Kapon 90765 | Henriette 74083 |
| Option | 122355 | noire | 1914 | Kontrole 93620 | Lignette 104245 |
| Option | 123244 | grise | 1914 | Jean-Bart 83546 | Hote 82814 |
| Optique | 119279 | bai-chat. | 1914 | Journaliste 86492 | Vrille 63060 |
| Optique | 120645 | gris-foncé | 1914 | Judas 86606 | Kondieque 89822 |
| Optique | 124016 | noire | 1914 | Jackson 88870 | Etoile 50134 |
| Opulence | 119177 | grise | 1914 | Japon 84819 | Cocotte 47137 |
| Opulence | 119360 | noire | 1914 | Koquelin 92226 | Jocaste 96924 |
| Opulence | 120885 | grise | 1914 | Koquelin 92226 | Indigestion 78750 |
| Opulence | 122356 | grise | 1914 | Kontrôle 93620 | Kaoline 97682 |
| Opulence | 123245 | noir-m.-t. | 1914 | Jean-Bart 83546 | Kora 97285 |
| Opulence | 123819 | noir-m.-t. | 1914 | Joyeux 88776 | Deride 96974 |
| Opulence | 123875 | grise | 1914 | Kibus 96690 | Jalouse 88917 |
| Opulente | 119362 | noire | 1914 | Hareng 76925 | Margot 49580 |
| Opulente | 120625 | noire | 1914 | Jean-Jack 85863 | Harpette 97734 |
| Opulente | 122538 | gris-foncé | 1914 | Kontrôle 93620 | Bienfaisante 63189 |
| Oracle | 122285 | noire | 1914 | Huitain 73993 | Hirondelle 98488 |
| Oracle | 124008 | noire | 1914 | Kapon 97485 | Gerboese 72761 |
| Orage | 120646 | gris-foncé | 1914 | Judas 86606 | Gazette 66743 |
| Orage | 122626 | noire | 1914 | Huron 77627 | Honorée 78404 |
| Orageuse | 119364 | grise | 1914 | Idem 80612 | Prunelle 49311 |
| Orageuse | 120886 | grise | 1914 | Koquelin 92226 | Pompeuse 63144 |
| Orageuse | 121749 | gris-foncé | 1914 | Huitain 73993 | Jacobée 87964 |
| Orageuse | 122557 | grise | 1914 | Kellermann 95954 | Banquise 64227 |
| Orageuse | 124087 | noire | 1914 | Klairet 94682 | Latanise 102932 |
| Orainville | 119916 | noire | 1914 | Kognac 91477 | Rigolette 61328 |

| NOM | N° | ROBE | Naissance | PÈRE | MÈRE |
|---|---|---|---|---|---|
| Orainville | 123635 | grise | 1914 | Kairouan 97649 | Camille 66483 |
| Oraison | 119365 | gris clair | 1914 | Hareng 76925 | Finette 47175 |
| Oraison | 119640 | grise | 1914 | Kalot 92507 | Lavisse 100534 |
| Oraison | 119748 | noire | 1914 | Koquelin 92226 | Joizette 85816 |
| Oraison | 119915 | noire | 1914 | Kascadeur 91236 | Agricola 66974 |
| Oraison | 120565 | bai-brun | 1914 | Judas 86606 | Griotte 98266 |
| Oraison | 120889 | grise | 1914 | Guignolet 70023 | Kystotome 95068 |
| Oraison | 121243 | grise | 1914 | Jugal 85444 | Hochette 74747 |
| Oraison | 121751 | gris-foncé | 1914 | Guignolet 70023 | Canebière 59830 |
| Oraison | 122286 | noire | 1914 | Célibat 64968 | Iris 82223 |
| Oraison | 122539 | grise | 1914 | Kamiesh 96173 | Myrrha 50392 |
| Oraison | 122654 | grise | 1914 | Kargo 92913 | Kousinière 95914 |
| Oraison | 123105 | grise | 1914 | Jean-Frollo 85466 | Jurjura 87497 |
| Oraison | 123641 | grise | 1914 | Jauville 88706 | Journalière 89467 |
| Oraison | 123854 | gris-foncé | 1914 | Jean-Bart 83546 | Javelotte 88862 |
| Oraison | 123906 | grise | 1914 | Kamouflet 97424 | Kara 89749 |
| Orale | 119367 | noire | 1914 | Gazéo 70937 | Lokette 99772 |
| Orale | 120764 | gris-foncé | 1914 | Kagot 92240 | Gamelle 73010 |
| Orale | 122038 | grise | 1914 | Krural 91866 | Charmante 61083 |
| Orale | 123106 | grise | 1914 | Kavaignac 96510 | Rosalie 64583 |
| Oranaise | 122360 | baie | 1914 | Huitain 73993 | Bichette 78549 |
| Orane | 119643 | noire | 1914 | Kascadeur 91236 | Iton 80253 |
| Orange | 119369 | noire | 1914 | Jallieu 86306 | Idoine 81294 |
| Orange | 119409 | noire | 1914 | Joliceur 85324 | Injure 79463 |
| Orange | 119515 | noir-zain | 1914 | Jasmin 83835 | Jolie 83882 |
| Orange | 119641 | bai-t.-f. | 1914 | Kalot 92507 | Jolivette 59382 |
| Orangé | 119740 | noire | 1914 | Fier-à-Bras 65250 | Justice 89402 |
| Orange | 119918 | noire | 1914 | Kascadeur 91236 | Iliade 98168 |
| Orange | 120893 | grise | 1914 | Célibat 64968 | Kryenbill 95354 |
| Orange | 121244 | noire | 1914 | Juvénal 83553 | Poulette 61797 |
| Orange | 122042 | noire | 1914 | Idomen 83507 | Frise 93517 |
| Orange | 122288 | gris-noir | 1914 | Huitain 73993 | Hardie 93325 |
| Orange | 122356 | noire | 1914 | Jupiter 88978 | Harlette 98573 |
| Orange | 122540 | noire | 1914 | Kontrôle 93620 | Calcédoine 67729 |
| Orange | 122657 | gris-foncé | 1914 | Douvreur ex-Couvreur 58335 | Lez 101880 |
| Orange | 122956 | gris-foncé | 1914 | Klocher 95657 | Janire 88834 |
| Orange | 123101 | grise | 1914 | Impérator 83461 | Gestradella 72262 |
| Orange | 123431 | grise | 1914 | Kagnat 92819 | Indienne 93472 |
| Orange | 123521 | grise | 1914 | Jupiter 88978 | Gigue 75087 |
| Orange | 123638 | noire | 1914 | Kalleux 90647 | Farandole 90146 |
| Orange | 123751 | noire | 1914 | Isaac 78892 | Digitale 60790 |
| Orange | 124015 | noire | 1914 | Jackson 88870 | Jézabelle 98418 |
| Orange | 124120 | noire | 1914 | Kaptif 92909 | Georgine 72401 |
| Orangeade | 119142 | bai-ch.-z. | 1914 | Fier-à-Bras 65250 | Insoluble 79225 |
| Orangeade | 119373 | grise | 1914 | Justian 85274 | Margueritte 58749 |

| NOM | N° | ROBE | Né en | PÈRE | MÈRE |
|---|---|---|---|---|---|
| Orangeade | 120894 | grise | 1914 | Kaballero 95499 | Rebelle 63588 |
| Orangeade | 122541 | noire | 1914 | Kontrole 93620 | Impérieuse 93424 |
| Orangeade | 123107 | grise | 1914 | Keris 93769 | Io 83015 |
| Orangeade | 124012 | gris-vin. | 1914 | Jean Bart 83546 | Impie 82815 |
| Orangée | 119370 | grise | 1914 | Justian 85274 | Lune 99121 |
| Orangère | 119378 | alezane | 1914 | Juge 83738 | Brillante 50472 |
| Orangère | 119751 | noire | 1914 | Gazeo 70937 | Hydrofuge 74455 |
| Orangère | 121977 | grise | 1914 | Hiersac 76358 | Javanaise 87986 |
| Orangère | 123108 | grise | 1914 | Kominos 92182 | Ingrie 83010 |
| Orangère | 123730 | noire | 1914 | Interprète 80665 | Biche 50707 |
| Orangère | 123750 | noire | 1914 | Kadue 95523 | Irène 97730 |
| Orangerie | 119379 | grise | 1914 | Fier à Bras 65250 | Décidée 56949 |
| Orangerie | 121979 | grise | 1914 | Huitain 73993 | Césarine 46641 |
| Orangerie | 122559 | noire | 1914 | Kontrole 93620 | Jouvence 98514 |
| Orangerie | 123102 | grise | 1914 | Jean Frollo 85466 | Kosmo 95430 |
| Orangette | 119175 | bai brun | 1914 | Japon 84819 | Karpette 74355 |
| Orangette | 119380 | noire | 1914 | Fier à Bras 65250 | Castille 66931 |
| Orangette | 120897 | grise | 1914 | Komitat 91759 | Gazelle 46530 |
| Orangette | 121980 | noire | 1914 | Huitain 73993 | Bonnetablienne 57020 |
| Orangette | 123109 | gris foncé | 1914 | Klaustrad 91061 | Jamaïque 98251 |
| Orangine | 122631 | noire | 1914 | Jaseur 89506 | Hercine 77617 |
| Orbe | 119642 | noire | 1914 | Kascadeur 91236 | Sophie 50526 |
| Orbe | 119756 | noire | 1914 | Homard 74692 | Biche 48123 |
| Orbe | 120431 | noire | 1914 | Kapon 90765 | Mouvette 49684 |
| Orbe | 121247 | noire | 1914 | Juvenal 83553 | Helvetie 78147 |
| Orbe | 121982 | grise | 1914 | Célibat 64968 | Bon-Bec 60484 |
| Orbe | 122289 | noir zain | 1914 | Karabon 90798 | Bourgogne 67275 |
| Orbe | 123111 | gris-foncé | 1914 | Jordaens 87507 | Ilie 77713 |
| Orbe | 123432 | grise | 1914 | Instar 78857 | Kuisine 97587 |
| Orbicole | 119381 | noire | 1914 | Juge 83738 | Laceuse 100562 |
| Orbicole | 121983 | noire | 1914 | Kauem 89731 | Kystine 92825 |
| Orbicole | 123117 | grise | 1914 | Kaxton 96514 | Katalogne 96499 |
| Orbiculaire | 119391 | grise | 1914 | Jujubier 85435 | Corvette 97085 |
| Orbiéri | 120566 | n.-m. t.-z. | 1914 | Judas 86606 | Labastille 99144 |
| Orbitale | 119382 | noire | 1914 | Juge 83738 | Harlette 74389 |
| Orbitale | 120899 | grise | 1914 | Istres 82617 | Janina 98584 |
| Orbitale | 121984 | grise | 1914 | Célibat 64968 | Kantate 95597 |
| Orbitale | 123118 | grise | 1914 | Jean-Frollo 85466 | Koquette 96503 |
| Orbite | 119176 | noire | 1914 | Japon 84819 | Goguette 70943 |
| Orbite | 119385 | grise | 1914 | Fier-à-Bras 65250 | Girardière 57784 |
| Orbite | 120255 | noire | 1914 | Kalendrier 90637 | Muscade 46358 |
| Orbite | 120900 | grise | 1914 | Kern 97385 | Alerte 93532 |
| Orbite | 121985 | noir-zain | 1914 | Célibat 64968 | Fauvette 47283 |
| Orbite | 122560 | noire | 1914 | Kontrôle 93620 | Ligature 104249 |
| Orbite | 122957 | gris foncé | 1914 | Kouli 97151 | Huguette 87618 |

| NOM | Nº | ROBE | Naissance | PÈRE | MÈRE |
|---|---|---|---|---|---|
| Orbite | 123119 | grise | 1914 | Kagnat 92819 | Rosette 84487 |
| Orbite | 123752 | noire | 1914 | Kaduc 95523 | Frisette 41937 |
| Orbitèle | 119388 | noire | 1914 | Journaliste 86492 | Lombardie 99172 |
| Orbitèle | 120902 | noire | 1914 | Koryza 91297 | Lolotte 104669 |
| Orbitèle | 121991 | noir-m.-t. | 1914 | Kobi 95111 | Hippienne 77378 |
| Orbitèle | 123123 | grise | 1914 | Kagnat 92819 | Jurande 87505 |
| Orbrie | 119920 | noire | 1914 | Jugal 85444 | Ionienne 81437 |
| Orbrie | 122659 | grise | 1914 | Impérator 83464 | Kouette 95691 |
| Orbrie | 123647 | noire | 1914 | Jaddus 89198 | Castille 93296 |
| Orcade | 119759 | grise | 1914 | Journaliste 86492 | Chique 54308 |
| Orcade | 122291 | baie | 1914 | Huitain 73993 | Boulotte 49699 |
| Orcade | 123433 | noir zain | 1914 | Instar 78857 | Koléreuse 95698 |
| Orcanète | 119386 | grise | 1914 | Fier-à-Bras 65250 | Bénédite 61718 |
| Orcanète | 120564 | grise | 1914 | Judas 86606 | Risette 66683 |
| Orcanète | 120905 | grise | 1914 | Krural 91866 | Mouvette 57460 |
| Orcanète | 121898 | grise | 1914 | Kuroki 96213 | Laclasse 104697 |
| Orcanète | 121986 | grise | 1914 | Célibat 64968 | Genillotte 70059 |
| Orcanète | 123126 | gris-foncé | 1914 | Kaxton 96314 | Jallange 87516 |
| Orcanetta | 123794 | grise | 1914 | Klocher 95657 | Bagatelle 51160 |
| Orcanette | 119191 | grise | 1914 | Japon 84819 | Idolâtrée 79389 |
| Orcanette | 119389 | grise | 1914 | Kommis 93104 | Bertine 57833 |
| Orcanette | 121987 | noire | 1914 | Célibat 64968 | Hallucinée 75361 |
| Orcanette | 123124 | gris-foncé | 1914 | Jordaens 87507 | Blanche 64722 |
| Orchaise | 119927 | noir-zain | 1914 | Kascadeur 91236 | Gaza 72611 |
| Orchestrale | 119390 | grise | 1914 | Jallieu 86306 | Raviette 63126 |
| Orchestrale | 121992 | gris-foncé | 1914 | Kobi 95111 | Karbine 95104 |
| Orchestration | 121994 | grise | 1914 | Célibat 64968 | Gaillarde 93403 |
| Orchidée | 119395 | grise | 1914 | Jurisconsul 86393 | Harassée 74260 |
| Orchidée | 120909 | grise | 1914 | Krural 91866 | Kravache 95991 |
| Orchidée | 121893 | noire | 1914 | Klermont 96329 | Kordelière 95026 |
| Orchidée | 121995 | gris-noir | 1914 | Hiersac 76358 | Rosette 63956 |
| Orchidée | 122958 | gris-noir | 1914 | Kouli 97151 | Delphine 38196 |
| Orchidée | 123128 | gris-foncé | 1914 | Jordaens 87507 | Rose 64609 |
| Orchidée | 124072 | noire | 1914 | Interprète 80663 | Attalie 68344 |
| Orchidée | 124088 | noire | 1914 | Kruchon 93704 | Kaline 94501 |
| Orchie | 119760 | noire | 1914 | Journaliste 86492 | Coquette 54179 |
| Orchie | 120726 | gris-foncé | 1914 | Kruger 92229 | Rosette 57455 |
| Orchie | 121248 | grise | 1914 | Juvénal 83553 | Cocotte 75046 |
| Orchie | 122292 | bai-mar. | 1914 | Huitain 73993 | Kalinos 95309 |
| Orchie | 122663 | grise | 1914 | Kagnat 92819 | Lumière 102705 |
| Orchie | 123435 | noire | 1914 | Instar 78857 | Julia 88547 |
| Orchies | 119929 | noire | 1914 | Kognac 91477 | Joze 85294 |
| Orchies | 120668 | gris-vin. | 1914 | Josué 88841 | Lavage 97962 |
| Orchomène | 122510 | gris-foncé | 1914 | Huguenot 74507 | Kermesse 97683 |
| Orchomène | 123436 | noire | 1914 | Douvreur-ex-Couvreur 58335 | Crème 67997 |

| NOM | N° | ROBE | Naissance | PÈRE | MÈRE |
|---|---|---|---|---|---|
| Orcière | 122293 | noir-rub. | 1914 | Huitain 73993 | Lapse 98694 |
| Orcière | 122660 | grise | 1914 | Impérator 83461 | Jaqueline 87200 |
| Orcière | 123438 | grise | 1914 | Kybéry 91622 | Violette 55856 |
| Orcière | 123650 | grise | 1914 | Kaisson 97384 | Kyrielle 97702 |
| Orcières | 119932 | gris foncé | 1914 | Guignolet 70023 | Jalapa 85383 |
| Orcières | 121249 | grise | 1914 | Kruor 91865 | Infirmière 79743 |
| Orcine | 119933 | noire | 1914 | Kascadeur 91236 | Hirondelle 76456 |
| Orcine | 122661 | grise | 1914 | Instar 78857 | Houlette 87725 |
| Orcine | 123652 | grise | 1914 | Kaisson 97384 | Lisette 43551 |
| Ordalie | 119397 | noire | 1914 | Jurisconsul 86393 | Impure 81499 |
| Ordalie | 121892 | gris rouan | 1914 | Klermont 96529 | Kornue 95051 |
| Ordalie | 121998 | gris-foncé | 1914 | Célibat 64968 | Camélia 51450 |
| Ordalie | 123129 | gris v. cl. | 1914 | Klocher 95657 | Thérèse 51386 |
| Ordalie | 123823 | noire | 1914 | Jackson 88870 | Hermionne 97721 |
| Orde | 119103 | noire | 1914 | Justian 85274 | Kaborde 90204 |
| Orde | 121173 | grise | 1914 | Julo 85452 | Hermitière 98055 |
| Orde | 121343 | noire | 1914 | Kaleul 92482 | Biche 50703 |
| Orde | 121996 | gris-noir | 1914 | Hiersac 76358 | Jannette 87990 |
| Ordinaire | 119170 | gris-foncé | 1914 | Fier à Bras 65250 | Hirondelle 51997 |
| Ordinale | 119399 | noire | 1914 | Isambert 80766 | Minerve 67628 |
| Ordinale | 120913 | baie | 1914 | Kilry 89896 | Coquette 60200 |
| Ordinale | 122001 | gris-foncé | 1914 | Hiersac 76358 | Javelotte 87983 |
| Ordinale | 123130 | noire | 1914 | Jalabert 85688 | Paquerette 47120 |
| Ordination | 119401 | noire | 1914 | Jurisconsul 86393 | Karmen 93197 |
| Ordination | 120916 | noire | 1914 | Igli 81048 | Kitte 93944 |
| Ordination | 121894 | grise | 1914 | Jobard 87247 | Indifférente 93337 |
| Ordination | 122002 | gris-foncé | 1914 | Hiersac 76358 | Poupoule 63471 |
| Ordination | 123132 | noir-m.-t. | 1914 | Koncordat 95760 | Judicaël 87485 |
| Ordination | 123768 | noire | 1914 | Kadue 95523 | Kantième 96337 |
| Ordination | 124046 | noire | 1914 | Joyeux 88776 | Girandole 73265 |
| Ordinatrice | 119400 | noire | 1914 | Isambert 80766 | Analyse 67001 |
| Ordinatrice | 120915 | grise | 1914 | Handin 75681 | Hoquette 97103 |
| Ordinatrice | 123138 | noire | 1914 | Jalabert 85688 | Pâquerette 98218 |
| Ordonnance | 119402 | baie | 1914 | Jurisconsul 86393 | Komplète 93421 |
| Ordonnance | 121251 | noire | 1914 | Juvénal 83553 | Hocheuse 76644 |
| Ordonnance | 121916 | noir-zain | 1914 | Klermont 96529 | Fabiola 67924 |
| Ordonnance | 122004 | gris-foncé | 1914 | Huitain 73993 | Icarie 78467 |
| Ordonnance | 122295 | noire | 1914 | Huitain 73993 | Liberté 103135 |
| Ordonnance | 122639 | gris-foncé | 1914 | Kalcul 92482 | Rigolette 62484 |
| Ordonnance | 123134 | noire | 1914 | Jalabert 85688 | Décidée 49925 |
| Ordonnance | 123439 | grise | 1914 | Kybéry 91622 | Bichette 50563 |
| Ordonnance | 124006 | grise | 1914 | Koypel 96590 | Brillante 60631 |
| Ordonnée | 119403 | grise | 1914 | Idem 80612 | Gerbette 69952 |
| Ordonnée | 120927 | grise | 1914 | Klaustral 94064 | Jubilation 87296 |
| Ordonnée | 122006 | grise | 1914 | Huitain 73993 | Automobile 51444 |

| NOM | N° | ROBE | Naissance | PÈRE | MÈRE |
|---|---|---|---|---|---|
| Ordonnée | 122490 | noire | 1914 | Idomen 83507 | Isabelle 93524 |
| Ordonnée | 123139 | noire | 1914 | Koncordat 95760 | Hélice 98232 |
| Ordure | 120335 | grise | 1914 | Japon 84849 | Quille 68518 |
| Ore | 120014 | gris-t.-f. | 1914 | Kascadeur 94236 | Dégourdie 68846 |
| Oréade | 119404 | grise | 1914 | Idem 80612 | Mélie 54465 |
| Oréade | 119766 | noire | 1914 | Idem 80612 | Arcadie 58380 |
| Oréade | 120931 | noire | 1914 | Koquelin 92226 | Léprine 99243 |
| Oréade | 121252 | grise | 1914 | Iowa 80989 | Pimpante 61252 |
| Oréade | 122011 | noire | 1914 | Hiersac 76388 | Justiniana 86705 |
| Oréade | 122297 | noire | 1914 | Huitain 73993 | Hébride 73747 |
| Oréade | 122486 | grise | 1914 | Kamiesh 96173 | Guitare 72712 |
| Oréade | 123142 | noire | 1914 | Jalabert 85688 | Karlotta 97611 |
| Oréade | 123444 | grise | 1914 | Jan 84249 | Iroquoise 82795 |
| Oréade | 123836 | grise | 1914 | Jean-Bart 83546 | Indiana 98604 |
| Oréades | 119739 | gris-foncé | 1914 | Fier-à-Bras 65250 | Jalapine 84972 |
| Orée | 119405 | gris-clair | 1914 | Kalhao 92188 | Joviale 65050 |
| Orée | 122012 | noire | 1914 | Jean-qui-rit 88772 | Gazon 50646 |
| Orée | 122481 | noire | 1914 | Kerbriant 94032 | Jeunette 88733 |
| Orée | 123144 | gris-vin. | 1914 | Kastrat 94912 | Isaurie 83038 |
| Orée | 124052 | noire | 1914 | Joyeux 88776 | Coquette 56795 |
| Orégon | 121258 | noire | 1914 | Iowa 80989 | Ginette 72863 |
| Orègue | 120016 | noire | 1914 | Guignolet 70023 | Labiche 97743 |
| Orègue | 122664 | grise | 1914 | Instar 78857 | Hérodiade 84462 |
| Orègue | 123654 | noire | 1914 | Janville 88706 | Etincelle 64907 |
| Oreilla | 120018 | noire | 1914 | Kognac 91477 | Istib 80458 |
| Oreille | 119413 | grise | 1914 | Kalendrier 90637 | Egyptienne 55260 |
| Oreille | 120420 | grise | 1914 | Jean-qui-rit 88772 | Poupoule 66753 |
| Oreille | 120934 | noire | 1914 | Huitain 73993 | Biche 61435 |
| Oreille | 122013 | gris-clair | 1914 | Jans 86310 | Marquise 47907 |
| Oreille | 123145 | grise | 1914 | Jay 85935 | Lanouë 102822 |
| Oreillette | 119169 | noire | 1914 | Fier-à-Bras 65250 | Galloche 69453 |
| Oreillette | 119416 | noire | 1914 | Kalcul 92482 | Haquenée 77218 |
| Oreillette | 119935 | noire | 1914 | Jolicœur 85324 | Isaure 93531 |
| Oreillette | 122015 | noire | 1914 | Célibat 64968 | Kadena 91227 |
| Oreillette | 122482 | grise | 1914 | Juliopolis 86716 | Juvénilité 88752 |
| Oreillette | 123146 | gris-foncé | 1914 | Kastrat 94912 | Jahel 93506 |
| Orelia | 122473 | grise | 1914 | Klocher 95657 | Valseuse 57404 |
| Orélia | 122965 | noire | 1914 | Kaisson 97384 | Irma 81037 |
| Orélie | 119768 | noire | 1914 | Idem 80612 | Mouvette 55093 |
| Orélie | 121253 | noire | 1914 | Iowa 80989 | Margot 54143 |
| Orélie | 122299 | noir-zain | 1914 | Huitain 73993 | Coquette 78544 |
| Orélie | 123442 | noire | 1914 | Kaolin 92234 | Guêpe 97131 |
| Orelle | 120021 | noire | 1914 | Kascadeur 91236 | Lyre 99996 |
| Orelle | 120952 | noire | 1914 | Kapon 90765 | Marquise 81833 |
| Orelle | 122665 | gris-foncé | 1914 | Impérator 83461 | Kloze 95667 |

| NOM | N | ROBE | NAISSANCE | PÈRE | MÈRE |
|---|---|---|---|---|---|
| Orelle | 123661 | noire | 1914 | Kairouan 97649 | Martyre 35785 |
| Orelli | 122305 | noire | 1914 | Hoitain 73993 | Gertrude 97097 |
| Orénoque | 121260 | noire | 1914 | Iowa 80989 | Virginie 64443 |
| Orénoque | 122300 | grise | 1914 | Jouillat 88642 | Lisette 61267 |
| Orense | 121261 | grise | 1914 | Iowa 80989 | Lœne 98752 |
| Orense | 122301 | noire | 1914 | Kanem 89731 | Lecture 104078 |
| Orense | 123444 | grise | 1914 | Kontrole 93620 | Justice 88731 |
| Oréole | 120765 | gris f. v. | 1914 | Kagot 92240 | Jarnage 86425 |
| Oreste | 119769 | noir zain | 1914 | Karabe 95224 | Jolivette 84661 |
| Oreste | 120043 | gris foncé | 1914 | Imprévu 80361 | Jouvence 86707 |
| Oreste | 120280 | baie | 1914 | Janiseus 88060 | Jecca 86993 |
| Oreste | 121262 | noire | 1914 | Kapoly 92818 | Félicie 34680 |
| Oreste | 122302 | noire | 1914 | Huitain 73993 | Hone 74633 |
| Oreste | 123447 | grise | 1914 | Kavaignac 96510 | Louise 64734 |
| Orestie | 121264 | grise | 1914 | Iowa 80989 | Chopine 49622 |
| Orestie | 122304 | noire | 1914 | Kanem 89731 | Huguenotte 77272 |
| Orestie | 123450 | noir m. t. | 1914 | Jalabert 85688 | Rapide 92815 |
| Orezza | 120465 | gris t. f. | 1914 | Kagot 92240 | Karogne 94866 |
| Orezza | 122681 | grise | 1914 | Instar 78857 | Docile 45948 |
| Orfa | 121265 | noire | 1914 | Iowa 80989 | Inclémente 81530 |
| Orfa | 122511 | gris foncé | 1914 | Huguenot 74507 | Germaine 69370 |
| Orfévrerie | 120935 | noir zain | 1914 | Jans 86310 | Gabonne 73092 |
| Orfévrerie | 122017 | noire | 1914 | Célibat 64968 | Laronne 103312 |
| Orfèvrerie | 123148 | gris-vin. | 1914 | Keris 93769 | Chaton 53624 |
| Orfévrie | 122018 | noire | 1914 | Célibat 64968 | Faisante 67702 |
| Orfraie | 120691 | gris-foncé | 1914 | Kruger 92229 | Lettre 98023 |
| Orfraie | 120937 | noire | 1914 | Kourlis 95894 | Linette 64998 |
| Orfraie | 123151 | grise | 1914 | Jordaens 87507 | Isabelle 83034 |
| Orfraie | 123753 | gris-rouan | 1914 | Kadue 95523 | Korollia 96637 |
| Orfraye | 119429 | noire | 1914 | Kognac 91477 | Ismène 80155 |
| Orfroie | 120939 | grise | 1914 | Kourlis 95894 | Islande 84430 |
| Organe | 118734 | noire | 1914 | Kaiser 90759 | Castille 59461 |
| Organe | 123157 | grise | 1914 | Jalabert 85688 | Georgette 73133 |
| Organisation | 119432 | noire | 1914 | Kascadeur 91236 | Gauloise 90149 |
| Organisation | 120971 | noire | 1914 | Kognac 91477 | Goguette 71885 |
| Organisation | 123456 | grise | 1914 | Jean-Frollo 85466 | Glaneuse 45018 |
| Organisée | 119435 | gris-foncé | 1914 | Juvénal 83553 | Kannage 90722 |
| Organisée | 120972 | grise | 1914 | Kalot 92507 | Forestière 47829 |
| Organisée | 122021 | noire | 1914 | Karafon 90798 | Kulasse 95299 |
| Organisée | 123152 | grise | 1914 | Jordaens 87507 | Bijou 54503 |
| Orge | 119438 | noir-zain | 1914 | Jean-qui-rit 88772 | Céline 52174 |
| Orge | 119942 | noire | 1914 | Kérouriou 92358 | Laforge 100874 |
| Orge | 120973 | grise | 1914 | Kalot 92507 | Judée 84118 |
| Orge | 122022 | grise | 1914 | Huitain 73993 | Lisette 78464 |
| Orge | 122669 | gris-foncé | 1914 | Instar 78857 | Lunule 102702 |

| NOM | N° | ROBE | Naissance | PÈRE | MÈRE |
|---|---|---|---|---|---|
| Orge | 123153 | grise | 1914 | Jordaens 87507 | Kathargol 97230 |
| Orgelète | 119120 | grise | 1914 | Jubé 85452 | Concorde 65084 |
| Orgelette | 120600 | gris-foncé | 1914 | Kruger 92229 | Garcette 98103 |
| Orgelette | 123805 | noire | 1914 | Kaduc 95523 | Kermesse 96695 |
| Orgère | 120022 | grise | 1914 | Guignolet 70023 | Gravelotte 98165 |
| Orgère | 121267 | bai-brun | 1914 | Iowa 80989 | Lozère 98810 |
| Orgère | 122306 | noire | 1914 | Kanem 89734 | Elisa 98449 |
| Orgère | 122668 | grise | 1914 | Instar 78857 | Mouvette 57295 |
| Orgère | 123448 | grise | 1914 | Douvreur-ex-Couvreur 58335 | Castille 50656 |
| Orgère | 123662 | noire | 1914 | Kern 97385 | Karolina 96382 |
| Orgère | 123835 | grise | 1914 | Jean-Bart 83546 | Baliverne 63501 |
| Orgette | 119187 | grise | 1914 | Japon 84819 | Ismarie 79390 |
| Orgiaque | 123158 | grise | 1914 | Jordaens 87507 | Gabarre 72228 |
| Orgie | 119439 | gris-clair | 1914 | Jean-qui-rit 88772 | Gondole 70013 |
| Orgie | 120327 | grise | 1914 | Japon 84819 | Koquine 89829 |
| Orgie | 120539 | bai-brun | 1914 | If 80943 | Régate 66734 |
| Orgie | 120728 | noire | 1914 | Kalendrier 90637 | Souplesse 66985 |
| Orgie | 120976 | noire | 1914 | Kognac 91477 | Bécasse 52868 |
| Orgie | 121576 | noire | 1914 | Iran 81119 | Jurisprudence 88566 |
| Orgie | 122027 | grise | 1914 | Kapon 90765 | Jasion 88027 |
| Orgie | 122487 | gris-foncé | 1914 | Jobard 87247 | Ecaille 73320 |
| Orgie | 123154 | noir-zain | 1914 | Jalabert 85688 | Mignoune 61195 |
| Orgie | 123174 | noire | 1914 | Jay 85935 | Hélice 77466 |
| Orgie | 123830 | noire | 1914 | Jean-Bart 83546 | Dahlia 97712 |
| Orgie | 124054 | noire | 1914 | Joyeux 88776 | Lavande 104366 |
| Orgine | 122673 | noir-zain | 1914 | Impérator 83461 | Cléopâtre 41218 |
| Orglande | 120024 | grise | 1914 | Kalot 92507 | Mireille 57348 |
| Orglande | 122670 | grise | 1914 | Instar 78857 | Sentinelle 62750 |
| Orglande | 123664 | noire | 1914 | Kairouan 97649 | Joconde 98554 |
| Orgueil | 119089 | noir-zain | 1914 | Jonas 84244 | Havane 75816 |
| Orgueilleuse | 120980 | grise | 1914 | Kalot 92507 | Hémiplégie 76520 |
| Orgueilleuse | 122028 | gris-foncé | 1914 | Kanem 89731 | Gracieuse 98475 |
| Orgueilleuse | 122485 | gris-foncé | 1914 | Irradié 83254 | Henriette 78310 |
| Orgueilleuse | 123160 | noir-zain | 1914 | Kéris 93769 | Hôtesse 77498 |
| Orgueilleux | 121642 | noir-zain | 1914 | Quinquina 68945 | Héroïque 97092 |
| Orlane | 119980 | noire | 1914 | If 80943 | Bachelique 66288 |
| Oribase | 121270 | noire | 1914 | Iowa 80989 | Hermine 81759 |
| Oribase | 122307 | noire | 1914 | Huitain 73993 | Sabine 34412 |
| Oribase | 123451 | noire | 1914 | Jay 85935 | Juderie 87907 |
| Orientale | 119294 | grise | 1914 | Képi 91690 | Larme 99468 |
| Orientale | 120334 | gris-foncé | 1914 | Japon 84819 | Canelle 68445 |
| Orientale | 120987 | gris-clair | 1914 | Jugal 85444 | Vivette 62320 |
| Orientale | 121280 | grise | 1914 | Kruor 94865 | Labruyère 97744 |
| Orientale | 121917 | noire | 1914 | Klermont 96529 | Jabloire 88939 |
| Orientale | 122029 | noir-zain | 1914 | Kapon 90765 | Héroïne 98487 |

| NOM | N° | ROBE | Naissance | PÈRE | MÈRE |
|---|---|---|---|---|---|
| Orientale | 122309 | noire | 1914 | Kapou 90765 | Verveine 67297 |
| Orientale | 123162 | grise | 1914 | Koncordat 95760 | Lunette 43044 |
| Orientale | 123453 | grise | 1914 | Klamart 96523 | Korbeille 95017 |
| Orientation | 120088 | noire | 1914 | Kognac 91477 | Gibelotte 70057 |
| Orientation | 122031 | noire | 1914 | Guignolet 70023 | Charmante 54355 |
| Orientation | 123829 | grise | 1914 | Jean Bart 83546 | Haltère 97729 |
| Orientée | 119096 | bai chât. | 1914 | Journaliste 86492 | Location 99783 |
| Oriette | 119185 | grise | 1914 | Japon 84819 | Bichonnette 47688 |
| Oriflamme | 119300 | noire | 1914 | Kommis 93104 | Anguille 53877 |
| Oriflamme | 120755 | noire | 1914 | Kilo 94042 | Kalize 97630 |
| Oriflamme | 120807 | grise | 1914 | Kroger 92229 | Intégrita 78896 |
| Oriflamme | 120989 | grise | 1914 | Jugal 85444 | Printannière 44124 |
| Oriflamme | 121918 | grise | 1914 | Jobard 87247 | Suzette 61180 |
| Oriflamme | 122032 | noire | 1914 | Guignolet 70023 | Biche 62842 |
| Oriflamme | 122642 | noire | 1914 | Kaleul 92482 | Hannette 76991 |
| Oriflamme | 123165 | noire | 1914 | Jalabert 85688 | Coquette 61384 |
| Oriflamme | 123933 | noire | 1914 | Klocher 95657 | Kanope 96464 |
| Oriflamme | 124104 | grise | 1914 | Jeudi 88924 | Karminette 95235 |
| Origanne | 119308 | noir-zain | 1914 | Kaptif 92909 | Histoire 74458 |
| Origène | 123454 | noire | 1914 | Kourlis 95894 | Koquinerie 95007 |
| Originale | 119303 | grise | 1914 | Képi 91690 | Coquette 58716 |
| Originale | 120992 | noire | 1914 | Kascadeur 91236 | Joviale 58528 |
| Originale | 121919 | grise | 1914 | Jobard 87247 | Ivrée 82101 |
| Originale | 122041 | gris-bleu | 1914 | Jans 86310 | Tribune 62870 |
| Originale | 122050 | noire | 1914 | Huitain 73993 | Kaoline 95200 |
| Originale | 123167 | gris-foncé | 1914 | Jalabert 85688 | Litote 101524 |
| Originale | 124092 | noire | 1914 | Kruchon 93701 | Critique 63137 |
| Originalité | 122055 | gris-noir | 1914 | Kontemporain 91579 | Sans-Tache 54237 |
| Originalité | 123168 | baie | 1914 | Kaxton 96514 | Jolie 98259 |
| Origine | 119304 | noire | 1914 | Képi 91690 | Houille 73912 |
| Origine | 120681 | noire | 1914 | Josné 88841 | Injure 80008 |
| Origine | 120751 | noire | 1914 | Kilo 94042 | Mignonne 56273 |
| Origine | 121000 | noire | 1914 | Jugal 85444 | Journade 90226 |
| Origine | 121281 | baie | 1914 | Juvénal 83553 | Halte 73630 |
| Origine | 121643 | grise | 1914 | Quinquina 68945 | Incertaine 82163 |
| Origine | 121895 | noire | 1914 | Klermont 96529 | Jaure 88455 |
| Origine | 122052 | grise | 1914 | Kontemporain 91579 | Lunatique 103084 |
| Origine | 122312 | grise | 1914 | Jouillat 88642 | Castille 73398 |
| Origine | 122674 | grise | 1914 | Bouvreur-ex-Couvreur 58335 | Biche 50718 |
| Origine | 123169 | gris-foncé | 1914 | Kavaignac 96510 | Ithaque 82669 |
| Origine | 123458 | grise | 1914 | Koncordat 95760 | Judelle 89015 |
| Origine | 123828 | grise | 1914 | Karapath 97283 | Javotte 98533 |
| Originelle | 119307 | noire | 1914 | Kaptif 92909 | Indépendante 80475 |
| Originelle | 121001 | gris-vin. | 1914 | Juvénal 83553 | Charmeuse 55443 |
| Originelle | 121835 | gris-noir | 1914 | Jupiter 88668 | Icarie 98207 |

| NOM | N° | ROBE | Naissance | PÈRE | MÈRE |
|---|---|---|---|---|---|
| Originelle | 122054 | grise | 1914 | Jugal 85444 | Gironde 66694 |
| Originelle | 123170 | grise | 1914 | Jalabert 85688 | Hachère 78357 |
| Origne | 120025 | gris-foncé | 1914 | Kascadeur 91236 | Kornique 91636 |
| Origne | 122672 | grise | 1914 | Instar 78857 | Mignonne 49774 |
| Origne | 123665 | bai-zain | 1914 | Jauville 88706 | Ibagué 82632 |
| Orignée | 123669 | n.-t.-l.-r. | 1914 | Jaddus 89198 | Kermesse 97692 |
| Orignie | 120742 | alezane | 1914 | Kif-Kif 95174 | Ninette 66692 |
| Orignolle | 120029 | bai-foncé | 1914 | Kalot 92507 | Jacquerie 84686 |
| Orignolle | 122676 | grise | 1914 | Douvreur-ex-Couvreur 58335 | Gigogne 93498 |
| Orignolle | 123672 | grise | 1914 | Jaddus 89198 | Hortense 98536 |
| Origue | 120757 | bai-brun | 1914 | Kagot 92240 | Histologie 77156 |
| Orilla | 124033 | gris-vin. | 1914 | Jackson 88870 | Frivole 49730 |
| Orincle | 120042 | bai-foncé | 1914 | Guignolet 70023 | Impression 80147 |
| Orincle | 122677 | grise | 1914 | Douvreur-ex-Couvreur 58335 | Lydie 101352 |
| Orincle | 123674 | grise | 1914 | Kalmar 97403 | Jumelée 89187 |
| Orine | 120031 | gris-foncé | 1914 | Kalot 92507 | Sultane 67352 |
| Orine | 122680 | noire | 1914 | Kagnat 92819 | Imitation 83056 |
| Orine | 123673 | grise | 1914 | Kairouan 97649 | Laurelle 100026 |
| Oriole | 120035 | noire | 1914 | Jean-qui-rit 88772 | Lamelle 101712 |
| Oriole | 122679 | gris-foncé | 1914 | Douvreur-ex-Couvreur 58335 | Klovisse 95660 |
| Oriolle | 123677 | grise | 1914 | Jauville 88706 | Jugulaire 89184 |
| Orionne | 123679 | grise | 1914 | Kalmar 97403 | Jouvence 98560 |
| Oriotte | 119280 | grise | 1914 | Koquelin 92226 | Isis 83509 |
| Orissa | 122317 | bai-brun | 1914 | Jouillat 88642 | Gris-perle 63546 |
| Orissa | 123459 | noire | 1914 | Kastrat 94912 | Jouvence 88921 |
| Oriste | 120039 | noire | 1914 | Kalot 92507 | Rosette 52251 |
| Orivale | 122678 | gris-vin. | 1914 | Kybéry 91622 | Bichette 60199 |
| Orivale | 123678 | grise | 1914 | Jaddus 89198 | Istib 82674 |
| Oriza | 120551 | grise | 1914 | If 80943 | Gaduine 69900 |
| Oriza | 120948 | noire | 1914 | Kerdaniel 94127 | Intimation 79123 |
| Oriza | 123842 | noire | 1914 | Karapath 97283 | Hellie 77670 |
| Orizaba | 122489 | noir-m.-t. | 1914 | Kellermann 95954 | Irrisée 78849 |
| Orizaba | 123923 | grise | 1914 | Koypel 96590 | Hulotte 77680 |
| Orizabelle | 122967 | noire | 1914 | Karapath 97283 | Kabolette 96719 |
| Orizabette | 124023 | noire | 1914 | Jackson 88870 | Havane 96979 |
| Orlanda | 124010 | noire | 1914 | Inné 82730 | Camarilla 97709 |
| Orlande | 123820 | noir-m.-t. | 1914 | Joyeux 88776 | Karcilla 97704 |
| Orlande | 124077 | noire | 1914 | Jackson 88878 | Incrédule 82749 |
| Orle | 119312 | grise | 1914 | Idem 80612 | Joutière 85618 |
| Orle | 123178 | grise | 1914 | Jean-Bart 83546 | Mignonne 98227 |
| Orléanaise | 119774 | noir-zain | 1914 | Jalap 84194 | Jactance 84900 |
| Orléanaise | 123809 | noire | 1914 | Kaisson 97384 | Hure 78204 |
| Orlette | 119976 | noire | 1914 | Kalendrier 90637 | Hyades 73967 |
| Orloge | 121161 | noire | 1914 | Iowa 80989 | Galantine 98414 |
| Orloge | 121174 | noire | 1914 | Koquelin 92226 | Falaise 49963 |

| NOM | N° | ROBE | NAISS. | PÈRE | MÈRE |
|---|---|---|---|---|---|
| Orlue | 123681 | grise | 1914 | Kaisson 97384 | Istahl 82672 |
| Ormaie | 119313 | grise | 1914 | Idem 80612 | Finette 58587 |
| Ormaie | 121004 | noire | 1914 | Juvénal 83553 | Follette 55163 |
| Ormaie | 122068 | noire | 1914 | Krid 96028 | Lionne 99465 |
| Ormaie | 123179 | noire | 1914 | Kolomb 96547 | Haste 87773 |
| Orme | 123682 | grise | 1914 | Janville 88706 | Studieuse 59248 |
| Ormessa | 123817 | gris foncé | 1914 | Jackson 88870 | Lillia 104357 |
| Ormette | 120048 | noire | 1914 | Imprévu 80361 | Coquette 54448 |
| Ormette | 122682 | grise | 1914 | Kandahar 91699 | Brillante 68205 |
| Ormiche | 120050 | noire | 1914 | Imprévu 80361 | Coquette 49220 |
| Ormille | 119316 | gris clair | 1914 | Idem 80612 | Kontorniate 91807 |
| Ormille | 120333 | noire | 1914 | Japon 84819 | Lisette 54080 |
| Ormille | 121006 | grise | 1914 | Kabot 92507 | Gravette 66573 |
| Ormille | 121009 | noire | 1914 | Koznac 91477· | Hongrie 74008 |
| Ormille | 121829 | noire | 1914 | Jupiter 88668 | Polka 68062 |
| Ormille | 122069 | noire | 1914 | Jean qui rit 88772 | Rigolette 62655 |
| Ormille | 122611 | noire | 1914 | Janssens 88060 | Hermione 77588 |
| Ormille | 123183 | noire | 1914 | Jean Bart 83546 | Éolienne 98249 |
| Ormoiche | 123685 | grise | 1914 | Janville 88706 | Kyrielle 96745 |
| Ormoie | 119315 | grise | 1914 | Idem 80612 | Jade 85088 |
| Ormoie | 120289 | noire | 1914 | Kalendrier 90637 | Anette 46509 |
| Ormoie | 121005 | grise | 1914 | Guignolet 70023 | Girondelle 71764 |
| Ormoie | 122066 | baie | 1914 | Célibat 64968 | Fanchette 96883 |
| Ormoie | 123180 | grise | 1914 | Jean Bart 83546 | Huppe 77355 |
| Ormoye | 123112 | grise | 1914 | Kavaignac 96510 | Iris 50037 |
| Ornaie | 121828 | noire | 1914 | Jupiter 88668 | Kaisse 95480 |
| Ornaine | 121462 | grise | 1914 | Kourlis 95894 | Houle 76043 |
| Ornaise | 122512 | noire | 1914 | Kahestan 94208 | Jeannette 88930 |
| Ornaise | 123941 | gris foncé | 1914 | Klocher 95657 | Lagrasse 102784 |
| Ornaison | 123686 | grise | 1914 | Kalmar 97403 | Dora II 61113 |
| Ornano | 119054 | noire | 1914 | Kontemporain 91579 | Lisette 54348 |
| Orne | 119317 | grise | 1914 | Kallao 92188 | Loranthe 100451 |
| Orne | 119957 | grise | 1914 | Idem 80612 | Kadence 90522 |
| Orne | 120236 | noire | 1914 | Kalendrier 90637 | Bichette 54516 |
| Orne | 121461 | grise | 1914 | Kourlis 95894 | Impériale 81910 |
| Orne | 122318 | grise | 1914 | Jouillat 88642 | Incomplète 82168 |
| Orne | 122524 | gris foncé | 1914 | Kamiesh 96173 | Flora 60893 |
| Orne | 122686 | bai-brun | 1914 | Kourlis 95894 | Charlotte 50327 |
| Orne | 123185 | grise | 1914 | Kaboul 96725 | Hégire 74335 |
| Orne | 123464 | grise | 1914 | Koncordat 95760 | Camélia 49728 |
| Orne . | 123687 | noire | 1914 | Kamouflet 97424 | Liure 99195 |
| Orne | 123731 | noire | 1914 | Coquet 57250 | Croquette 52089 |
| Orne | 123922 | noire | 1914 | Koypel 96590 | Kobelda 96795 |
| Ornéa | 121468 | noire | 1914 | Iowa 80989 | Kasimodo 92427 |
| Ornelle | 120242 | noire | 1914 | Jans 86310 | Paquerette 54072 |

| NOM | N° | ROBE | Naissance | PÈRE | MÈRE |
|---|---|---|---|---|---|
| Ornelle | 122684 | noir-zain | 1914 | Kanulant 91699 | Licitation 104195 |
| Ornelle | 123689 | grise | 1914 | Kalmar 97403 | Camélia 41944 |
| Ornementale | 119318 | baie | 1914 | Kalhao 92188 | Coquette 54550 |
| Ornementale | 121738 | gris-foncé | 1914 | Juliopolis 86716 | Hégire 77912 |
| Ornementale | 122073 | noire | 1914 | Jans 86310 | Juchée 85269 |
| Ornementale | 123187 | noire | 1914 | Khaled 96398 | Hyperbole 73545 |
| Ornementation | 121801 | noire | 1914 | Irradié 83254 | Kharkof 96481 |
| Ornes | 121494 | grise | 1914 | Kagot 92240 | Lasouris 53502 |
| Ornia | 119062 | noire | 1914 | Iago 81027 | Fantine 67834 |
| Orniche | 120545 | gris foncé | 1914 | Judas 86606 | Hostéome 76314 |
| Ornière | 119112 | grise | 1914 | Ivan 81244 | Perette 55765 |
| Ornière | 119320 | grise | 1914 | Kommis 93104 | Amourette 47897 |
| Ornière | 121012 | baie | 1914 | Jurisconsul 86393 | Ombrelle 50433 |
| Ornière | 121802 | noire | 1914 | Idomen 83507 | Hallebarde 77924 |
| Ornière | 122074 | noire | 1914 | Jans 86310 | Fredaine 64197 |
| Ornière | 123189 | grise | 1914 | Illico 83057 | Koecy 96202 |
| Ornière | 123995 | noire | 1914 | Jalabert 85688 | Jacobiste 88907 |
| Ornière | 124069 | grise | 1914 | Jackson 88870 | Régine 66601 |
| Orobanche | 119322 | gris-rouan | 1914 | Idem 80612 | Hibernation 75693 |
| Orobanche | 121013 | grise | 1914 | Kognac 91477 | Jacquerie 85716 |
| Orobanche | 121765 | baie | 1914 | Korbeau 95023 | Lampisterie 103638 |
| Orobanche | 122076 | noir-zain | 1914 | Kontemporain 91579 | Galgala 73094 |
| Orobanche | 123190 | noir-zain | 1914 | Illico 83057 | Légale 101824 |
| Orobe | 119325 | grise | 1914 | Karabé 95224 | Castille 58377 |
| Orobe | 121805 | gris-clair | 1914 | Jobard 87247 | Mignonne 57253 |
| Orogénie | 119327 | noir-m.-t. | 1914 | Koucou 91328 | Gardienne 70193 |
| Orogénie | 121014 | grise | 1914 | Karolus 93008 | Lisette 78489 |
| Orogénie | 122079 | noire | 1914 | Jean-qui-rit 88772 | Charmante 54477 |
| Orogénie | 123194 | grise | 1914 | Irradié 83254 | Jeannette 98523 |
| Orographie | 119330 | noire | 1914 | Imprévu 80361 | Géraldine 69557 |
| Orographie | 121015 | noire | 1914 | Karolus 93008 | Gencive 70662 |
| Orographie | 122080 | grise | 1914 | Jean-qui-rit 88772 | Ida 81084 |
| Orographie | 123195 | grise | 1914 | Kalderon 97556 | Joueuse 87276 |
| Oronge | 119332 | noire | 1914 | Imprévu 80361 | Hachette 73975 |
| Oronge | 120273 | noire | 1914 | Kalifornien 90644 | Hastaroth 74410 |
| Oronge | 121017 | grise | 1914 | Kruor 91865 | Jarre 86188 |
| Oronge | 121806 | noire | 1914 | Jobard 87247 | Lente 104099 |
| Oronge | 122081 | gris-f.-v. | 1914 | Huitain 73993 | Follette 97114 |
| Oronge | 123198 | grise | 1914 | Keyser 96397 | Vigoureuse 64559 |
| Oronge | 123839 | grise | 1914 | Illico 83057 | Kraquinette 96703 |
| Oronte | 119958 | baie | 1914 | Fier-à-Bras 65250 | Olympe 58149 |
| Oronte | 120647 | gris-foncé | 1914 | Judas 86606 | Halozée 76623 |
| Oronte | 121452 | noire | 1914 | Guignolet 70023 | Charmante 49279 |
| Oronte | 122319 | gris-vin. | 1914 | Jouillat 88642 | Kalouga 95395 |
| Oropesa | 121906 | grise | 1914 | Klermont 96529 | Héliade 78309 |

| NOM | N° | ROBE | NAISSANCE | PÈRE | MÈRE |
|---|---|---|---|---|---|
| Orose | 119968 | noire | 1914 | Kalendrier 90637 | Sultane 64282 |
| Orose | 121455 | noire | 1914 | Huitain 73993 | Echappée 59633 |
| Orose | 122320 | gris-noir | 1914 | Jouillat 88642 | Hémophilie 77034 |
| Orose | 123462 | grise | 1914 | Jay 85935 | Mouvette 49187 |
| Oroseillis | 123952 | noire | 1914 | Illico 83057 | Kardina 96756 |
| Orosmane | 121457 | noir-zain | 1914 | Kapon 90765 | Jabotière 89073 |
| Orosmane | 122321 | grise | 1914 | Jouillat 88642 | Kervinie 95231 |
| Orosmane | 123463 | noire | 1914 | Jalabert 85688 | Polka 49188 |
| Orphée | 120561 | grise | 1914 | Kruger 92229 | Capitale 64010 |
| Orphée | 123757 | grise | 1914 | Isaac 78892 | Sylvie 56882 |
| Orphée | 124039 | noire | 1914 | Jackson 88870 | Horlogère 77765 |
| Orphelide | 120441 | noire | 1914 | Illettré 81310 | Rustique 53999 |
| Orpheline | 119179 | noire | 1914 | Jallien 86306 | Idylle 79668 |
| Orpheline | 119333 | gris-foncé | 1914 | Kalot 92507 | Herbagère 74554 |
| Orpheline | 119777 | gris-foncé | 1914 | Jasmin 83835 | Thironne 43898 |
| Orpheline | 120582 | grise | 1914 | If 80943 | Justice 85981 |
| Orpheline | 121458 | noire | 1914 | Kalcol 92482 | Jumelles 86330 |
| Orpheline | 121803 | noire | 1914 | Kabestan 94208 | Impératrice 82532 |
| Orpheline | 122082 | noire | 1914 | Kanem 89731 | Baucis 59764 |
| Orpheline | 122322 | gris-foncé | 1914 | Jouillat 88642 | Jaleuse 87169 |
| Orpheline | 122648 | noire | 1914 | Illettré 81310 | Rustique 48226 |
| Orpheline | 123199 | noir m. t. | 1914 | Keyser 96397 | Lingotière 101494 |
| Orpheline | 123464 | noire | 1914 | Koncordat 95760 | Kobline 96789 |
| Orpheline | 123800 | gris-foncé | 1914 | Jean-Bart 83546 | Irlande 96895 |
| Orpheline | 123863 | alezane | 1914 | Kouli 97151 | Lacune 104398 |
| Orpheline | 124100 | noire | 1914 | Kruchon 93701 | Hermée 76957 |
| Orphéonique | 119457 | noire | 1914 | Janséniste 86818 | Récompense 47692 |
| Orphie | 119334 | noire | 1914 | Kontemporain 91579 | Goguette 94139 |
| Orphie | 122083 | grise | 1914 | Célibat 64968 | Gommeuse 72848 |
| Orphie | 123203 | grise | 1914 | Jordaens 87507 | Coquette 56115 |
| Orphine | 123693 | noire | 1914 | Kalmouks 97305 | Iva 37877 |
| Orphique | 122323 | noire | 1914 | Jouillat 88642 | Ilia 98491 |
| Orphol | 120470 | noire | 1914 | Kanem 89731 | Gazelle 56238 |
| Orpierre | 122687 | grise | 1914 | Kanulant 91699 | Strola 44208 |
| Orpierre | 123690 | noir-zain | 1914 | Kaisson 97384 | Kapeline 97463 |
| Orpin | 123850 | gris-foncé | 1914 | Kouli 97151 | Intrépide 80499 |
| Orque | 119335 | noire | 1914 | Illettré 81310 | Héglon 76672 |
| Orque | 120245 | noire | 1914 | Imprévu 80361 | Godine 70016 |
| Orque | 121815 | grise | 1914 | Irradié 83254 | Habitude 77925 |
| Orque | 122085 | grise | 1914 | Jans 86310 | Koncorde 97621 |
| Orriule | 122690 | noire | 1914 | Impérator 83461 | Jallerange 87517 |
| Orriule | 123692 | noire | 1914 | Kairouan 97649 | Hermine 90117 |
| Orry | 119970 | noire | 1914 | Juvénal 83553 | Idée 81475 |
| Orseille | 119456 | gris-foncé | 1914 | Janséniste 86818 | Catherine 48149 |
| Orseille | 121023 | grise | 1914 | Jubé 85452 | Valeureuse 58242 |

| NOM | N° | ROBE | Naissance | PÈRE | MÈRE |
|---|---|---|---|---|---|
| Orseille | 121811 | noire | 1914 | Ichneumon 80679 | Foutelaie 93518 |
| Orseille | 122086 | grise | 1914 | Jean-qui-rit 88772 | Sucette 67184 |
| Orseille | 123207 | grise | 1914 | Kalderon 97556 | Kramérie 96322 |
| Orselle | 120943 | noir-zain | 1914 | Kilo 94042 | Hachure 75797 |
| Orsellie | 123953 | gris foncé | 1914 | Illico 83057 | Jeunesse 87242 |
| Orsenne | 123694 | noire | 1914 | Jaddus 89198 | Lippée 103843 |
| Orsification | 121819 | noire | 1914 | Heaume 75604 | Galante 64502 |
| Orsinie | 149778 | gris-foncé | 1914 | Jasmin 83835 | Klayère 91074 |
| Orsonnette | 122701 | gris-foncé | 1914 | Kourlis 95894 | Kymrique 96327 |
| Orsonnette | 123695 | grise | 1914 | Jauville 88706 | Kapitale 97464 |
| Orsonville | 123698 | noire | 1914 | Kaisson 97384 | Petite-Chance 54192 |
| Orsova | 119972 | gris foncé | 1914 | Kascadeur 91236 | Lisette 57939 |
| Orsova | 121466 | grise | 1914 | Iowa 80989 | Limagne 98761 |
| Orsova | 121907 | gris-foncé | 1914 | Kabestan 94208 | Ida 87604 |
| Orsova | 123465 | noire | 1914 | Koncordat 95760 | Kraft 91590 |
| Orsowa | 122326 | grise | 1914 | Jouillat 88642 | Liernaise 103271 |
| Ortale | 120247 | noire | 1914 | Komitat 91759 | Kontrebande 93617 |
| Ortale | 122703 | grise | 1914 | Instar 78857 | Khadidja 96392 |
| Ortale | 123701 | grise | 1914 | Kairouan 97649 | Kanicule 97443 |
| Orthevielle | 123703 | baie | 1914 | Kalmar 97403 | Julia 98536 |
| Orthodoxie | 119458 | grise | 1914 | Homard 74692 | Igname 79602 |
| Orthodoxie | 121025 | grise | 1914 | Illettré 81310 | Sorbonne 67002 |
| Orthodoxie | 121810 | gris-noir | 1914 | Idomen 83507 | Valseuse 64912 |
| Orthodoxie | 122088 | noire | 1914 | Jean-qui-rit 88772 | Urgente 64097 |
| Orthodoxie | 123208 | grise | 1914 | Jan 84219 | Frisette 98221 |
| Orthodromie | 121950 | noire | 1914 | Johard 87247 | Khartoum 96492 |
| Orthogonale | 122091 | noir-zain | 1914 | Jean-qui-rit 88772 | Fanfare 81792 |
| Orthographe | 119461 | noire | 1914 | Homard 74692 | Coquette 67418 |
| Orthographe | 121813 | noire | 1914 | Ichneumon 80679 | Gramme 81580 |
| Orthographe | 122092 | grise | 1914 | Jean-qui-rit 88772 | Rochette 55127 |
| Orthographe | 123209 | noir-zain | 1914 | Kagnat 92819 | Kadora 97269 |
| Orthographie | 122547 | gris-foncé | 1914 | Kamiesh 96173 | Kaffa 96113 |
| Orthologie | 119462 | grise | 1914 | Homard 74692 | Alfa 96904 |
| Orthologie | 121864 | noire | 1914 | Heaume 75604 | Finette 97136 |
| Orthologie | 122093 | noire | 1914 | Kontemporain 91579 | Souris 61371 |
| Orthologie | 123210 | noire | 1914 | Kamulant 91699 | Klébane 96325 |
| Orthopédie | 119463 | noire | 1914 | Homard 74692 | Gabelle 69291 |
| Orthopédie | 119999 | gris-foncé | 1914 | H 80943 | Rouspète 54550 |
| Ortie | 119189 | grise | 1914 | Japon 84819 | Kolonie 93926 |
| Ortie | 120442 | grise | 1914 | Illettré 81310 | Lotion 100379 |
| Ortie | 121026 | noire | 1914 | Insipide 82466 | Gaffe 70967 |
| Ortie | 122102 | grise | 1914 | Jean-qui-rit 88772 | Korinthe 92011 |
| Ortie | 122548 | gris-foncé | 1914 | Kellermann 95954 | Annette 60306 |
| Ortie | 123213 | grise | 1914 | Kolomb 96547 | Thérésa 64725 |
| Ortie | 123838 | grise | 1914 | Kaboul 96725 | Kraquette 96704 |

| NOM | N° | ROBE | Naissance | PÈRE | MÈRE |
|---|---|---|---|---|---|
| Ortie | 124070 | baie | 1914 | Jackson 88870 | Kavalette 97293 |
| Ortige | 119105 | noire | 1914 | Justian 85274 | Geneive 69874 |
| Ortive | 120438 | grise | 1914 | Judas 86606 | Lisette 54401 |
| Ortive | 121027 | grise | 1914 | Insipide 82466 | Palme 53105 |
| Ortive | 123214 | grise | 1914 | Jan 84219 | Kyrielle 96330 |
| Ortoclase | 119468 | grise | 1914 | Jousset 83935 | Jarrie 83648 |
| Ortofonie | 119465 | noire | 1914 | Kommus 93104 | Rosette 66341 |
| Ortolane | 123797 | noir m. t. | 1914 | Isaac 78892 | Fadette 64093 |
| Ortolane | 123848 | noire | 1914 | Kadue 95523 | Escapade 73319 |
| Ortolane | 123899 | noire | 1914 | Joab 87450 | Iton 82102 |
| Ortolofane | 123849 | noire | 1914 | Kadue 95523 | Kairouan 96109 |
| Ortose | 119467 | noire | 1914 | Krommir 94517 | Finaude 57971 |
| Ortrante | 121305 | noire | 1914 | Iowa 80989 | Hotesse 73818 |
| Oruelles | 121471 | gris-rouan | 1914 | Quinquina 68945 | Iquette 98411 |
| Orvale | 119478 | gris foncé | 1914 | Journaliste 86492 | Flora 90231 |
| Orvale | 120250 | gris foncé | 1914 | Juvénal 83553 | Jonchaie 86280 |
| Orvale | 121031 | grise | 1914 | Kruger 92229 | Joyeuse 85155 |
| Orvale | 121818 | noire | 1914 | Korbean 95023 | Jupe 93376 |
| Orvale | 122103 | gris foncé | 1914 | Jean qui rit 88772 | Hotellerie 74182 |
| Orvale | 123215 | grise | 1914 | Jan 84219 | Kysteuse 96332 |
| Orvale | 123705 | grise | 1914 | Kalmar 97403 | Ursule 54203 |
| Orve | 123707 | grise | 1914 | Jaddus 89198 | Josèphe 98558 |
| Orvée | 120531 | grise | 1914 | Jean qui rit 88772 | Garonne 71274 |
| Orvette | 120251 | bai-clair | 1914 | Juvénal 83553 | Mirabelle 53541 |
| Orvietta | 123925 | gris-foncé | 1914 | Joab 87450 | Paquerette 50545 |
| Orvilla | 120054 | gris-foncé | 1914 | Kalot 92507 | Manette 58553 |
| Orville | 122705 | grise | 1914 | Instar 78857 | Koncordance 97562 |
| Orville | 123708 | grise | 1914 | Kimono 97148 | Katelle 97565 |
| Orvillette | 123712 | noire | 1914 | Kalmar 97403 | Koléa 97347 |
| Oryctologie | 123216 | grise | 1914 | Jan 84219 | Selinnie 43547 |
| Orylle | 120425 | gris-foncé | 1914 | Illettré 81310 | Menouille 57073 |
| Osage | 119782 | noire | 1914 | Handin 75681 | Avisée 58464 |
| Osage | 121282 | noire | 1914 | Iowa 80989 | Kalle 92498 |
| Osage | 122327 | noire | 1914 | Jausemus 84079 | Margot 53638 |
| Osage | 123467 | noire | 1914 | Kastrat 94912 | Ligue 104021 |
| Osaka | 121731 | gris-noir | 1914 | Krural 91866 | Castille 61108 |
| Osaka | 122335 | noire | 1914 | Jouillat 88642 | Kerlaisy 93049 |
| Osaka | 123468 | grise | 1914 | Koncordat 95760 | Fétiche 68973 |
| Osaka | 123924 | grise | 1914 | Klocher 95657 | Jalousie 88901 |
| Osanore | 122107 | alezane | 1914 | Kargo 92913 | Georgette 71506 |
| Osborne | 119783 | grise | 1914 | Handin 75681 | Jurieuse 85055 |
| Osborne | 121285 | grise | 1914 | Kruor 91865 | Lapone 98931 |
| Osborne | 121759 | noir-m.-t. | 1914 | Korbeau 95023 | Kaboche 90416 |
| Osborne | 122334 | grise | 1914 | Jouillat 88642 | Frodaine 67323 |
| Osborne | 123470 | grise | 1914 | Kimono 97148 | Altière 98562 |

| NOM | N° | ROBE | Naissance | PÈRE | MÈRE |
|---|---|---|---|---|---|
| Osburne | 120436 | noire | 1914 | Japon 84819 | Junon 58542 |
| Osche | 120055 | noire | 1914 | Jean-qui-rit 88772 | Igname 81468 |
| Osche | 123709 | grise | 1914 | Kalmar 97403 | Mirza 36942 |
| Oscillation | 120439 | alezane | 1914 | Judas 86606 | Kaluette 92086 |
| Oscillation | 121768 | gris-clair | 1914 | Korbeau 95023 | Gila 78527 |
| Oscillation | 123217 | grise | 1914 | Jan 84219 | Poule 43404 |
| Oscillation | 123837 | grise | 1914 | Koypel 96590 | Hanche 78337 |
| Osculation | 123221 | grise | 1914 | Illico 83057 | Lisette 48109 |
| Osée | 119785 | noire | 1914 | Kommis 93104 | L'Amie 74961 |
| Osée | 121288 | noire | 1914 | Iowa 80989 | Héberge 78124 |
| Osée | 122329 | noire | 1914 | Jomarin 84236 | Hirondelle 73746 |
| Osée | 123222 | noire | 1914 | Jean-Bart 83546 | Lépiote 101853 |
| Osée | 123472 | baie | 1914 | Jay 85935 | Kandide 96460 |
| Oseille | 119480 | noire | 1914 | Koquelin 92226 | Chopine 63894 |
| Oseille | 120000 | noire | 1914 | If 80943 | Herse 74103 |
| Oseille | 120274 | gris-foncé | 1914 | Kruger 92229 | Mignonne 98063 |
| Oseille | 120648 | grise | 1914 | Judas 86606 | Kagosina 92275 |
| Oseille | 121035 | noire | 1914 | Kalendrier 90637 | Wladi 63606 |
| Oseille | 121822 | noire | 1914 | Korbeau 95023 | Jetée 88248 |
| Oseille | 122110 | gris-noir | 1914 | Jans 86310 | Kasuram 95087 |
| Oseille | 123225 | noire | 1914 | Illico 83057 | Konserve 95790 |
| Oseraie | 119190 | grise | 1914 | Japon 84819 | Devise 55896 |
| Oseraie | 119481 | noir-zain | 1914 | Kommis 93104 | Langogne 100883 |
| Oseraie | 121036 | grise | 1914 | Kalendrier 90637 | Juvénie 85168 |
| Oseraie | 121465 | gris-foncé | 1914 | Johard 87247 | Hampe 77336 |
| Oseraie | 121821 | gris-foncé | 1914 | Korbeau 95023 | Biche 53649 |
| Oseraie | 122111 | gris-vin. | 1914 | Jans 86310 | Lisette 50578 |
| Oseraie | 123229 | noire | 1914 | Jointif 87256 | Jusquiame 85283 |
| Oserale | 123834 | noire | 1914 | Kaduc 95523 | Drague 97713 |
| Oseuse | 119482 | baie | 1914 | Kommis 93104 | Rolande 68601 |
| Oseuse | 122058 | gris-foncé | 1914 | Kapon 90765 | Impression 78813 |
| Osmane | 119806 | grise | 1914 | Kalhao 92188 | Fanchonnette 97128 |
| Osmane | 121291 | grise | 1914 | Iowa 80989 | Konvoitise 91234 |
| Osmane | 123478 | grise | 1914 | Istres 82647 | Kapuche 97483 |
| Osmanie | 119787 | grise | 1914 | Kommis 93104 | Labiale 100553 |
| Osmanie | 121289 | noire | 1914 | Iowa 80989 | Marquise 61051 |
| Osmanie | 122331 | noire | 1914 | Huitain 73993 | Croquette 68929 |
| Osmanie | 123474 | grise | 1914 | Kamouflet 97424 | Castille 54456 |
| Osmanville | 122709 | grise | 1914 | Douvreur-ex-Couvreur 58335 | Jumelle 88811 |
| Osmanville | 123715 | grise | 1914 | Kairouan 97649 | Kérimonéa 89928 |
| Osmazone | 120443 | gris-clair | 1914 | Jean-qui-rit 88772 | Frivole 46322 |
| Osmazône | 122059 | noire | 1914 | Kapon 90765 | Juvénile 88131 |
| Osmologie | 119483 | gris-foncé | 1914 | Jalap 84194 | Cocotte 49324 |
| Osmologie | 121037 | noir-m.-t. | 1914 | Kalendrier 90637 | Molécule 66945 |
| Osmologie | 122060 | noire | 1914 | Kapon 90765 | Justine 86713 |

| NOM | N° | ROBE | ANNÉE | PÈRE | MÈRE |
|---|---|---|---|---|---|
| Oenologie | 123230 | grise | 1914 | Kontrôle 93620 | Kursida 97622 |
| Osmonde | 119487 | noire | 1914 | Jonas 84244 | Castille 61288 |
| Osmonde | 121039 | grise | 1914 | Kruger 92229 | Sibèle 64519 |
| Osmonde | 121796 | gris foncé | 1914 | Korbeau 95023 | Gigolette 78521 |
| Osmonde | 122064 | noire | 1914 | Jean qui rit 88772 | Eglé 59983 |
| Osmonde | 122112 | gris foncé | 1914 | Kapou 90765 | Gilberte 72000 |
| Osmonde | 123235 | noire | 1914 | Keyser 96397 | Jaffa 89058 |
| Osmonde | 123813 | gris vin. | 1914 | Isaac 78892 | Levantine 104546 |
| Osmonde | 123824 | noire | 1914 | Kaïsson 97384 | Emule 81831 |
| Osmonde | 123845 | gris-foncé | 1914 | Kaïsson 97384 | Galère 96043 |
| Osmonde | 124125 | grise | 1914 | Klairet 94682 | Katherine 92260 |
| Osmonville | 123717 | grise | 1914 | Kern 97385 | Jolie 89152 |
| Osmose | 119488 | bai cerise | 1914 | Jasmin 83835 | Mandoline 68538 |
| Osmose | 121044 | noire | 1914 | Illettré 81310 | Tampette 64520 |
| Osmose | 122116 | noire | 1914 | Kanem 89731 | Kervéla 95107 |
| Osne | 120058 | noire | 1914 | Kontemporain 94579 | Lutèce 46017 |
| Osne | 122710 | gris-foncé | 1914 | Ilouvreur-ex Couvreur 58335 | Jarre 87380 |
| Osne | 123716 | noire | 1914 | Kalleux 90647 | Roulette 60822 |
| Osorie | 119798 | noire | 1914 | Kommis 93104 | Polka 61502 |
| Osoris | 123939 | gris foncé | 1914 | Illico 83057 | Josabeth 98532 |
| Osque | 119788 | noire | 1914 | Idem 80612 | Denise 53327 |
| Ossa | 119791 | grise | 1914 | Kimberley 92885 | Favorie 61098 |
| Ossa | 121292 | noir-zain | 1914 | Kargo 92913 | Karbone 90940 |
| Ossa | 121761 | noire | 1914 | Korbeau 95023 | Valentine 53580 |
| Ossa | 122336 | noire | 1914 | Jouillat 88642 | Biche 61363 |
| Ossature | 119492 | noire | 1914 | Jalap 84194 | Guiza 69797 |
| Ossature | 121042 | grise | 1914 | Illettré 81310 | Jactance 85717 |
| Ossature | 124002 | grise | 1914 | Kapou 97485 | Infante 97731 |
| Osse | 123721 | noire | 1914 | Kaïsson 97384 | Gervaise 72769 |
| Osséine | 119491 | alezan-br. | 1914 | Jasmin 83835 | Monquère 68500 |
| Osséine | 121043 | noire | 1914 | Jubé 85452 | Cocarde 47357 |
| Osséine | 122118 | gris-foncé | 1914 | Kapou 90765 | Kita 95099 |
| Osséja | 123722 | grise | 1914 | Jaddus 89198 | Duchesse 64011 |
| Osselle | 120063 | noire | 1914 | Juvénal 83553 | Bordelaise 66583 |
| Osselle | 122712 | gris-foncé | 1914 | Kyléry 91622 | Harpaille 76878 |
| Osselle | 123727 | grise | 1914 | Jauville 88706 | Orpheline 55085 |
| Ossète | 119795 | grise | 1914 | Kommis 93104 | Konscience 91561 |
| Ossète | 124295 | gris-rouan | 1914 | Kargo 92913 | Laquenille 101549 |
| Ossète | 122337 | grise | 1914 | Jouillat 88642 | Mina 61445 |
| Osseuse | 119711 | noire | 1914 | Kangouron 89698 | Intrusion 79007 |
| Osseuse | 121045 | grise | 1914 | Kalendrier 90637 | Gauchette 70666 |
| Osseuse | 122119 | noire | 1914 | Kapou 90765 | Havraine 73688 |
| Ossiby | 119053 | grise | 1914 | Juin 83623 | Vaseline 54533 |
| Ossue | 119493 | grise | 1914 | Kroumir 94517 | Grisette 62135 |
| Ossuna | 121773 | noire | 1914 | Krural 91866 | Jalousie 98436 |

| NOM | N° | ROBE | Naissance | PÈRE | MÈRE |
|---|---|---|---|---|---|
| Ossuna | 123490 | noire | 1914 | Koncordat 95760 | Rosette 75055 |
| Ostade | 119799 | noire | 1914 | Kommis 93404 | Larosaie 100566 |
| Ostade | 121294 | noire | 1914 | Iowa 80989 | Sidonie 64444 |
| Ostade | 122338 | gris-foncé | 1914 | Jouillat 88642 | Impériale 98494 |
| Ostade | 123485 | grise | 1914 | Kastrat 94912 | Libourne 103931 |
| Ostade | 124000 | gris-foncé | 1914 | Kouli 97151 | Fuyante 97715 |
| Ostalgie | 123816 | noir-zain | 1914 | Kaduc 95523 | Lolotte 68348 |
| Ostéalgie | 119494 | noire | 1914 | Jonas 84244 | Karlotte 90463 |
| Ostéalgie | 121047 | noire | 1914 | Kalendrier 90637 | Hélène 74828 |
| Ostéalgie | 122120 | gris-noir | 1914 | Kapon 90765 | Khédive 92067 |
| Ostéalgie | 123238 | noire | 1914 | Kanulant 91699 | Margot 93494 |
| Ostéine | 119495 | grise | 1914 | Jalap 84194 | Houssaie 74227 |
| Ostéine | 120437 | grise | 1914 | Japon 84819 | Ginette 69936 |
| Ostéine | 121049 | noir-m.-t. | 1914 | Képi 91690 | Janicule 85461 |
| Ostéine | 121820 | grise | 1914 | Heainne 75604 | Jubile 88079 |
| Ostéine | 123815 | grise | 1914 | Kaduc 95523 | Laloire 104545 |
| Ostéine | 123825 | noire | 1914 | Koypel 96590 | Guirlande 97719 |
| Ostéite | 119497 | gris-foncé | 1914 | Jalap 84194 | Interrogante 79486 |
| Ostéite | 119712 | noire | 1914 | Kangourou 89698 | Herperie 73842 |
| Ostéite | 121050 | noire | 1914 | Képi 91690 | Coquette 59169 |
| Ostéite | 122123 | grise | 1914 | Kapon 90765 | Giboyeuse 70310 |
| Ostéite | 123239 | grise | 1914 | Klocher 95657 | Junte 98634 |
| Ostende | 119800 | noire | 1914 | Jean-Jack 85863 | Mignonnette 64062 |
| Ostende | 120724 | noire | 1914 | Kalifornien 90644 | Gourdine 70925 |
| Ostende | 121146 | grise | 1914 | Fier-à-Bras 65250 | Gauloise 69776 |
| Ostende | 121297 | gris-foncé | 1914 | Iowa 80989 | Liesse 98745 |
| Ostende | 121758 | grise | 1914 | Korbeau 95023 | Furette 87718 |
| Ostende | 122332 | noire | 1914 | Jouillat 88642 | Juvénile 86886 |
| Ostende | 122344 | noire | 1914 | Jomarin 84236 | Frosine 98458 |
| Ostende | 123486 | noire | 1914 | Jay 85935 | Cardite 56074 |
| Ostentation | 121824 | noire | 1914 | Korbeau 95023 | Kagoule 95476 |
| Ostentation | 122125 | noire | 1914 | Célibat 64968 | Jacquerie 98427 |
| Ostéocole | 119501 | noire | 1914 | Koucou 91328 | Kamomille 90687 |
| Ostéocolle | 123248 | grise | 1914 | Jan 84219 | Kalouga 96358 |
| Ostéogénie | 123249 | gris-vin. | 1914 | Jan 84219 | Impasse 82843 |
| Ostéologie | 123250 | grise | 1914 | Klocher 95657 | Iéna 82983 |
| Ostéotomie | 122126 | noire | 1914 | Kapon 90765 | Java 88118 |
| Ostiaque | 119804 | grise | 1914 | Idem 80612 | Ides 80939 |
| Ostiaque | 122346 | noire | 1914 | Huitain 73993 | Lumière 104642 |
| Ostie | 119188 | gris-foncé | 1914 | Japon 84819 | Bergère 47691 |
| Ostie | 119803 | grise | 1914 | Idem 80612 | Kahotage 90524 |
| Ostie | 121298 | noire | 1914 | Iowa 80989 | Hachette 74924 |
| Ostie | 123488 | noire | 1914 | Koncordat 95760 | Jonvelle 87877 |
| Ostracée | 123251 | grise | 1914 | Kolomb 96547 | Charlotte 60688 |
| Ostracite | 121799 | grise | 1914 | Heainne 75604 | Castille 64484 |

| NOM | N° | ROBE | NAISSANCE | PÈRE | MÈRE |
|---|---|---|---|---|---|
| Oétracite | 122128 | noire | 1914 | Jugal 85444 | Faribole 56581 |
| Oétralie | 121201 | gris v'in. | 1914 | Jujubier 85435 | Kriée 91428 |
| Oétram | 120338 | gris foncé | 1914 | Judas 86606 | Jayles 85856 |
| Oétreville | 120065 | gris foncé | 1914 | Karolus 93008 | Idiome 81472 |
| Oétreville | 122715 | gris foncé | 1914 | Kybéry 91622 | Justice 98312 |
| Oétreville | 123728 | noire | 1914 | Katsson 97384 | Judicieuse 86654 |
| Oétrogote | 123769 | noire | 1914 | Kaduc 95523 | Levure 101878 |
| Oétrote | 119259 | grise | 1914 | Jallieu 86306 | Icajine 80826 |
| Osuna | 119805 | grise | 1914 | Kalhao 92188 | Rosette 43901 |
| Osuna | 121301 | grise | 1914 | Iowa 80989 | Lacheuse 62837 |
| Osuna | 123539 | grise | 1914 | Roquet ex Sapeur 66644 | Fougueuse 96896 |
| Ota | 123739 | grise | 1914 | Janville 88706 | Giselle 98617 |
| Otage | 121800 | gris foncé | 1914 | Heaume 75604 | Kéroualine 96177 |
| Otage | 123905 | grise | 1914 | Khaled 96398 | Jouffleur 88920 |
| Otalgie | 121053 | grise | 1914 | Kalot 92507 | Kabylie 58333 |
| Otalgie | 122135 | noire | 1914 | Guignolet 70023 | Ida 98496 |
| Otalgie | 122573 | grise | 1914 | Jobard 87247 | Jalouse 88700 |
| Otalgie | 123254 | noir zain | 1914 | Koub 97151 | Frivole 49847 |
| Otarie | 119654 | noir zain | 1914 | Guignolet 70023 | Kaboche 92446 |
| Otarie | 120694 | grise | 1914 | Kif Kif 95174 | Brillante 52404 |
| Otarie | 121054 | grise | 1914 | Jean qui rit 88772 | Polka 66982 |
| Otarie | 122514 | gris noir | 1914 | Idomen 83507 | Giberne 72677 |
| Otarie | 123255 | grise | 1914 | Keyser 96397 | Kabylienne 97267 |
| Otarie | 123755 | noire | 1914 | Kaduc 95523 | Haltère 78114 |
| Otava | 119810 | noire | 1914 | Hardin 75681 | Josabeth 84042 |
| Otellerie | 121177 | noire | 1914 | Iago 81027 | Gildotte 65564 |
| Otello | 120725 | gris-foncé | 1914 | Kruger 92229 | Chasse 58697 |
| Otello | 124101 | gris-foncé | 1914 | Kruchon 93701 | Image 84305 |
| Otero | 122622 | noire | 1914 | Huron 77627 | Hippone 77566 |
| Otesse | 121175 | noire | 1914 | Joyeux 84874 | Krème 93240 |
| Othe | 120066 | gris-foncé | 1914 | Juvénal 83553 | Glorieuse 71155 |
| Othe | 122719 | grise | 1914 | Kybéry 91622 | Location 102574 |
| Othe | 123734 | grise | 1914 | Kern 97385 | Mignonne 57565 |
| Othella | 121844 | noir-zain | 1914 | Joliet 89140 | Intense 79346 |
| Othone | 119811 | grise | 1914 | Kommis 93104 | Jetée 90222 |
| Othone | 123540 | grise | 1914 | Klaro 97235 | Faucille 68037 |
| Otise | 120766 | gris-foncé | 1914 | Kibry 89896 | Joconde 87156 |
| Otite | 121057 | grise | 1914 | Jean-qui-rit 88772 | Mirabelle 73436 |
| Otite | 123256 | grise | 1914 | Jan 84219 | Faustine 93466 |
| Otrante | 119808 | noire | 1914 | Kalhao 92188 | Paquerette 54134 |
| Otrante | 122357 | noire | 1914 | Huitain 73993 | Iéna 82482 |
| Otrante | 122526 | gris-foncé | 1914 | Kellermann 95954 | Histoire 74492 |
| Otrante | 123491 | noire | 1914 | Koncordat 95760 | Harmonie 74839 |
| Ottava | 123959 | noire | 1914 | Klocher 95657 | Koranette 97261 |
| Ottawa | 121310 | grise | 1914 | Iowa 80989 | Jocaste 89575 |

| NOM | N° | ROBE | Naissance | PÈRE | MÈRE |
|---|---|---|---|---|---|
| Ottawa | 122525 | gris-vin. | 1914 | Idomen 83507 | Hironnière 77482 |
| Otte | 120731 | grise | 1914 | Kruger 92229 | Colline 64936 |
| Otte | 121176 | gris-rouan | 1914 | Joyeux 84874 | Farine 68498 |
| Otte | 123537 | grise | 1914 | Doguet-ex-Sapeur 60641 | Zéline 81822 |
| Otteuse | 121178 | noire | 1914 | Koquelin 92226 | Galantine 70693 |
| Ottière | 120611 | noire | 1914 | Joch 88606 | Grenouille 98108 |
| Ottière | 120696 | noire | 1914 | Kagot 92240 | Jeannette 98095 |
| Ottine | 119812 | noir-zain | 1914 | Fier-à-Bras 65250 | Lisette 81777 |
| Ottine | 121306 | noire | 1914 | Iowa 80989 | Friponne 67391 |
| Ottine | 122400 | noire | 1914 | Jomarin 84236 | Mélinite 62632 |
| Ottine | 123536 | grise | 1914 | Kaunitz 97300 | Hibère 98572 |
| Ottomane | 119113 | gris-foncé | 1914 | Karf 89851 | Kadère 92747 |
| Ottomane | 119505 | noir m. t. | 1914 | Jasmin 83835 | Journée 84924 |
| Ottomane | 119813 | noire | 1914 | Kommis 93104 | Jaseuse 85098 |
| Ottomane | 121058 | grise | 1914 | Jean-qui-rit 88772 | Invasion 80578 |
| Ottomane | 121793 | noire | 1914 | Korbeau 95023 | Kamala 95357 |
| Ottomane | 123749 | gris-rouan | 1914 | Isaac 78892 | Hallebarde 78205 |
| Ouagne | 123736 | noir-zain | 1914 | Jaddus 89198 | Ingénue 82805 |
| Ouaille | 119507 | gris-foncé | 1914 | Jalap 84194 | Longue 101070 |
| Ouaille | 119655 | gris-foncé | 1914 | Jean-qui-rit 88772 | Polka 65135 |
| Ouaille | 121059 | noire | 1914 | Jean-qui-rit 88772 | L'Amie 61296 |
| Ouaille | 122137 | gris-foncé | 1914 | Jugal 85444 | Koulla 95162 |
| Ouaille | 122570 | gris-vin. | 1914 | Kabestan 94208 | Italie 82948 |
| Ouaille | 123257 | grise | 1914 | Klocher 95657 | Dalilas 61085 |
| Ouainville | 123737 | grise | 1914 | Kairouan 97649 | Katalpa 96716 |
| Oualéga | 119815 | noir-zain | 1914 | Karabé 95224 | Kambrure 92516 |
| Oualéga | 121307 | grise | 1914 | Iowa 80989 | Grimpante 97101 |
| Oualéga | 122358 | noire | 1914 | Incident 80133 | Gargouille 57523 |
| Oualéga | 123493 | grise | 1914 | Kamouflet 97424 | Couronne 61281 |
| Oualléga | 122399 | gris-clair | 1914 | Huitain 73993 | Galette 97125 |
| Oualléga | 123538 | noire | 1914 | Jupiter 88978 | Lubie 103989 |
| Ouanne | 120067 | gris-t.-cl. | 1914 | Jugal 85444 | Hachotte 76410 |
| Ouanne | 122729 | grise | 1914 | Kybéry 91622 | Idole 82888 |
| Ouanne | 123739 | noire | 1914 | Kern 97385 | Halte 78232 |
| Ouargla | 119823 | grise | 1914 | Kalhao 92188 | Kamarilla 90667 |
| Ouargla | 121308 | noire | 1914 | Iowa 80989 | Splendide 60447 |
| Ouargla | 122359 | noire | 1914 | Huitain 73993 | Jurande 86910 |
| Ouargla | 123494 | noire | 1914 | Kastrat 94912 | Fleurette 68013 |
| Ouarville | 122728 | grise | 1914 | Joch 88606 | Kanule 92809 |
| Ouarville | 123740 | grise | 1914 | Kaisson 97384 | Diagonne 54193 |
| Ouate | 119453 | noire | 1914 | Jolicœur 85324 | Koquette 90408 |
| Ouate | 119508 | noir-zain | 1914 | Jalap 84194 | Kambelle 90349 |
| Ouate | 121525 | grise | 1914 | Instar 78857 | Polka 50531 |
| Ouate | 122138 | grise | 1914 | Jugal 85444 | Fringale 60450 |
| Ouate | 122599 | grise | 1914 | Jeuneur 86944 | Grignols 71728 |

| NOM | N° | ROBE | NAISSANCE | PÈRE | MÈRE |
|---|---|---|---|---|---|
| Ouate | 123260 | grise | 1914 | Kolomb 96547 | Bagué 83190 |
| Ouaty | 121528 | grise | 1914 | Instar 78857 | Korneille 96569 |
| Oubane | 120720 | bai-brun | 1914 | Kalifornien 90644 | Brigitte 67074 |
| Oubaque | 120453 | noir l. r. | 1914 | If 80943 | Villageoise 64267 |
| Oublie | 119540 | alezane | 1914 | Jason 86475 | Camille 30763 |
| Oublie | 122139 | noire | 1914 | Jugal 85444 | Figaro 63084 |
| Oublie | 122571 | noire | 1914 | Idoménée 83507 | Gamme 73173 |
| Oublie | 123261 | noire | 1914 | Kolomb 96547 | Ire 83188 |
| Oubliette | 119513 | noire | 1914 | Janséniste 86818 | Clairette 55000 |
| Oubliette | 120400 | grise | 1914 | Judas 86606 | Mouvette 49309 |
| Oubliette | 121066 | noire | 1914 | Kalendrier 90637 | Muscade 61329 |
| Oubliette | 122140 | grise | 1914 | Jugal 85444 | Coquette 61374 |
| Oubliette | 123264 | grise | 1914 | Klocher 95657 | Jonville 87884 |
| Oubliette | 123754 | noire | 1914 | Kaduc 95523 | Leosandrie 81867 |
| Oubliette | 124005 | noire | 1914 | Kilus 96590 | Mouchette 51116 |
| Oubliette | 124103 | noire | 1914 | Grigri 65867 | Karlingue 97508 |
| Oublieuse | 119514 | noire | 1914 | Janséniste 86818 | Immémorée 79782 |
| Oublieuse | 121071 | noire | 1914 | Kalendrier 90637 | Girofflée 98092 |
| Oublieuse | 122141 | gris foncé | 1914 | Jugal 85444 | Voltige 63273 |
| Oublieuse | 122466 | noire | 1914 | Klermont 96529 | Isère 93428 |
| Oublieuse | 123265 | gris foncé | 1914 | Joab 87450 | Levrette 101875 |
| Oublieuse | 124095 | grise | 1914 | Klairet 94682 | Houille 76894 |
| Ouche | 120068 | grise | 1914 | Juvénal 83553 | Coquette 59221 |
| Ouche | 120538 | grise | 1914 | Kalifornien 90644 | Fanchette 52455 |
| Ouche | 121070 | bai brun | 1914 | Jubé 85452 | Gigogne 98152 |
| Ouche | 122143 | noire | 1914 | Jugal 85444 | Harde 73693 |
| Ouche | 122726 | gris foncé | 1914 | Kybéry 91622 | Konakry 96197 |
| Ouche | 123268 | grise | 1914 | Khaled 96398 | Javie 88453 |
| Ouche | 123741 | bai zain | 1914 | Jauville 88706 | Jetage 87234 |
| Ouchette | 119148 | grise | 1914 | Jeudi 88924 | Konventine 90578 |
| Ouchette | 120072 | gris foncé | 1914 | Juvénal 83553 | Charlotte 58466 |
| Oucque | 123742 | noire | 1914 | Kaisson 97384 | Lippe 103840 |
| Oudairie | 120405 | noire | 1914 | Hanneton 75587 | Infidélité 80891 |
| Oudalle | 120071 | gris foncé | 1914 | Kruor 91865 | Volta 65612 |
| Oudalle | 122725 | grise | 1914 | Kagnat 92819 | Pichenette 68395 |
| Oudalle | 123666 | grise | 1914 | Jauville 88706 | Isère 98124 |
| Oude | 119817 | grise | 1914 | Handin 75681 | Kousense 91368 |
| Oude | 121316 | noire | 1914 | Kaleul 92482 | Hiade 81198 |
| Oude | 122361 | noire | 1914 | Huitain 73993 | Heilbrom 73734 |
| Oude | 123495 | grise | 1914 | Kastrat 94912 | Catherine 38195 |
| Oudenarde | 119820 | noire | 1914 | Karabé 95224 | Grangette 70081 |
| Oudenarde | 124317 | grise | 1914 | Kaleul 92482 | Lamaitrie 98796 |
| Oudenarde | 121779 | noire | 1914 | Kerbriant 94032 | Jaspure 88929 |
| Oudenarde | 122362 | noire | 1914 | Huitain 73993 | Gauloise 35789 |
| Oudenarde | 123496 | noir zain | 1914 | Kamouflet 97424 | Pâquerette 56192 |

| NOM | N° | ROBE | Naissance | PÈRE | MÈRE |
|---|---|---|---|---|---|
| Ouderrie | 124156 | gris-foncé | 1914 | Kybéry 91622 | Gaudriette 71936 |
| Oudina | 121728 | noire | 1914 | Joliet 89140 | Hanchette 98395 |
| Oudine | 119821 | noire | 1914 | Fier-à-Bras 65250 | Gousse 70511 |
| Oudine | 121318 | noire | 1914 | Kalcul 92482 | Gacheuse 70597 |
| Oudine | 122376 | noire | 1914 | Jomarin 84236 | Lignarde 104636 |
| Oudine | 123502 | noire | 1914 | Kastrat 94912 | Camisole 68871 |
| Oudine | 123658 | noire | 1914 | Jauville 88706 | Lisette 44285 |
| Oudinote | 120947 | grise | 1914 | Kagot 92240 | Cornillère 63688 |
| Oudinote | 123542 | grise | 1914 | Doguet-ex-Sapeur 60641 | Jambette 85670 |
| Oudinotte | 120827 | noire | 1914 | Ivan 81244 | Mireille 59253 |
| Oudja | 119826 | grise | 1914 | Handin 75681 | Bijou 54289 |
| Oudja | 121319 | noire | 1914 | Komitat 91759 | Jupe 88473 |
| Oudja | 122363 | noire | 1914 | Huitain 73993 | Josabeth 88154 |
| Oudja | 123497 | noire | 1914 | Kimono 97148 | Polka 57428 |
| Ouelle | 119832 | noire | 1914 | Kommis 93104 | Bijou 64458 |
| Ouelle | 121320 | baie | 1914 | Komitat 91759 | Coquille 56511 |
| Ouelle | 122366 | noire | 1914 | Huitain 73993 | Lèvre 103273 |
| Ouellée | 121322 | grise | 1914 | Kruor 91865 | Madelon 49869 |
| Ouellée | 123530 | grise | 1914 | Doguet-ex-Sapeur 60641 | Litanie 103998 |
| Ouéra | 119227 | grise | 1914 | Kriss 91437 | Jujube 85575 |
| Ouerre | 120075 | noire | 1914 | Karolus 93008 | Haste 73925 |
| Ouestétape | 120339 | gris-vin. | 1914 | Judas 86606 | Flambée 68127 |
| Ouestine | 120944 | noire | 1914 | Kapon 90765 | Kadette 95512 |
| Ouette | 121181 | grise | 1914 | Kakatoé 90323 | Hanebane 74946 |
| Oufa | 119833 | grise | 1914 | Handin 75681 | Loquace 100441 |
| Oufa | 121324 | grise | 1914 | Komitat 91759 | Grileuse 70575 |
| Oufa | 122367 | noire | 1914 | Huitain 73993 | Gentille 93315 |
| Oufa | 123505 | grise | 1914 | Kamouflet 97424 | Havraise 78343 |
| Oulfière | 122730 | gris-clair | 1914 | Joch 88606 | Locution 102583 |
| Ouganda | 119837 | grise | 1914 | Handin 75681 | Mouton 64784 |
| Ouganda | 121326 | gris-vin. | 1914 | Handin 75681 | Manille 61704 |
| Ouganda | 122368 | gris-foncé | 1914 | Jouillat 88642 | Groseille 73109 |
| Ouganda | 123507 | grise | 1914 | Kaisson 97384 | Diaphane 59832 |
| Ougre | 122397 | noire | 1914 | Huitain 73993 | Germaine 81832 |
| Ouiche | 119523 | noir-zain | 1914 | Jasmin 83835 | Koquette 97596 |
| Ouiche | 123271 | gris-foncé | 1914 | Kanulant 91699 | Jurisprudence 87506 |
| Ouida | 120754 | gris-foncé | 1914 | Kagot 92240 | Cigarette 54835 |
| Ouida | 124094 | grise | 1914 | Klairet 94682 | Henriade 78040 |
| Ouidire | 120347 | grise | 1914 | Hanneton 75587 | Julienne 85890 |
| Ouïe | 121148 | gris-foncé | 1914 | Jugal 85444 | Harangue 73645 |
| Ouïe | 122146 | grise | 1914 | Guignolet 70023 | Grenaille 74157 |
| Ouïe | 123275 | grise | 1914 | Khaled 96398 | Kenote 96344 |
| Ouille | 121182 | baie | 1914 | Joyeux 84874 | Bellone 98140 |
| Ouillye | 124096 | grise | 1914 | Grigri 65867 | Humette 76963 |
| Ouithe | 120574 | grise | 1914 | If 80943 | Kambrouze 92351 |

| NOM | N° | ROBE | NAISSANCE | PÈRE | MÈRE |
|---|---|---|---|---|---|
| Ouckie | 120497 | grise | 1914 | Kibry 89896 | Hérome 90247 |
| Ouiche | 120085 | noire | 1914 | Kalot 92507 | Ursule 58666 |
| Oulche | 122731 | grise | 1914 | Kybéry 91622 | Ille 83211 |
| Oulotte | 119290 | noire | 1914 | Gazéo 70937 | Poule 49720 |
| Oulotte | 121185 | noire | 1914 | Céhlat 64968 | Hapette 74581 |
| Oullière | 121149 | gris v. f. | 1914 | Jugal 85444 | Idotée 82194 |
| Oullière | 122147 | grise | 1914 | Jugal 85444 | Hirma 97122 |
| Oullière | 123278 | bai brun | 1914 | Kromwell 96606 | Moustache 93493 |
| Oulme | 122738 | gris-foncé | 1914 | Kibry 89896 | Kourtilière 95902 |
| Oupelande | 120479 | grise | 1914 | Kourlis 95894 | Kousine 95910 |
| Oupille | 119525 | noire | 1914 | Jalap 84194 | Pelotte 67456 |
| Oupille | 121150 | grise | 1914 | Jugal 85444 | Joviale 85259 |
| Oupille | 122148 | noire | 1914 | Jugal 85444 | Kandie 90922 |
| Oupille | 123284 | grise | 1914 | Jointif 87256 | Herse 75537 |
| Ouppe | 120514 | noire | 1914 | Kérourion 92358 | Ivraie 79267 |
| Ouppe | 121188 | noir zain | 1914 | Kakatoé 90323 | Jitomir 86171 |
| Ouppette | 121189 | noire | 1914 | Janséniste 86818 | Idole 78977 |
| Ouquetuvas | 120340 | bai-br. z. | 1914 | Judas 86606 | Fiancée 50763 |
| Ourale | 119838 | noire | 1914 | Kommis 93104 | Castille 58434 |
| Ourale | 119856 | grise | 1914 | Fier-à-Bras 65250 | Bertine 59204 |
| Ourale | 121327 | noire | 1914 | Iowa 80989 | Konjurée 93582 |
| Ourale | 122370 | grise | 1914 | Jouillat 88642 | Kénavo 95344 |
| Ourale | 123511 | grise | 1914 | Koncordat 95760 | Mignonne 49301 |
| Ouralienne | 119526 | noire | 1914 | Jalap 84194 | Perrette 54372 |
| Ouralienne | 121073 | grise | 1914 | Képi 91690 | Kosa 64785 |
| Ouralienne | 121794 | grise | 1914 | Korbeau 95023 | Joyeuse 86926 |
| Ouralienne | 122149 | noire | 1914 | Kascadeur 91236 | Grasouillette 71859 |
| Ouralienne | 123285 | noire | 1914 | Kolomb 96547 | Koronie 97270 |
| Ouralienne | 123822 | noire | 1914 | Kaduc 95523 | Négresse 49570 |
| Ourcelle | 122741 | gris-clair | 1914 | Kominos 92182 | Gavotte 72057 |
| Ourche | 122740 | gris-foncé | 1914 | Kaguat 92189 | Komprise 95752 |
| Ourcq | 122398 | grise | 1914 | Huitain 73993 | Galante 87557 |
| Ourcque | 123527 | grise | 1914 | Doguet-ex-Sapeur 60641 | Biche 49592 |
| Ourde | 120088 | noire | 1914 | Kognac 91477 | Christine 63067 |
| Ourde | 122744 | gris-foncé | 1914 | Kaguat 92819 | Juvenilia 87502 |
| Ourdie | 120477 | noire | 1914 | Kagot 92240 | Jarrie 88500 |
| Ourdie | 120831 | noire | 1914 | Juin 83623 | Loquette 99765 |
| Ourdir | 119528 | noire | 1914 | Jalap 84194 | Intimidable 79499 |
| Ourdisseuse | 121873 | noire | 1914 | Klermont 96529 | Gamine 93440 |
| Ourdye | 120945 | grise | 1914 | Kagot 92240 | Herbue 74147 |
| Ourfa | 119839 | grise | 1914 | Fier-à-Bras 65250 | Brillante 81808 |
| Ourfa | 121330 | noire | 1914 | Jugal 85444 | Sans-Rivale 60545 |
| Ourfa | 122372 | noire | 1914 | Jouillat 88642 | Bagatelle 68940 |
| Ourfa | 123512 | grise | 1914 | Klaro 97235 | Fleurie 96899 |
| Ourga | 119840 | noire | 1914 | Kommis 93104 | Lisette 57417 |

| NOM | N° | ROBE | Naissance | PÈRE | MÈRE |
|---|---|---|---|---|---|
| Ourga | 122378 | grise | 1914 | Igli 81048 | Indore 82447 |
| Ourga | 123513 | grise | 1914 | Klaro 97235 | Kismette 97169 |
| Ourlette | 119530 | gris-vin. | 1914 | Janséniste 86818 | Lisette 90180 |
| Ourlis | 120337 | gris-foncé | 1914 | Judas 86606 | Nina 53125 |
| Ourneille | 119281 | grise | 1914 | Kriss 91437 | Croquette 97049 |
| Ourque | 121190 | grise | 1914 | Iago 81027 | Importation 78754 |
| Ourqueline | 120554 | grise | 1914 | Kruger 92229 | Kaquette 89921 |
| Ourse | 119531 | noir-zain | 1914 | Jasmin 83835 | Genaise 69669 |
| Ourse | 119841 | noir-zain | 1914 | Kommis 93104 | Gaza 69770 |
| Ourse | 121074 | grise | 1914 | Jousset 83935 | Jeliotte 98157 |
| Ourse | 121331 | noire | 1914 | Jugal 85444 | Jichette 97105 |
| Ourse | 122151 | noir-zain | 1914 | Guignolet 70023 | Griffarde 98473 |
| Ourse | 122379 | grise | 1914 | Igli 81048 | Javotte 86889 |
| Ourse | 123288 | grise | 1914 | Jointif 87256 | Charlotte 60179 |
| Ourse | 123514 | grise | 1914 | Koryza 91297 | Kilna 98586 |
| Oursette | 119097 | bai-chat. | 1914 | Journaliste 86492 | Hourvari 75652 |
| Oursette | 119842 | grise | 1914 | Idem 80612 | Jaffa 85017 |
| Oursette | 119855 | grise | 1914 | Fier-à-Bras 65250 | Bichette 54125 |
| Oursine | 119243 | noire | 1914 | Joinville 88614 | Image 79644 |
| Oursine | 119534 | grise | 1914 | Jason 86475 | Geneviève 69443 |
| Oursine | 119659 | noir-zain | 1914 | Kroumir 94517 | Justine 98132 |
| Oursine | 119846 | noir-zain | 1914 | Kommis 93104 | Tirelire 47732 |
| Oursine | 119854 | grise | 1914 | Jousset 83935 | Jacinthe 84970 |
| Oursine | 120576 | noire | 1914 | If 80943 | Jalousie 85308 |
| Oursine | 121075 | grise | 1914 | Jousset 83935 | Soizette 64783 |
| Oursine | 121529 | gris-foncé | 1914 | Impérator 83461 | Kapote 95624 |
| Oursine | 122152 | noire | 1914 | Iowa 80989 | Distinguée 97121 |
| Oursine | 122567 | noire | 1914 | Ichneumon 80679 | Levantine 104281 |
| Oursine | 123290 | gris-foncé | 1914 | Jointif 87256 | Lanterne 104307 |
| Oursine | 123772 | alezane | 1914 | Isaac 78892 | Chérie 56864 |
| Oursone | 119536 | noir-zain | 1914 | Jason 86475 | Anisette 66332 |
| Ourthe | 119845 | noire | 1914 | Kommis 93104 | Gazette 47894 |
| Ourthe | 121334 | grise | 1914 | Kruor 91865 | Soumise 60539 |
| Ourthe | 122381 | noire | 1914 | Huitain 73993 | Fauvette 46433 |
| Ourthe | 123515 | baie | 1914 | Kaunitz 97300 | Douce 59973 |
| Ourville | 119843 | grise | 1914 | Idem 80612 | Rosette 68794 |
| Ourville | 120089 | noire | 1914 | Juvénal 83553 | Halurgie 74367 |
| Ourville | 121333 | grise | 1914 | Kruor 91865 | Hanche 78103 |
| Ourville | 122382 | grise | 1914 | Igli 81048 | Kita 95420 |
| Ourville | 122747 | grise | 1914 | Kanulant 91699 | Juridique 88365 |
| Ourville | 123520 | baie | 1914 | Kimono 97148 | Kasbah 97221 |
| Ouskoub | 123526 | grise | 1914 | Kéris 93769 | Havane 77848 |
| Ouspillée | 120331 | noire | 1914 | Jean-Jack 85863 | Kastorine 91173 |
| Oussaie | 121192 | noire | 1914 | Iago 81027 | Incestueuse 79531 |
| Ousse | 120092 | noire | 1914 | Kognac 91477 | Gourgane 70738 |

| NOM | N° | ROBE | Naissance | PÈRE | MÈRE |
|---|---|---|---|---|---|
| Ousse | 120689 | grise | 1914 | Kalifornien 90644 | Kotone 92760 |
| Ousse | 121191 | grise | 1914 | Iago 81027 | Knolle 91599 |
| Ousse | 122748 | grise | 1914 | Kagnat 92819 | Khédivale 96307 |
| Oussière | 120095 | gris clair | 1914 | Kalot 92507 | Ténébreuse 47338 |
| Oussine | 121193 | noire | 1914 | Insipide 82466 | Gamine 49970 |
| Ouste | 119538 | grise | 1914 | Jasmin 83835 | Konce 90353 |
| Ouste | 119847 | grise | 1914 | Karabé 95224 | Kanonique 90728 |
| Ouste | 120101 | noire | 1914 | Kruor 91865 | Actrice 66706 |
| Ouste | 121076 | grise | 1914 | Jousset 83935 | Kause 91198 |
| Ouste | 121336 | noire | 1914 | Kruor 91865 | Kalvine 93879 |
| Ouste | 122155 | gris foncé | 1914 | Guignolet 70023 | Livadia 103744 |
| Ouste | 122386 | gris foncé | 1914 | Jomarin 84236 | Hôtesse 93330 |
| Ouste | 122751 | grise | 1914 | Kagnat 92819 | Ino 83229 |
| Ouste | 123293 | grise | 1914 | Jointif 87256 | Gauloise 96846 |
| Ouste | 123523 | noire | 1914 | Koncordat 95760 | Hélice 77515 |
| Oustine | 119209 | gris-foncé | 1914 | Japon 84819 | Castille 49842 |
| Oustine | 120758 | gris-foncé | 1914 | Kagot 92240 | Marquise 69014 |
| Outarde | 119539 | grise | 1914 | Jasmin 83835 | Hotte 47225 |
| Outarde | 119657 | noire | 1914 | Janséniste 86818 | Lignerolle 99806 |
| Outarde | 121077 | grise | 1914 | Joge 83738 | Martingale 64308 |
| Outarde | 121856 | noire | 1914 | Kontemporain 91579 | Ianina 79287 |
| Outarde | 122156 | gris foncé | 1914 | Jugal 85444 | Irlande 80428 |
| Outarde | 123294 | grise | 1914 | Jointif 87256 | Justicière 88829 |
| Outarde | 123796 | grise | 1914 | Isaac 78892 | Karafe 95637 |
| Outarde | 123855 | gris-t.-f. | 1914 | Kaisson 97384 | Lanière 104394 |
| Outarville | 121340 | gris-foncé | 1914 | Iowa 80989 | Eva 60815 |
| Outarville | 122387 | grise | 1914 | Huitain 73993 | Grêlette 72796 |
| Outarville | 122752 | noire | 1914 | Konfetti 95768 | Judith 98347 |
| Outarville | 123524 | grise | 1914 | Jay 85935 | Frivole 42990 |
| Outillage | 119544 | noir-zain | 1914 | Jalap 84194 | Konnivence 93585 |
| Outille | 120469 | grise | 1914 | Kanem 89731 | Karonade 94868 |
| Outillée | 119545 | gris-foncé | 1914 | Jalap 84194 | Illinoise 80988 |
| Outillée . | 121079 | grise | 1914 | Jousset 83935 | Isoline 63283 |
| Outillée | 122158 | noire | 1914 | Jugal 85444 | Vivette 61971 |
| Outillée | 123295 | grise | 1914 | Jointif 87256 | Hélice 90113 |
| Outine | 120096 | noire | 1914 | Kalot 92507 | -Hongrie 73599 |
| Outine | 122753 | grise | 1914 | Kagnat 92819 | Kompétence 95746 |
| Outrage | 120638 | grise | 1914 | Ivan 81244 | Imagie 80175 |
| Outrageante | 122160 | noire | 1914 | Jugal 85444 | Idao 54358 |
| Outrageante | 123296 | noir-zain | 1914 | Kodi 94246 | Hispanie 77701 |
| Outrageuse | 119547 | grise | 1914 | Jalap 84194 | Altesse 66414 |
| Outrageuse | 121080 | grise | 1914 | Jousset 83935 | L'Amie 75061 |
| Outrageuse | 122161 | noire | 1914 | Kroquet 91851 | Gaza 87574 |
| Outrageuse | 123299 | grise | 1914 | Kodi 94246 | Junon 98049 |
| Outrance | 119552 | grise | 1914 | Kakatoé 90323 | Joppe 85048 |

| NOM | N° | ROBE | Naissance | PÈRE | MÈRE |
|---|---|---|---|---|---|
| Outrance | 121081 | grise | 1914 | Jousset 83935 | Huitaine 76803 |
| Outrance | 122159 | gris-foncé | 1914 | Jugal 85444 | Gitana 87566 |
| Outrance | 123300 | noire | 1914 | Jointif 87256 | Myrrhe 50386 |
| Outrance | 123761 | gris-foncé | 1914 | Kaduc 95523 | Hune 78199 |
| Outrance | 123804 | gris-vin. | 1914 | Isaac 78892 | Polka 60988 |
| Outrancière | 121083 | grise | 1914 | Képi 91690 | Harmonie 73621 |
| Outrancière | 122167 | grise | 1914 | Kroquet 91851 | Pelote 73402 |
| Outre | 119553 | noir-zain | 1914 | Jalap 84194 | Cabale 68671 |
| Outre | 121084 | grise | 1914 | Jousset 83935 | Journée 85047 |
| Outre | 121756 | gris-foncé | 1914 | Korbeau 95023 | Castille 73385 |
| Outre | 122168 | grise | 1914 | Kroquet 91851 | Coquette 61260 |
| Outre | 123301 | noire | 1914 | Jointif 87256 | Daphnée 98177 |
| Outre | 123771 | noire | 1914 | Barnac 51162 | Fleurie 68336 |
| Outre | 123955 | noire | 1914 | Joab 87450 | Kabale 96611 |
| Outrée | 119554 | noir-zain | 1914 | Jalap 84194 | Octavie 53734 |
| Outrée | 121091 | grise | 1914 | Jallieu 86306 | Karniole 91916 |
| Outrée | 122182 | noire | 1914 | Ingéru 79896 | Ninon 67554 |
| Outrée | 122754 | grise | 1914 | Kagnat 92819 | Coquette 93487 |
| Outrée | 123303 | grise | 1914 | Jointif 87256 | Malice 57198 |
| Outrepasse | 119557 | noire | 1914 | Janséniste 86818 | Kleptomane 89684 |
| Outrepasse | 122169 | grise | 1914 | Hiersac 76358 | Jarosse 98500 |
| Outrepasse | 123304 | grise | 1914 | Jointif 87256 | Ilia 98243 |
| Ouve | 119133 | grise | 1914 | Jeudi 88924 | Mouvette 64486 |
| Ouve | 120098 | gris-t.-cl. | 1914 | Kalot 92507 | Amandine 63398 |
| Ouve | 122758 | noir-zain | 1914 | Konfétti 95768 | Jurable 87335 |
| Ouverte | 119564 | noir-zain | 1914 | Kommis 93404 | Kourgane 89692 |
| Ouverte | 121085 | grise | 1914 | Jousset 83935 | Kaolinisation 89670 |
| Ouverte | 122170 | noire | 1914 | Jugal 85444 | Grippe 90224 |
| Ouverte | 123306 | n.-m.-t.-z. | 1914 | Kuroki 96213 | Guascotte 72193 |
| Ouverte | 123313 | alezan-d. | 1914 | Illico 83057 | Joueuse 98260 |
| Ouverture | 119566 | grise | 1914 | Jason 86475 | Biquette 68852 |
| Ouverture | 120348 | noire | 1914 | Ivan 81244 | Pipelette 68144 |
| Ouverture | 121092 | grise | 1914 | Jousset 83935 | Havanaise 77133 |
| Ouverture | 121972 | noire | 1914 | Incident 80433 | Kalcite 95489 |
| Ouverture | 122171 | gris-t.-f. | 1914 | Hiersac 76358 | Biche 61361 |
| Ouverture | 123314 | grise | 1914 | Jointif 87256 | Charmante 50699 |
| Ouverture | 123770 | noire | 1914 | Barnac 51162 | Javanaise 88744 |
| Ouvette | 119624 | gris-foncé | 1914 | Jasmin 83835 | Mouvette 61324 |
| Ouville | 120100 | gris-foncé | 1914 | Kruor 94865 | Bijou 75132 |
| Ouville | 122737 | grise | 1914 | Kanulant 91699 | Laure 102879 |
| Ouvragée | 121093 | noire | 1914 | Jousset 83935 | Groseille 69983 |
| Ouvragée | 122172 | grise | 1914 | Jugal 85444 | Louisette 75134 |
| Ouvraison | 119567 | noire | 1914 | Jason 86475 | Incrustée 80409 |
| Ouvraison | 121094 | grise | 1914 | Jallieu 86306 | Neigeuse 45091 |
| Ouvraison | 122174 | gris-foncé | 1914 | Guignolet 70023 | Coquine 63507 |

| NOM | N° | ROBE | Naissance | PÈRE | MÈRE |
|---|---|---|---|---|---|
| Ouvraison | 123315 | noir zain | 1914 | Kolomb 96547 | Inde 83092 |
| Ouvrante | 119568 | noire | 1914 | Janséniste 86818 | Kramérie 89687 |
| Ouvrante | 122178 | noire | 1914 | Komitat 91750 | Harpagonne 77216 |
| Ouvrée | 119569 | noire | 1914 | Janséniste 86818 | Amanda 68143 |
| Ouvrée | 121095 | laie | 1914 | Jallieu 86306 | Lisette 68837 |
| Ouvrée | 121776 | noir zain | 1914 | Kontemporain 91579 | Karicature 94859 |
| Ouvrée | 122180 | noire | 1914 | Kalcul 92482 | Kama 92394 |
| Ouvrée | 123316 | noire | 1914 | Kalderon 97556 | If 83161 |
| Ouvreuse | 121854 | noire | 1914 | Kontemporain 91579 | Ichette 98405 |
| Ouvreuse | 123786 | gris noir | 1914 | Barnac 51162 | Courtisanne 48184 |
| Ouvrière | 119570 | noire | 1914 | Janséniste 86818 | Cousine 58260 |
| Ouvrière | 120723 | noire | 1914 | Jolicœur 85324 | Nèfle 47293 |
| Ouvrière | 120803 | alezane | 1914 | Kruger 92229 | Juroterie 86507 |
| Ouvrière | 121097 | grise | 1914 | Képi 91690 | Indore 81046 |
| Ouvrière | 121855 | noire | 1914 | Kontemporain 91579 | Lacaille 100494 |
| Ouvrière | 122181 | noir zain | 1914 | Komitat 91759 | Hortense 73824 |
| Ouvrière | 123317 | grise | 1914 | Kolomb 96547 | Kiev 96401 |
| Ouvrière | 123779 | gris foncé | 1914 | Barnac 51162 | Norma 39052 |
| Ouvrière | 124099 | noire | 1914 | Kaptif 92909 | Kroustine 94391 |
| Ouze | 120717 | noire | 1914 | Jolicœur 85324 | Gazeifi 69485 |
| Ouzes | 120960 | grise | 1914 | Kourlis 95894 | Grenadine 49751 |
| Ouziette | 119058 | grise | 1914 | Gazéo 70937 | Guipare 70875 |
| Ova | 120606 | grise | 1914 | Kruger 92229 | Perlette 59959 |
| Ovakine | 120666 | noire | 1914 | Jolicœur 85324 | Koulette 53569 |
| Ovale | 119574 | noire | 1914 | Karabé 95224 | Kabaisse 90277 |
| Ovale | 120627 | noire | 1914 | Jean-Jack 85863 | Hystérie 64050 |
| Ovale | 121098 | noire | 1914 | Képi 91690 | Préfète 61775 |
| Ovale | 122183 | noire | 1914 | Kalcul 92482 | Jovine 87992 |
| Ovanche | 122761 | noire | 1914 | Joinville 88641 | Gouttière 69681 |
| Ovarie | 120540 | grise | 1914 | Ivan 81244 | Jasse 85953 |
| Ovarienne | 119579 | noir-m.-t. | 1914 | Koucou 91328 | Kératose 89710 |
| Ovarienne | 121099 | noire | 1914 | Képi 91690 | Goulotte 71439 |
| Ovarienne | 122184 | gris-noir | 1914 | Kalcul 92482 | Margot 68030 |
| Ovarienne | 123324 | grise | 1914 | Kalderon 97556 | Idria 83204 |
| Ovarine | 119241 | gris-foncé | 1914 | Iago 81027 | Jersayaise 85921 |
| Ovata | 120320 | gris-foncé | 1914 | Kriss 91437 | Corisonme 55471 |
| Ovation | 119242 | noire | 1914 | Iago 81027 | Histoire 08465 |
| Ovation | 119581 | alezane | 1914 | Homard 74692 | Junte 83732 |
| Ovation | 121100 | grise | 1914 | Jousset 83935 | Adresse 54320 |
| Ovation | 121857 | noire | 1914 | Kontemporain 94579 | Kantisme 92447 |
| Ovation | 122185 | noire | 1914 | Kalcul 92482 | Opérette 57678 |
| Ovation | 123327 | grise | 1914 | Kouli 97151 | Jézraël 87435 |
| Ovation | 123778 | noire | 1914 | Barnac 51162 | Dora 60564 |
| Ovation | 123874 | noire | 1914 | Istres 82617 | Léontine 101848 |
| Ove | 122186 | grise | 1914 | Kalcul 92482 | Charlotte 84412 |

| NOM | N° | ROBE | Naissance | PÈRE | MÈRE |
|---|---|---|---|---|---|
| Ovée | 119582 | grise | 1914 | Idem 80612 | Coquette 69232 |
| Ovée | 121402 | noire | 1914 | Képi 91690 | Pauline 66970 |
| Ovée | 122187 | noire | 1914 | Komitat 91759 | Komachi 95165 |
| Overte | 120559 | noire | 1914 | If 80943 | Hymne 75283 |
| Ovette | 119244 | gris-vin. | 1914 | Iago 81027 | Coline 49486 |
| Ovide | 119850 | grise | 1914 | Jason 86475 | Ignatie 79692 |
| Ovide | 121339 | gris-clair | 1914 | Jugal 85444 | Jabel 89358 |
| Ovide | 122390 | noir-zain | 1914 | Incident 80133 | Javotte 86865 |
| Ovide | 123525 | baie | 1914 | Jay 85935 | Gilberte 73046 |
| Ovidée | 121103 | noire | 1914 | Képi 91690 | Losse 100373 |
| Ovidée | 122188 | noire | 1914 | Kalcul 92482 | Louise 46039 |
| Oviducte | 120541 | grise | 1914 | Ivan 81244 | Trompette 53463 |
| Oviéda | 121734 | gris-vin. | 1914 | Joliet 89140 | Courlande 65976 |
| Oviédo | 121344 | grise | 1914 | Kalcul 92482 | Kahute 92467 |
| Oville | 122768 | noire | 1914 | Joinville 88611 | Fausta 98299 |
| Ovine | 119587 | noire | 1914 | Kadi 90509 | Gasconnade 69571 |
| Ovine | 120684 | grise | 1914 | Kif-Kif 95174 | Synovite 64052 |
| Ovine | 121404 | grise | 1914 | Koutumier 95923 | Rosette 52316 |
| Ovine | 122348 | noire | 1914 | Huitain 73993 | Kali 95179 |
| Ovine | 123330 | noire | 1914 | Jean-Bart 83546 | Légende 101827 |
| Ovine | 123948 | noir-zain | 1914 | Jean-Bart 83546 | Gondole 97718 |
| Ovoïdale | 119588 | grise | 1914 | Homard 74692 | Hortense 74672 |
| Ovoïdale | 121107 | noire | 1914 | Fier-à-Bras 65250 | Biche 87657 |
| Ovoïde | 119589 | grise | 1914 | Homard 74692 | Kécope 90271 |
| Ovoïde | 121108 | noire | 1914 | Juge 83738 | Habitude 59313 |
| Ovoïde | 123332 | grise | 1914 | Keyser 96397 | Girandole 72878 |
| Ovulaire | 119590 | grise | 1914 | Jousset 83935 | Rustique 49333 |
| Ovulation | 121411 | grise | 1914 | Handin 75681 | Kataracte 91187 |
| Ovulation | 122350 | gris-noir | 1914 | Huitain 73993 | Marquise 57080 |
| Ovulation | 123333 | grise | 1914 | Kolomb 96547 | Kyrielle 97206 |
| Ovule | 119068 | grise | 1914 | Ivan 81244 | Gâchette 71338 |
| Ovule | 119592 | grise | 1914 | Koucou 91328 | Kanche 90707 |
| Ovule | 120697 | gris-foncé | 1914 | Kif-Kif 95174 | Margot 64360 |
| Ovule | 121112 | noire | 1914 | Handin 75681 | Isolation 84353 |
| Ovule | 122352 | noire | 1914 | Kalcul 92482 | Houssaye 77012 |
| Owen | 123533 | grise | 1914 | Doguet-ex-Sapeur 60641 | Judith 93536 |
| Oxalide | 119593 | noire | 1914 | Janséniste 86818 | Illégale 78451 |
| Oxalide | 121858 | grise | 1914 | Kontemporain 94579 | Kaïnite 92445 |
| Oxalide | 123334 | grise | 1914 | Kolomb 96547 | Flore 96929 |
| Oxalide | 123844 | noire | 1914 | Kaisson 97384 | Lucilia 47727 |
| Oxalide | 123947 | bai chât. | 1914 | Jean-Bart 83546 | Hirondelle 97727 |
| Oxalique | 121115 | noire | 1914 | Jubé 85452 | Imagination 79757 |
| Oxford | 123534 | grise | 1914 | Doguet-ex-Sapeur 60641 | Janville 89203 |
| Oxforde | 119852 | grise | 1914 | Handin 75681 | Poule 49815 |
| Oxydable | 121117 | grise | 1914 | Képi 91690 | Coquette 54380 |

| NOM | N° | ROBE | NÉ | PÈRE | MÈRE |
|---|---|---|---|---|---|
| Oxydable | 122189 | noire | 1914 | Kroquet 91851 | Brillante 50365 |
| Oxydante | 119595 | grise | 1914 | Homard 74692 | Rigolette 53870 |
| Oxydante | 121118 | grise | 1914 | Képi 91690 | Lotte 100381 |
| Oxydante | 122191 | noire | 1914 | Kroquet 91851 | Colline 46652 |
| Oxydase | 119598 | noire | 1914 | Jason 86475 | Honora 73479 |
| Oxydase | 120472 | grise | 1914 | Kagot 92240 | Charmante 39485 |
| Oxydase | 121119 | noire | 1914 | Képi 91690 | Duc d'Anjou 42308 |
| Oxydase | 122194 | grise | 1914 | Kaloul 92482 | Frisette 98053 |
| Oxydase | 123335 | grise | 1914 | Klocher 95657 | Roséa 57483 |
| Oxydation | 119603 | grise | 1914 | Koucou 91328 | Serpolette 63377 |
| Oxydation | 121121 | grise | 1914 | Joge 83738 | Kampanie 90912 |
| Oxydation | 122195 | noire | 1914 | Jugal 85444 | Biche 44221 |
| Oxydation | 123336 | grise | 1914 | Jan 84219 | Lichia 101913 |
| Oxydation | 123747 | bai foncé | 1914 | Isaac 78892 | Comète 64241 |
| Oxydie | 120534 | grise | 1914 | Kagot 92240 | Janicule 88495 |
| Oxygénation | 119604 | grise | 1914 | Koucou 91328 | Ritournelle 44142 |
| Oxygénation | 121122 | grise | 1914 | Kroquet 91851 | Claudine 47848 |
| Oxygénation | 123338 | grise | 1914 | Kromwell 96606 | Esther 93489 |
| Oxygénée | 119605 | noire | 1914 | Koucou 91328 | Hausse 73883 |
| Oxygénée | 120805 | noire | 1914 | Juin 83623 | Krippe 92293 |
| Oxygénée | 121123 | noire | 1914 | Kif Kif 95174 | Silhouette 66829 |
| Oxygénée | 122196 | grise | 1914 | Jugal 85444 | Irma 82302 |
| Oxygénée | 123339 | grise | 1914 | Kamelot 89846 | Hautebonté 77396 |
| Oxymel | 120473 | noir m.-t. | 1914 | Kagot 92240 | Gidelle 71701 |
| Oxymétrie | 119608 | noire | 1914 | Koucou 91328 | Koala 90315 |
| Oxymétrie | 121125 | grise | 1914 | Jean qui rit 88772 | Habile 75852 |
| Oxymétrie | 122197 | noire | 1914 | Kroquet 91851 | Inique 80509 |
| Oxymétrie | 123340 | noire | 1914 | Kromwell 96606 | Adresse 64660 |
| Oxyure | 119609 | grise | 1914 | Koucou 91328 | Houleuse 74219 |
| Oxyure | 121126 | noire | 1914 | Jean Jack 85863 | Noisette 54933 |
| Oxyure | 122199 | gris foncé | 1914 | Kroquet 91851 | Houleuse 98490 |
| Oxyure | 123341 | grise | 1914 | Kromwell 96606 | Kerkena 96390 |
| Oyante | 119612 | grise | 1914 | Gazier 69350 | Gribiche 70222 |
| Oyante | 121128 | grise | 1914 | Illettré 81310 | Kanitie 90721 |
| Oyante | 122200 | noire | 1914 | Kroquet 91851 | Koulla 95170 |
| Oyante | 123345 | noire | 1914 | Kalderon 97356 | Kourba 95888 |
| Oyase | 120759 | noire | 1914 | Kagot 92240 | Jemmapes 86437 |
| Oyate | 119619 | grise | 1914 | Koucou 91328 | Kartilage 90998 |
| Oye | 122763 | noire | 1914 | Koulett 95768 | Biche 42310 |
| Oyée | 120007 | bai-ch.-z. | 1914 | If 80943 | Jaseuse 86016 |
| Oyre | 120458 | noire | 1914 | Kagot 92240 | Javotte 98114 |
| Oysonville | 122774 | grise | 1914 | Kerdaniel 94127 | Logette 100513 |
| Oza | 120722 | grise | 1914 | Kruger 92229 | Kutira 92228 |
| Ozane | 119863 | noir-zain | 1914 | Kriss 91437 | Korbeille 91610 |
| Ozane | 122396 | noire | 1914 | Huitain 73993 | Khadidja 95963 |

| NOM | N° | ROBE | Naissance | PÈRE | MÈRE |
|---|---|---|---|---|---|
| Oze | 120109 | gris foncé | 1914 | Juvénal 83553 | Laie 100168 |
| Oze | 122769 | noire | 1914 | Joinville 88641 | Hélice 76059 |
| Ozène | 122205 | noire | 1914 | Kroquet 91851 | Coquette 49405 |
| Ozeraille | 120140 | noire | 1914 | Kalot 92507 | Incertaine 80382 |
| Ozeraille | 124160 | gris-clair | 1914 | Joinville 88641 | Véra 38850 |
| Ozette | 120448 | gris-foncé | 1914 | Kerblanc 93063 | Mouvette 60242 |
| Ozette | 120950 | gris-vin. | 1914 | Kerdaniel 94127 | Vaillante 50573 |
| Ozeville | 120404 | noire | 1914 | Kognac 91477 | Isabelle 81809 |
| Ozeville | 122771 | noire | 1914 | Kazino 92248 | Ramette 64844 |
| Ozière | 120107 | gris-t.-f. | 1914 | Kognac 91477 | Coquette 54435 |
| Ozière | 122773 | baie | 1914 | Kerdaniel 94127 | Biche 73392 |
| Ozille | 119237 | grise | 1914 | Josué 88841 | Jamoize 85917 |
| Ozocérite | 119616 | noire | 1914 | Kroumir 94517 | Yvonne 65286 |
| Ozocérite | 121136 | noire | 1914 | Kalendrier 90637 | Impie 80709 |
| Ozocérite | 122204 | gris-foncé | 1914 | Kroquet 91851 | Koilacia 95148 |
| Ozocérite | 123350 | noire | 1914 | Kontrôle 93620 | Harmonie 98235 |
| Ozokérite | 119613 | noire | 1914 | Gazier 69350 | Izon 84019 |
| Ozokérite | 121429 | grise | 1914 | Jean-qui-rit 88772 | Ichoreuse 82290 |
| Ozokérite | 122211 | gris-t.-f. | 1914 | Hiersac 76358 | Impalpable 82243 |
| Ozokérite | 123351 | grise | 1914 | Keyser 96397 | Joliette 88881 |
| Ozola | 121760 | noire | 1914 | Korbeau 95023 | Junon 84167 |
| Ozola | 123921 | baie | 1914 | Barnac 51162 | Junte 86717 |
| Ozole | 119861 | grise | 1914 | Jousset 83935 | Mouvette 50167 |
| Ozole | 121348 | grise | 1914 | Kruor 91865 | Justesse 86323 |
| Ozole | 122395 | noire | 1914 | Huitain 73993 | Kagnotte 90409 |
| Ozole | 123529 | baie | 1914 | Haruko ex-Hidalgo 77104 | Caroline 57260 |
| Ozona | 123917 | noire | 1914 | Kouli 97151 | Lisette 98630 |
| Ozone | 122208 | noire | 1914 | Kroquet 91851 | Lorgnette 103457 |
| Ozonée | 119615 | noire | 1914 | Gazier 69350 | Kolette 90467 |
| Ozonée | 121133 | grise | 1914 | Jean-qui-rit 88772 | Vénitienne 58345 |
| Ozonée | 122206 | gris-foncé | 1914 | Kroquet 91851 | Ligueuse 101117 |
| Ozonée | 123352 | noire | 1914 | Keyser 96397 | Livêche 101574 |
| Ozonéole | 120474 | grise | 1914 | Kilo 94042 | Jusquiame 88374 |
| Ozonisation | 119617 | grise | 1914 | Kroumir 94517 | Jaffa 83795 |
| Ozonisation | 121134 | grise | 1914 | Jean-qui-rit 88772 | Mignonnette 52647 |
| Ozonne | 119621 | grise | 1914 | Koucou 91328 | Jouvence 96908 |
| Ozonométrie | 119618 | grise | 1914 | Koucou 91328 | Ibéride 79503 |
| Ozonométrie | 122210 | grise | 1914 | Jugal 85444 | Cocotte 54539 |
| Ozonométrie | 123355 | grise | 1914 | Instar 78857 | Kerhéla 96388 |
| Ozonya | 120471 | gris-foncé | 1914 | Kerdaniel 94127 | Kamargo 93892 |

IMPRIMERIE L. HAMARD, NOGENT-LE-ROTROU

www.ingramcontent.com/pod-product-compliance
Lightning Source LLC
LaVergne TN
LVHW012333170726
843503LV00002B/832